网络媒体报道
对盈余管理的影响

王 也 ◎著

中国财经出版传媒集团
经济科学出版社
Economic Science Press
·北京·

图书在版编目（CIP）数据

网络媒体报道对盈余管理的影响／王也著．－－北京：
经济科学出版社，2024.6．－－ ISBN 978 - 7 - 5218 - 6013 - 9

Ⅰ. F279. 246

中国国家版本馆 CIP 数据核字第 2024K1X849 号

责任编辑：袁　溦
责任校对：易　超
责任印制：邱　天

网络媒体报道对盈余管理的影响

王　也　著

经济科学出版社出版、发行　新华书店经销

社址：北京市海淀区阜成路甲 28 号　邮编：100142

总编部电话：010 - 88191217　发行部电话：010 - 88191522

网址：www. esp. com. cn

电子邮箱：esp@ esp. com. cn

天猫网店：经济科学出版社旗舰店

网址：http://jjkxcbs. tmall. com

固安华明印业有限公司印装

710×1000　16 开　18.5 印张　208000 字

2024 年 6 月第 1 版　2024 年 6 月第 1 次印刷

ISBN 978 - 7 - 5218 - 6013 - 9　定价：92. 00 元

本书受以下基金项目资助：

黑龙江大学重点学科建设项目

2023 年度黑龙江省省属本科高校基本科研业务费科研项目：新冠疫情背景下网络媒体关注对盈余管理的影响研究（基金编号：2023 – KYYWF – 1619）

国家自然科学基金面上项目：会计信息质量对企业技术创新的影响：机理、路径与价值效应（基金编号：71672046）

国家自然科学基金面上项目：企业风险投资与投资企业技术创新：影响机理、情绪依赖与价值效应研究（基金编号：72172042）

前　　言

　　媒体作为一种外部治理角色，在资本市场中能够有效约束和规范公司管理者的行为。现有的研究表明，传统报刊媒体可以通过引起监管部门、个人或机构投资者的关注对上市公司盈余管理行为产生影响，有效缓解资本市场中的信息不对称，降低利益相关者的信息获取成本。但是，媒体报道能够通过市场压力机制刺激上市公司产生更多的盈余管理以迎合市场需求，还是能够发挥其有效监督作用抑制上市公司盈余管理以规范公司治理行为，学术界仍然存在分歧。相比于传统媒体，以互联网为传播平台的网络媒体具有更强的传播力与影响力，能够在更短的时间内发挥更强的媒体效应，产生更强的公司治理效果。那么，随着网络媒体的迅猛发展，网络媒体报道是否能够传承传统媒体对盈余管理的治理功能？鉴于此，本书研究了网络媒体报道对盈余管理的影响，构建了网络媒体报道影响盈余管理的理论分析框架，揭示了网络媒体报道影响盈余管理的机理，拓展了网络媒体报道影响盈余管理的研究思路，为上市公司、投资者及监管部门有关决策提供了理论依据。本书主要内容包括：

以委托代理理论、信息不对称理论、信号传递理论为支撑，使用文献分析法与规范分析法，建立了网络媒体报道影响盈余管理的理论分析框架。以媒体的公司治理机制为基础，从上市公司外部与内部分别描述了网络媒体报道影响盈余管理的动态过程及路径机制，奠定了本书的理论基础，为本书的研究进程构建了逻辑路线。

针对网络媒体报道是否会影响盈余管理的问题，本书通过构建上市公司从事盈余管理活动的前提条件模型，运用多元回归分析法实证研究了网络媒体报道与盈余管理之间的关系。研究结果表明：在控制了公司特征和制度环境等因素后，网络媒体报道能够通过对上市公司管理者产生的市场压力，迫使其产生更多的盈余管理行为以迎合市场预期。

针对异质性网络媒体报道对盈余管理影响的差异，本书将网络媒体报道按照报道针对性程度、报道情绪色彩和报道原创性三个划分标准区分网络媒体报道的异质性，分别分析了不同网络媒体报道对盈余管理的影响，比较了异质性网络媒体报道对盈余管理影响的差异性。研究结果表明，不同类型的网络媒体报道对盈余管理的影响存在明显差异，报道针对性程度越强，报道情绪越消极，原创报道被转载程度越高，网络媒体报道对盈余管理的影响越强。

　　针对网络媒体报道如何影响盈余管理的问题，本书基于投资者关注探究了网络媒体报道对盈余管理的影响，揭示了由新闻报道引发的投资者异常关注是网络媒体报道影响盈余管理的关键路径。研究结果表明：第一，网络媒体报道能够通过引发投资者异常关注，对上市公司的盈余管理行为产生影响。第二，由新闻诱发的被动引导型异常关注才是网络媒体报道对盈余管理产生影响的路径机制，而投资者的主动自发型异常关注没有在此影响路径中发挥传导作用。

　　针对网络媒体报道影响盈余管理的关键因素，本书基于调节因素分析，从管理者过度自信、股权集中度、产权性质三个方面，分别构建实证模型，检验三者对网络媒体报道影响盈余管理的调节效应。研究结果表明：管理者过度自信、股权集中度、产权性质在网络媒体报道与盈余管理的关系中都起到了调节作用。

　　国内外学者在进行媒体报道对盈余管理的影响研究时大都基于传统媒体的单一视角，缺乏对网络媒体报道的研究，更鲜有对其影响机理的深入剖析。因此，本书的研究具有重要的理论意义和实践意义。从理论上看，本书的研究深化了媒体报道对盈余管理影响机制的理论认识，填补了不同类型投资者关注视角下媒体报道经济后果的细化研究的理论空白，丰富了从管理者心理行为视角分析媒体报道经济后果产生机理的理论文献，有助于揭示网络媒体报道影响盈余管理的理论原理。从实践上看，本书的研究为上市公司管理者直面媒体压力时做出理性的会计政策选择提供了理论指导，有助于完善上市公司的财务信息对外披露策略；为投资者正确评估网络媒体报道对上市公司盈余信息质量的影响提供经验证据，有助于引导投资者进行理性投资；也为监管机构对上市公司的监管指引方向，有助于监管机构精准锁定监管重点。

王　也

2024 年 5 月

目　　录

第1章

绪　　论

1.1　选题的背景与问题的提出

1.1.1　选题的背景

盈余管理一直是会计学术界的热门话题，早在 20 世纪 80 年代末，美国会计学家雪珀（K. Schipper，1989）首先提出了盈余管理这一概念。盈余管理是指公司管理者为了达到个人利益最大化而对向外界披露的会计报告进行调整和控制的一种行为。此后，斯科特（W. R. Scott，1997）在其著作中对盈余管理进行了进一步定义，他认为盈余管理是公司管理者在不违背一般会计准则的前提下，运用不同的会计政策来实现自身个人利益或公司股价的最大化。海恩（Hayn，1995）、布格斯塔勒和迪切夫（Burgstahler&Dichev，1997）、布伦科特等（Brenkert et al.，1999）先后发现国外上市公司在某些特殊的阈值处出现盈余断层，并认为这些断层是由为满足市场需求的盈余管理引起的。同样的，王福胜等（2013）通过研究发现我国 A 股上市公司盈余分布在阈值处存在的断层同样是由盈余管理引起的，直接为我国上市公司存在盈余管理行为提供了实证证据。20 世纪末期，琼斯模型的提出使盈余管理得到了量化，为国内外学者进行实证研究提供了技术支持。随后，国内外学者开始对盈余管理的动因、手段以及监管措施进行丰富的研究，取得了丰硕的研究成果，建立了盈余管理理论体系，将盈余管理的研究推向了高潮。

21 世纪以来，资本市场对上市公司财务信息质量的要求日益提高，上市公司操纵利润的行为严重影响了投资人的信任。2001年，一篇题为《安然股票价格是否高估》的报道首次揭露了安然公司存在的严重财务舞弊行为。该报道不仅震惊了公众，还使得媒体在公司治理中的监督功能引起了广泛关注和讨论。安然事件揭示了企业在追求利润最大化过程中可能出现的重大道德和法律问题，并凸显了媒体作为"第四种权力"的重要性和其在揭示企业不法行为方面的潜在职能。在安然事件曝光后不久，美国的媒体又相继揭露了一系列其他显著的金融舞弊案件。这些事件不仅暴露了大型企业内部控制和管理上的巨大漏洞，也进一步显示了媒体在公司治理中不可或缺的监督作用。为此，美国立法机构对公司财务舞弊行为及动机高度重视。这一系列财务丑闻促使政府加快制定相关法律法规，从而加强行政机构对企业财务行为的监管，以防范类似问题的再次发生。其中，《萨班斯—奥克斯利法案》（以下简称 SOX 法案）的出台，标志着美国在加强对公司财务信息和透明度的监管方面迈出了重要一步。

在国内，诸如蓝田股份、紫鑫制药、绿大地等公司的会计舞弊案件，同样是先被媒体曝光，进而引发了政府监督部门介入调查。媒体监督在西方被誉为是除了立法权、司法权、行政权以外的"第四种权力"，国内学者也逐渐对媒体的公司治理作用开展了研究，得出了"媒体的监督能够对公司盈余管理具有重要的制约与预防功能"的普遍结论。通过这些事件，媒体在公司治理中的作用得到了学术界的广泛认可和重视。学者们普遍认为，媒体通过其独立报道和调查功能，可以揭露企业的不法行为，促进信息透明，增强市场信心，从而在维护市场公正性和提升企业管理水平方面发挥着不可替代的作用。因此，媒体不仅被视为市场运作中的重要监督者，也被认为是推动企业社会责任和提高市场道德标准的重要力量。被誉为第三次工业革命的网络信息时代以来，我国互联网开始迅猛发展，越来越多的网民开始使用互联网浏览新闻。2022 年 2 月发布的《第 49 次中国互联网络发展状况统计报告》（以下简称《报告》）显示，我国网民用户达到 10.32 亿人，互联网普及率达到 73.0%。其中，网络新闻用户规模为 7.7 亿人，占全体网民的 74.7%。传统新闻媒体与网络平台的整合，不断推动科技的突破，不断提高用户的体验，不断提高信息传播的效率。国家有关部门也不断加强对互联网新闻的监管，以促进互联网新闻产业的规范化。根据《报告》内容，截至 2021 年 12 月 31 日，全国共有 3 208 家互联网新闻信息服务单位，共计 12 625 个许可服务项，其中包括 1 846 个网站、2 910 个应用程序及 7 671 个公众账号。与此同时，传统纸质媒体无论从报纸种类、印刷数量或营业收入方面均逐年明显呈下降趋势。新闻媒体通过百度、微博、股吧等社交娱乐、资讯类平台，不断引导平台使用者参与到热点话题的讨论中。根据《报告》，我国网民人均每日上网时长约为 4.7 小时，网民可以随时随地使用不同的设备借助互联网浏览器或应用程序来浏览新闻，及时获取财经资讯。

　　网络大数据环境中，网络平台的信息共享速度优势对传统媒体的运营产生了巨大冲击。网络媒体在各大网站上刊登新闻、发表文章、转载公告，对上市公司的重要信息进行报道，利益相关者则能够通过互联网及时浏览或搜索这些新闻报道以获取有用信息。传统媒体报道扮演着将信息"从无到有"披露公开的角色，而在信息爆炸的大数据时代，网络媒体报道披露的信息则"有真有假"。一方面，部分公司管理者甚至误导媒体向市场传递"虚假信号"，从而达到操控股价等目的。另一方面，网络媒体报道向市场传递的"真实信号"能够对上市公司产生强大的市场压力，迫使上市公司管理者通过调整当期会计信息以满足市场期望。紫鑫药业虚增利润丑闻被中国证券网的一则报道曝光后，医药行业的其他上市公司迫于市场压力，主动调低了下一年度的会计盈余，以避免引发媒体及市场的质疑。媒体报道在网络环境下的公司治理作用及监督角色已经开始改变，学者们逐渐意识到网络环境对传统媒体治理问题的冲击，并基于来自互联网的海量数据，对传统的公司治理理论进行重新审视，探索创新性的结论。

1.1.2 问题的提出

媒体监督作为上市公司的一种外部治理因素，对上市公司的经营行为具有一定的约束作用。互联网时代，网络媒体报道作为媒体监督的主体，承担着对上市公司管理行为的外部治理责任。盈余管理作为公司治理的重要组成部分，自然也会受到网络媒体报道的影响与制约。在资本市场中，媒体扮演着信息传递者和市场监督者的双重角色：一方面，媒体可以通过互联网快速传递信息，改善上市公司管理者与投资者之间严重的信息不对称状况；另一方面，媒体作为一种非正式的监督因素，能够约束管理者的决策或管理行为。传统媒体的有效监督理论认为，媒体报道可以通过传递有效信息，降低利益相关者的信息获取成本，进而影响上市公司的盈余管理行为。一方面，媒体报道可以通过引起监管部门、个人或机构投资者的关注，对上市公司盈余管理行为发挥有效监督作用。另一方面，媒体报道可以通过市场压力机制，对上市公司产生强大的舆论压力，迫使上市公司通过盈余管理手段来迎合市场需求。

互联网环境下，网络媒体报道对上市公司盈余管理行为能够产生怎样的影响，学术界尚无定论。一方面，相比于传统媒体报道，以互联网作为传播平台的网络媒体报道具有更强的传播力与影响力，理应能够在更短的时间内通过互联网更充分地发挥有效监督作用，对上市公司盈余管理行为产生更有效的约束。换言之，基于互联网平台的网络媒体报道具有显著增强的传播力与影响力,这种强大的传播力使得网络媒体报道能够在更短的时间内迅速扩散信息,理论上应能更有效地发挥对上市公司盈余管理行为的监督作用。互联网技术的运用使得信息传播更为迅速、广泛,从而提高了市场透明度,对上市公司盈余管理行为形成了更为严格的约束。另一方面,相比于传统媒体报道,网络媒体的开放性,大量信息涌入,其中不乏虚假、误导性的内容,使得网络媒体报道充斥着海量信息噪声。网络媒体在转载报道的同时,通常会对原报道附加主观意识的解读与评价,使网络媒体报道内容缺乏客观性与可靠性。市场投资者作为网络媒体报道的受众,更容易受到这类网络媒体报道内容的诱导,受到报道情绪的感染,以致对上市公司做出非理性的评价与期望。上市公司面对海量网络媒体报道产生的巨大压力,更容易直接通过盈余管理手段调整当期会计信息对外披露策略,以满足广大市场投资者的期望。

在这种背景下,上市公司面临着巨大的市场压力。为了迎合广大市场投资者的期望,上市公司可能更倾向于通过盈余管理手段来调整当期会计信息的对外披露策略。盈余管理作为一种公司治理策略,旨在通过特定的会计手段或经营决策来影响会计报表中的数值,以达到特定的经济或市场目标。然而,过度的盈余管理可能导致财务报告失真,损害投资者利益,破坏市场公平与效率。而网络媒体报道具备的监督效应也可能对上市公司的盈余管理行为产生比传统媒体更强的治理作用。

由此可见,网络环境下,媒体报道对盈余管理的监督治理功能正在逐渐发生转变。然而,目前绝大多数媒体报道相关文献的研究对象均为传统报刊媒体,已有文献尚未重点考察网络媒体报道对上市公司的盈余管理的影响机制。需要进一步讨论的是,在我国资本市场中,网络媒体报道对上市公司盈余管理的影响是怎样的? 网络媒体报道仍然能够对盈余管理发挥有效监督作用,还是能够对管理者造成市场压力,反而刺激上市公司产生更多的盈余管理行为? 不同类型的网络媒体报道对盈余管理的影响是否存在差异? 网络媒体报道通过何种传导机制对上市公司的盈余管理行为产生影响? 网络媒体报道对盈余管理的影响会受到哪些因素的约束? 本书将结合目前的时代背景,基于现有的理论基础和研究结论,以网络环境下的庞大网络媒体报道数据作为实证证据,围绕这些问题进行深入的探讨与研究。

1.2　研究目的与研究意义

1.2.1　研究目的

本书基于公司治理视角探究网络媒体报道对盈余管理的影响及其机理,试图发掘网络环境下对盈余管理治理的新方式。本书的研究目的具体可以分为以下四个方面。

(1) 构建网络媒体报道影响盈余管理的理论分析框架,刻画网络媒体报道影响盈余管理的机制。通过对国内外现有的研究成果进行梳理和分析,综合运用委托代理理论、信息不对称理论、信号传递理论,构建网络媒体报道影响盈余管理的理论分析框架，打开网络媒体报道影响盈余管理的"黑箱"，从理论上诠释网络媒体报道影响盈余管理的机理。首先，本研究将探讨网络媒体报道可能在降低信息不对称性方面的作用。网络媒体的广泛传播和即时性特征能够提高企业财务信息的透明度，减少信息不对称，迫使企业在进行盈余管理时更加谨慎。其次，通过委托代理理论的视角，分析网络媒体报道如何发挥监督作用，减少管理层利用盈余管理谋取个人利益的动机。此外，本研究还将借助信号传递理论，探讨企业通过盈余管理所传递的财务信号在网络媒体报道下被放大或削弱的过程及其对市场判断的影响。通过整合这些理论，本研究将为理解网络媒体报道对盈余管理的影响提供全面的理论基础。

（2）揭示网络媒体报道对盈余管理的影响，考察网络媒体报道对盈余管理的影响方向，并考察不同类型的网络媒体报道对盈余管理的影响差异。具体地，本书将从网络媒体报道的报道针对性程度、报道情绪色彩及报道原创性三个角度深入探究异质性网络媒体报道对盈余管理的影响差异。首先，报道的针对性程度指网络媒体报道是否专门针对特定企业或行业进行深入调查和报道。本书将分析这种针对性报道如何通过提供详细和具体的财务信息分析，对企业盈余管理行为产生直接影响。其次，报道的情绪色彩是指报道内容中作者所表达的态度和情感倾向，如正面报道、负面报道或中性报道。本研究将探讨不同情绪色彩的报道对市场参与者对企业盈余质量和管理行为的感知和反应可能产生的影响。最后，报道的原创性指报道是否具有独特性和创新性，即报道内容是否以全新的视角和深度分析的报道，还是转载其他媒体已刊发的新闻报道。本书将分析原创性报道能否通过引领公众关注和影响市场预期，从而影响企业的盈余管理策略和实践。

（3）探索网络媒体报道影响盈余管理的路径机制。从投资者异常关注和投资者日常关注两个方面深入探究投资者关注异质性对网络媒体报道影响盈余管理过程中的传导作用，将投资者关注细分为由网络媒体报道引起的被动型关注及由投资者自发进行搜索的主动关注，揭示两者在网络媒体报道影响盈余管理过程中存在的差异，从投资者角度深化网络媒体报道对盈余管理影响机制的理论认识。首先，被动型关注涉及投资者在未主动搜索信息的情况下，由于网络媒体报道的广泛传播和内容吸引力，对相关企业的财务信息和盈余管理行为产生关注。这种关注方式通常由报道的内容、报道的深度以及报道的可信度等因素决定，进而影响投资者对企业盈余管理行为的评价和决策。其次，主动型关注则是投资者基于自身需求和信息搜索行为，有目的地获取与企业相关的财务信息和网络媒体报道。这种关注方式可能由于信息的全面性、及时性和可获取性等因素而产生差异化的影响，进而影响投资者对企业盈余管理质量和风险的认知。通过深入分析投资者异常关注和投资者日常关注两种不同形式的关注方式，本书的研究旨在揭示这两种关注模式是否能够成为网络媒体报道影响公司盈余管理的外部路径机制。

（4）探究网络媒体报道影响盈余管理的调节因素。探究管理者过度自信、股权集中度和产权性质等情景因素，是否对网络媒体报道影响盈余管理的过程发挥调节作用，进而丰富关于网络媒体报道影响盈余管理的情景条件的理论认识。一方面，管理者过度自信可能导致公司管理者在财务信息披露策略上存在更大的主观偏见和风险，从而影响网络媒体报道对企业的舆论和市场反应。本研究将探讨管理者过度自信如何与网络媒体报道对上市公司盈余管理行为的影响产生交互作用。另一方面，股权集中度和产权性质对企业内部决策和治理结构有重要影响，可能影响公司管理者面对网络媒体报道的反应和市场的解读。本书研究将分析在不同管理者自信程度、不同大小权力、不同产权性质的情况下，网络媒体报道如何通过不同渠道影响企业盈余管理策略的制定和实施。通过深入探讨这些调节因素，本研究不仅有助于进一步理解网络媒体报道在盈余管理中的作用机制，还能够为企业管理者和市场监管者提供更为细致和全面的理论支持，以应对不同情境下的舆情挑战和市场波动。

1.2.2　研究意义

1.2.2.1　理论意义

（1）有助于拓展和深化网络媒体报道经济后果的研究。本书对网络媒体报道影响盈余管理的理论研究做出有益的补充，可以丰富和完善媒体报道对盈余管理影响机制的研究，有助于进一步检验国内外现有研究中媒体报道的市场压力假说和有效监督假说在我国的适用性。

（2）有助于从投资者关注角度揭示网络媒体报道影响盈余管理的外部治理机制。本书从理论上论证不同类型的投资者关注在路径传导作用上的差异，这将填补投资者不同类型的异常关注视角下网络媒体报道经济后果的细化研究的理论空白。

（3）有助于从媒体压力和媒体监督下管理者反应的角度，揭示网络媒体报道影响盈余管理的外部治理机制，充实网络媒体报道对盈余管理影响机制的理论研究。

（4）有助于刻画网络媒体报道影响上市公司盈余管理的情景条件。本研究引入管理者过度自信、股权集中度、产权性质等情景因素，探讨这些因素在网络媒体报道影响上市公司盈余管理的过程中是否存在调节效应，有助于更好地厘清网络媒体报道影响上市公司盈余管理的情景条件。

1.2.2.2 实践意义

（1）有助于上市公司提高会计信息质量。高质量的会计信息可以使投资者准确判断上市公司的投资价值，而低质量的会计信息可能使投资者对公司的价值产生错误的判断。本书从理论和实践两方面阐明了网络媒体报道对盈余管理的影响：一方面，能够帮助上市公司认识被网络媒体报道曝光的经济后果，有助于规范上市公司的会计行为；另一方面，能够提醒网络媒体规范报道行为，履行媒体的社会责任，对上市公司的盈余管理行为进行有效监督，有助于提升上市公司的会计信息质量。

（2）有助于投资者准确甄别盈余管理行为。本书分析了不同类型的网络媒体报道对盈余管理的影响差异，并从投资者关注视角解释了网络媒体报道对盈余管理的影响机制，有助于投资者做出正确的投资决策。一方面，本书能够为投资者甄别上市公司可能存在的盈余管理行为提供理论依据及实践证据；另一方面，投资者可以根据网络媒体报道的不同类型对被报道公司的真实经营状况和财务信息进行准确判断。这有助于降低上市公司盈余管理行为对投资者造成的利益损害。

（3）有助于监管机构精准锁定监管重点。本书将网络媒体报道纳入上市公司盈余管理的影响因素中，揭示了网络媒体报道能够引起管理决策的改变，有助于监管机构根据报道频次及报道内容对被报道公司进行审查与监管，锁定上市公司被曝光的问题及可能存在的盈余管理行为。与此同时，监管机构可以根据本书的研究对搜索引擎、新闻门户网站和 App 提出整改要求，有助于控制网络媒体报道对盈余管理造成的影响，以免低质量的会计信息对投资者的利益造成损害。

1.3　国内外研究现状

1.3.1　盈余管理概念界定的相关研究

1.3.1.1　盈余管理的定义

盈余管理的概念首先由美国学者雪珀在 1989 年提出，并将盈余管理定义为公司管理者为了牟取个人利益而有目的地控制会计报告的行为。雪珀（1989）认为，盈余管理是公司管理者运用调整会计项目发生的时点来改变会计报告中的盈余信息，是一种针对财务信息对外披露策略的管理。而斯科特（1997）则认为盈余管理是在会计准则的范围内，通过选择不同的会计政策对公司的当期盈余进行调整，更加倾向于强调会计政策选择的经济后果。随后，希利和瓦伦（Healy&Wahlen，1999）认为盈余管理的方法不只是局限于会计政策选择，还包括对公司真实交易事项的时间、金额等真实活动的调整，在为自身谋取利益最大化的同时，更加强调为了诱导利益相关者做出错误判断而进行盈余管理的目的。在国内，陆建桥（2002）认为盈余管理是在会计准则规定的范围内，公司管理者为了最大化自身利益或公司价值而调整财务报告利润的行为。而章永奎（1999）则未将盈余管理限制于会计准则规定的范围内，换言之，他认为盈余管理行为应当包括那些为了达到实施者的自身目的而进行的违规操作。随着我国行政机关对证券市场的监管力度逐渐增加，法律法规允许范围之外的调整会计盈余信息的手段会使上市公司受到处罚。因此，国内学术界仍以陆建桥的观点为界，认为盈余管理是上市公司管理者利用会计政策变更对会计盈余信息披露策略进行调整的管理行为，是上市公司管理者通过损害投资者利益来获取自身利益最大化的合规手段。

1.3.1.2　盈余管理的度量

盈余管理在会计学术界主要分为基于应计项目的盈余管理和基于真实活动的盈余管理两种方式。首先，20 世纪末期，琼斯（Jones，1991）在希利（1985）提出的应计利润质量模型的基础上，将观测期间内的可操纵应计利润附加以随销售收入和固定资产减值变化的项目，并使用与行业平均水平的差距来衡量盈余管理。换言之，与同行业其他公司在预期应计利润上的差距越大，则认为公司的可操纵性应计项目上进行盈余管理的程度越强。德肖等（Dechow et al.，1995）在琼斯模型的基础上进行了修正，加入了随着应收账款变化的项目，考虑了公司通过信用销售带来的应计项目调整。修正的琼斯模型在国外会计学术界被广泛运用以计量上市公司的盈余管理程度。21 世纪初期，德肖和迪切夫（2002）建立的 DD 模型对琼斯模型进行了一次深刻的变革。DD 模型将公司经营的现金流与应计利润联系起来，学者们逐渐开始意识到公司除了对应计项目进行操纵来调整当期利润之外，还能够通过经营的现金流量对真实的交易活动进行盈余管理。在此之后，真实活动盈余管理逐渐进入研究盈余管理的学者们的视线。麦克尼科尔斯（McNichols，2002）综合了琼斯模型强调的应计项目和 DD 模型强调的真实活动盈余管理，创立了 McNichols 模型，以全面描述管理者可能调整的会计科目。但罗伊乔德胡里（Roychowdhury，2006）认为真实活动盈余管理主要通过操控销售费用、生产费用以及股票回购等手段进行，不适合与应计项目混为一谈。国内外的研究学者逐渐认同这一思想，将盈余管理划分为操纵应计项目的应计项目盈余管理与操纵经营活动现金流的真实活动盈余管理。在国内的研究中，基于国内特殊的资本市场环境，陆建桥（1999）在修正的琼斯模型的基础上，加入无形资产和其他长期资产以扩展其中非操纵性应计盈余的部分，使最终测量结果更加准确。这种修正的琼斯模型也成为国内学者最广泛使用的度量应计项目盈余管理程度的方法。对于真实活动盈余管理的度量方法，国内学者依然大都沿用 Roychowdhury 模型，以描述国内资本市场中管理者所进行的基于经营活动现金流的盈余管理程度。作为上市公司主要的盈余管理手段，通过应计项目和真实活动进行操纵的盈余管理均可以对上市公司未来的生产经营活动造成显著影响，并且能够在一定程度上相互替代或转换，但更加隐蔽的真实活动盈余管理可能会对公司的长期利益造成严重损害。

1.3.2　媒体报道对盈余管理影响的相关研究

1.3.2.1　媒体报道公司治理作用的相关研究

作为一种重要的非法律制度要素（extra-legal institutions），媒体监管与治理功能日益受到国内外学者的重视。21 世纪初，网络的出现，使得新闻传播的速度更快、更有效，媒体的监督作用也日益受到学术界的重视。大量研究表明，媒体监督是一种非法律性质的外部因素，能够对企业经营者的行为产生一定的影响。米勒等（Miller et al. , 2006）通过研究大量的样本说明了媒体在会计舞弊事件中扮演了监督者的角色。他们选择美国市场从 1987 ~ 2002 年的庞大样本，经过筛选与模型分析发现，在这些公司中，占比达到 28.5% 的 263 家公司在被媒体事先披露虚假信息之后受到了严惩。这一数据首次从统计学的角度揭示了美国资本市场中媒体关注的重要作用。贝斯利和普拉特（Besley & Prat,

2006）研究认为媒体监督是社会系统中必不可少的重要环节，其作用在资本市场中更加明显。他们在研究中发现，即使在审查制度缺失的情况下，政府也能够左右媒体报道的内容，也就是说，资本市场中媒体报道能够与政府监督存在一定程度的替代效应，均能够发挥有效监督作用。

当今学术界一部分学者认为媒体报道具有降低公司代理成本、纠正公司违规行为、完善公司治理水平的作用，这部分学者坚信媒体报道具有一定的治理作用。王帆（2016）通过对媒体披露的分析得出了管理者更愿承担风险的结论，并认为新闻媒体的信息公开对管理层的决策能够产生积极作用，在某种意义上起到了外部治理的效果。戴克等（Dyck et al.，2004）的研究指出，媒体监管是一种超越法定强制权力的制约与惩罚手段，它直接关系到公司高层管理者的决定。媒体监督作为一种有效的防范手段，能够有效地阻止公司高管利用盈余管理进行自我利益实现的行为，可以有效地减少对公司其他股东利益的损害。陈志武（2005）通过对中国证券市场开展调查得出结论：开放型的新闻媒体是促进市场经济不断深入和不断发展的必要因素，而媒体的自由与资本市场的发展水平成正比，媒体对于公司经营活动存在的"陷阱"有着明显的制约和规制效果。郑志刚（2007）通过对我国公司管理中媒体的地位及其实现方式的分析，认为我国现行财务与法学研究的结论与政策内涵尚有较大差距，从理论上得出了"法律可以通过公司的完善来保障股东利益"这一结论后，反思是否还有其他的非法定机制也可以使公司的管理更加健全，并呼吁学术界和实务界更多地关注司法以外的公司治理。乔等（Joe et al.，2009）研究表明，当被媒体披露出"最糟糕的董事会"时，上市公司往往会采取更多的措施来改进公司的管理。在调查了媒体对董事会的影响之后，他们发现被媒体披露的低效率的公司，往往都会采取一些积极的行动来提升工作效率。

媒体报道的监督作用取决于外部环境的改善，特别是当政府介入程度较低或法制不健全时，媒体对公司治理问题的监控更为积极有效。杨玉龙等（2017）和沈艳等（2021）一致认为，媒体报道提高了尚未成熟资本市场的信息透明度，能够有效弥合资本市场中的"信息鸿沟"。李培功和沈艺峰（2010）选取2003年度拥有最糟糕董事会的50个公司作为研究对象，结果表明管理层的干预可以确保媒体报道的治理功能得到充分发挥，并且从不同的媒体特征来看，与政策导向媒体相比，市场型媒体发挥的监督作用更为积极，主要表现在能够引起有关行政机关的介入。究其原因，王磊等（2022）认为市场型网络媒体报道具有更显著的信息中心性，能够深度披露上市公司对投资者严重侵害的内容。王恩山和戴小勇（2013）的实证分析结果显示，新闻传播机制、声誉机制以及间接影响公司内部治理的其他机制都可以有效地减少代理成本，从而更好地实现对公司的治理功能，媒体报道与法律制度同样可以降低这种代理成本，呈现可以互相替代的关系。梁红玉等（2012）和周开国等（2016）通过实证研究均认为媒体报道确实可以通过揭发上市公司的违规行为发挥公司治理作用。马壮等（2018）研究发现媒体能够通过曝光上市公司异常审计费用的方式对上市公司的盈余管理发挥监督作用，为媒体报道的有效监督作用提供了实证证据。

虽然一部分学者坚信媒体报道具有一定的治理作用，但另一部分学者却持不同意见。他们认为媒体只是对上市公司的信息起到披露的作用，并没有实质上的纠正功能。醋卫华和李培功（2012）对96家被中国证券交易所惩戒的公司进行了抽样，结果显示，虽然大部分公司在被证监会调查前都曾遭到了媒体曝光，但新闻机构在事件发生之后也没有充当实际意义上的监管角色，而仅仅发挥了信息披露者的作用。而公司型媒体受限于自身的营利目的，其报道的信息也存在一定的不可靠性。部分专家质疑媒体能否起到监管和治理的作用，并指出媒体仅能发挥"预警"或"曝光"的作用，并未对上市公司的不当行为进行真正意义上的修正。贺建刚等（2008）通过对五粮液的调查研究发现，虽然五粮液的治理结构存在着一定的缺陷，但在众多的市场矫正机制特别是媒体监管等方面的制约下，大股东通过盈余管理进行利润分配或利益输送的行为并没有得到任何改善。他们认为在国内的资本市场中，无论是市场上的自发纠错机制，抑或是政府和法律上的强制纠正，都无法有效地制约大股东的控制权滥用，而媒体监督在大股东的利益输送上并未发挥实际的纠正作用。

1.3.2.2 媒体报道内容对投资者行为影响的相关研究

梳理国内外现有的文献发现，媒体报道内容能够对投资者情绪产生显著影响（贺建刚等，2008；Daniel et al.，2017）。朱等（Zhu et al.，2017）研究发现，报道内容和语言的差异会对经营者的心态造成不同的影响，甚至会影响投资者的信心形成，从而改变他们的投资决策和经营行为。根据杰弗里等（Jeffrey et al.，

2017）的研究结论，在新闻报道中，媒体往往会根据自己的意愿，采用带有针对性的表达方式来表达自己的情感和观点，从而引起投资者的关注。布杜克（Boudoukh，2019）认为这些具有针对性的新闻报道所带来的新闻舆论和有效信息也会对投资者的交易行为产生重大的影响，从而导致股票价格在某一时期出现大幅波动。游家兴（2017）通过研究发现，如果媒体报道内容具有很强的针对性，或者措辞过于激烈，或者在很短的时间内被大量传播，那么上市公司管理层就会将这篇新闻当作敏感消息，从而在名誉和舆论压力下，调整公司财务信息以适应市场需要。换言之，媒体报道造成的网络舆论效应对证券市场的受关注程度与投资者的交易行为能够产生重要的影响（Chan，2003）。这些报道可以改变投资者对投融资环境的认识；可以从积极或消极的角度来影响投资者对公司市场价值的评估；甚至可以使公司的外部法律环境发生变化，从而引起执法机关的注意和干预（黄雷等，2016）。

现有的研究将媒体报道情绪色彩分为具有乐观情绪的积极报道和具有悲观情绪的消极报道（Kogan et al.，2018）。罗栋梁等（2022）研究发现，乐观情绪的报道对公司业绩能够产生正面影响，而悲观情绪的报道则会对公司业绩产生负面影响。一方面，从积极报道的角度来看，张宗新等（2021）认为，积极的新闻可以传递媒体的积极态度，并能使证券公司或机构分析师对被新闻报道肯定的公司产生积极的预期，从而引起股价波动性。陈（Chen，2013）通过实证研究得到相同结论的同时还发现，证券机构分析师的乐观情绪还能够通过引起中小投资者的乐观情绪，进而直接影响股票的公允价值。此外，波尔克和萨皮恩扎（Polk&Sapienza，2009）及黄宏斌等（2017）研究发现，媒体的积极心态也可以刺激经营者的迎合心理和过度自信心理，从而促使他们更愿意承担风险，并更容易选择高风险的利润操纵。而邵志浩和才国伟（2020）认为公司管理层也可以通过媒体的正面评估来弥补由于盈余管理而带来的处罚风险，从而提升公司的信誉和财务实力。另一方面，从消极报道的角度来看，泰洛克（Tetlock，2007）认为负面报道能够通过传递媒体的悲观情绪，使投资者对公司业绩产生悲观预期。同时，里纳洛和巴苏罗伊（Rinallo&Basuroy，2009）、罗进辉等（2014）认为这种悲观情绪等同于对经理人的经营能力的怀疑，降低了投资者对被报道公司市场价值的预期，进而导致股价下跌，引发市场恐慌，甚至导致被报道公司面临崩溃的危险。

　　与传统的官方媒体相比，网络媒体在某种程度上存在一定的自由性。这类新闻媒体和商业媒体更善于使用非规范的方式来增加自身转载率，以满足其营利性目的（花冯涛和徐飞，2018）。穆莱纳桑和施莱弗（Mullainathan&Shleifer，2015）研究发现，在撰写原创型新闻报道时，媒体报道确实会使用情感话语和图像来引导观众的观点。赫米达（Hermida，2012）的研究结果表明，为了增加自身的阅读量，网络媒体原创过程中会采用带有强烈冲击力的语言来吸引读者。而作为在资本市场中拥有重要监督身份的网络媒体，不乏利用互联网的高效性，高速转载具有吸引力的媒体报道，来对投资者情绪和行为产生影响的行为（伍燕然，2016）。这不仅会增加投资者和上市公司之间的信息不对称性，还会加剧利益相关者之间的委托代理冲突，这也是现代网络传媒的外部监管功能减弱的重要因素之一（李倩，2022）。

1.3.2.3　媒体报道对盈余管理影响的相关研究

媒体报道对盈余管理的影响在现有的研究中存在一定争议，一部分学者坚信媒体报道可以抑制上市公司的盈余管理行为。霍等（Haw et al.，2004）以东亚及西欧国家的上市公司为样本的研究结果显示，公司在资讯传播范围广、渠道多的地方，其盈余管理的程度相对较轻，说明媒体报道可以制约公司的盈余管理行为。权小锋等（2010）认为，新闻媒体能够通过外部监督有效遏制公司的薪酬操控行为，从而提高公司的财务信息质量。随后，权小锋（2012）再次检验了媒体监督对公司盈余管理的影响，又一次确认了媒体报道与公司盈余管理之间的负相关关系，再次强调了媒体报道的有效监督作用。熊艳等（2011）通过对"霸王事件"的案例分析认为，媒体报道会对证券市场起到积极的监管效果，能够通过引发市场的"轰动效应"充分发挥媒体的声誉惩戒作用，有效抑制上市公司管理者的不当行为。此外，齐等（Qi et al.，2014）认为媒体会对上市公司的盈余管理水平及盈余管理方式产生显著的影响，而媒体关注程度较高的上市公司，其盈余管理水平通常相对较低。张婷婷等（2018）同样认为，媒体报道产生的舆论压力可以降低上市公司的真实活动盈余管理水平，发挥有效的市场监督作用。吴芃等（2019）认为媒体报道的监督治理作用受制于媒体报道类型、媒体报道情绪以及上市公司的产权性质，负面媒体报道更能够有效发挥媒体的监督治理作用，而网络媒体报道对非国有上市公司的治理作用更加显著，传统媒体报道对国有上市公司的治理作用更加有效。

尽管有一些学者坚持认为媒体对公司的盈余管理具有一定的监督作用，能够有效抑制上市公司的盈余管理行为，但仍有一些学者持有反对意见，他们认为媒体报道产生的市场关注会迫使管理者增加盈余管理行为，以迎合市场需求。于忠泊（2011）的研究结果表明，媒体的高度曝光对上市公司产生了强大的市场压力，能够刺激上市公司操纵会计盈余信息来满足市场预期。于忠泊等（2012）及田高良等（2016）在此研究的基础上对市场压力的产生原因与市场压力作用于盈余管理的机制进行了再检验，得到与原研究相似的结论。莫冬艳（2015）以深圳创业板公司为实证研究对象，探讨了媒体报道对公司盈余管理的影响，研究结论在一定程度上支持了"市场压力假设"：与以政策为主导的媒体相比，以市场为主导的媒体能够对上市公司造成更大的冲击；与消极的媒体报道相比，积极的媒体报道会使公司面临更多的负担，从而使上市公司进行更多的利润调整，而公司则需要有效的内部控制才能降低这种负担带来的不良影响（林斌和饶静，2009；杨玉凤等，2010）。换言之，在我国特定的资本市场条件下，媒体报道对公司造成的市场压力，能够促使公司实施对利润的控制行为，甚至不惜实施对公司长远利益造成损害的真实活动盈余管理（黄寿昌，2010；方红星和戴捷敏，2012）。应千伟等（2017）通过检验个人投资者关注与机构投资者关注的中介作用，证实了媒体报道通过引发投资者搜索关注，继而增加了上市公司的盈余管理程度，间接支持了媒体报道对盈余管理影响的市场压力假说。

不难发现，媒体报道对盈余管理的影响在学术界存在一定争议。如果对上市公司的信息进行夸大、炒作和过度关注，那么媒体将失去其本来应有的"监督职能"，变成"诱导"投资者获得有偏误的信息的手段。过度的市场压力不但无法对资本市场的乱象进行有效监督，反而可能对公司管理者产生过大的舆论压力，催生更多的盈余管理，极大地降低会计信息质量。因此，"折衷说"的研究者更倾向于鼓励学者正视媒体的"双刃剑"机制，并引导媒体为资本市场提供更好的服务。

1.3.3　网络搜索与投资者关注的相关研究

随着互联网的迅猛发展，网民使用搜索引擎来获取所需要的信息占其上网行为的比例高达80%，对搜索引擎的研究也成为学术研究的新兴热点话题。大数据环境下，搜索引擎不仅记录了所有网民的搜索痕迹，更为广大学者提供了重要的、海量的研究数据。2004年，谷歌公司开发并提供了一项名为谷歌趋势（Google trends）的技术，用户只需在谷歌趋势中输入一个关键词，谷歌趋势便可以显示每一个自然日中来自世界各地的所有网民通过谷歌搜索该关键词的频次。在中国，作为全球最大的中文搜索引擎，百度搜索基于海量网民行为数据，于2006年推出了与谷歌趋势相似的大数据分享平台百度指数（Baidu index）。相比于谷歌趋势，百度指数具有更细致的功能性，其中包含搜索指数、媒体指数、人群指数。此外，百度指数将固定端搜索和移动端搜索进行了细化，推出了 PC 端搜索指数与移动端搜索指数。王继民等（2013）研究发现，与 PC 搜索相比移动搜索请求在一天内波峰波谷之间的差距相对较小，即一天中提交的搜索请求在时间分布上相对更加均匀，说明使用移动端用户查询的单次用时较短，但搜索更为频繁。网络搜索终端设备及移动互联网的迅猛发展，使资本市场中的投资者能够随时随地浏览上市公司的相关报道，其投资行为也会比过去更易受到网络媒体报道的影响。

在大数据技术尚未成熟的时期，投资者对上市公司的关注程度无法直接观测。达等（Da et al.，2011）在《金融杂志》（Journal of Finance）上发表的论文中，使用网络搜索量作为投资者关注的代理变量，为度量投资者关注程度提供了一种有效的方法。他认为如果网民使用股票代码通过谷歌趋势搜索某一只股票的信息，就说明该网民对此上市公司高度关注。至此，使用谷歌指数度量投资者对某上市公司的关注程度的方法得到相关领域学者的广泛认可。随后，约瑟夫等（Joseph et al.，2011）、德雷克等（Drake et al.，2012）及弗拉斯塔基斯等（Vlastakis et al.，2012）也相继使用这一指标，搜索指数作为新的"投资者关注"的代理变量被广泛应用于经济与管理领域。国内学者也纷纷效仿其做法，使用与谷歌趋势相对应的百度指数度量网络搜索量，作为投资者关注的代理变量。基于这一代理变量的应用，达等（Da et al.，2011）认为直接使用搜索量来度量网络关注只能客观地表现投资者对某一上市公司的关注程度。为了区别于表示平时随机搜索的"投资者日常关注"，他们提出使用"投资者异常关注"作为度量由突发事件或重要信息披露引起的网络搜索量的短期变化，旨在区分此次搜索量的变化是由于整个市场波动引发的关注程度的整体变动，还是由于个股的突发事件对其股票价格的瞬时影响。此研究方法被研究资本市场中投资者关注的学者广泛沿用至今（宋双杰等，2013；Liu&Ye，2016；苑莹和樊晓倩，2019），刘先伟（2016）根据投资者异常关注的原因，进一步将投资者异常关注划分为由媒体报道引发的"被动引导型投资者异常关注"与因投资者随机关注引发的"主动自发型投资者异常关注"，并发现不同类型的两种投资者异常关注能够在资本市场中产生不同的经济后果。

1.3.4　网络媒体报道影响盈余管理的调节因素的相关研究

1.3.4.1　管理者过度自信的调节作用

管理者过度自信是能够影响管理者决策行为的一种重要心理因素。既然管理者是上市公司盈余管理行为的实施主体，那么管理者过度自信的心理特征理应对盈余管理存在一定的影响（卢碧，2013）。因此，管理者过度自信可能成为网络媒体报道影响盈余管理的调节因素。梳理现有的文献，国内外学者对管理者过度自信对盈余管理的影响进行了大量的研究。谢等（Hsieh et al.，2014）对美国股票市场进行研究后发现，在《萨班斯—奥克利斯（SOX）法案》颁布后，过度自信的上市公司管理者会利用可操作性应计利润增加收入。郑等（Jeong et al.，2019）也通过研究在韩国股票市场上市的家族企业得到了相同的结论。扎希尔

（Zaher，2019）以埃及上市公司管理者为研究样本，同样得到管理者过度自信对上市公司的盈余管理存在正向影响的结论。阿麦德等（Ahmed et al.，2013）研究发现，如果管理者高估了市场对公司产生的正面影响或低估了负面冲击，即对市场影响产生过度自信的乐观估计时，公司当期账面则会出现异常的现金流波动。究其原因，是过度自信的管理者进行盈余管理来拟合对外披露的盈余预测。过度自信的管理者在预测成功时，通常会将准确预测的原因归结为自身的丰富知识与准确的判断能力；如果预测失败，则会将失败原因归结为运气较差（Miller&Ross，1975）。换言之，过度自信的心理使管理者对公司盈余的预测高于公司的实际盈余，继而诱发了管理者为了弥补预测偏差而进行的盈余管理行为（Hribar&Yang，2015）。与国外相比，我国的证券市场尚未成熟，相关的监管机制并不完善，管理者更容易产生非理性的管理行为。马春爱等（2017）在放松理性人假设后发现，管理者在公司治理过程中确实存在非理性行为，并建议过度自信的管理者应在经营活动方面增强风险应对能力，以冲抵会计信息披露过程中产生的高风险。张明等（2020）研究发现，管理者过度自信程度越高的公司越容易调整当期盈余信息来避税。除此之外，刘柏等（2020）认为管理者过度自信能促进上市公司研发投资的提升，管理者过度自信越高的公司因研发投资导致的公司未来绩效风险性越强，致使公司越容易进行盈余调整。张荣武等（2008）、何威风等（2011）通过对我国上市公司的研究，相继发现了管理者过度自信可以对盈余管理产生正向影响，即管理者的过度自信程度越高，上市公司盈余管理程度也会越高。从市场压力角度看，过度自信的管理者为了满足市场期望，总是向投资者传递利好信号，或直接通过财务报告对上市公司下一季度的盈利情况进行预测，将乐观的信息传递给市场（Fischhoff et al.，1977；Christensen et al.，2022）。然而，这种乐观预测往往会优于公司的实际盈利水平，为了掩盖其预测偏差同时迎合市场的普遍期待，过度自信的管理者极有可能通过盈余管理来缩小或弥合实际盈利与预测盈利之间的差距（Lin，2005；Hayward & Hambrick，1997）。不难推断，管理者过度自信能够通过管理者心理来影响盈余管理的程度，而网络媒体报道同样能够通过对管理者心理施加压力对盈余管理产生影响。因此，管理者过度自信与网络媒体报道可能在影响盈余管理的过程中存在交互作用，即管理者过度自信可能成为网络媒体报道影响盈余管理的调节因素。

1.3.4.2　股权集中度的调节作用

上市公司股权结构能够对公司内部治理环境产生影响，合理的股权结构能够制衡管理者的权利，从而约束管理者实施盈余操纵行为。因此，股权结构可能成为网络媒体报道影响盈余管理的调节因素。一方面，现有的研究将股权结构影响盈余管理的机理归结为公司高管间的权力制衡。林芳等（2012）研究发现，股权制衡能够显著降低上市公司的盈余管理水平，主要体现在能够有效降低生产成本及可操纵性费用的真实活动盈余管理。花冯涛等（2017）通过考察股权结构对公司特质风险的影响，发现股权集中度与股权制衡度均能通过会计信息质量对公司特质风险发挥控制作用。反之，陈宋生等（2013）研究发现，如果公司股权集中度较高、股权制衡能力较弱，则管理层具有较强的盈余操纵动机。而在市场化程度较低的地区，缺乏股权制衡的上市公司的盈余管理行为很难受到约束（陈晖丽和刘峰，2014）。另一方面，现有的研究认为股权结构通过缓解资本市场中的委托代理冲突，提升公司的会计信息质量。程小可等（2015）研究发现，管理者持股比例增加能够有效降低上市公司的真实活动盈余管理程度，究其原因为股权集中度的提升能够在一定程度上缓解投资者与管理者的委托代理冲突，如果管理者是由董事长直接兼任的，则管理者持股对盈余管理的抑制程度还会继续提高。杜媛等（2020）却认为，大股东"两权分离"可能降低会计信息质量，而机构投资者更高比例的投票权可以有效缓解两权分离对会计信息质量的负向影响。不难发现，优化股权结构对提升会计信息质量具有重要意义（刘银国等，2018），构建有效制衡的股权结构能够有效遏制管理者的盈余管理行为（曹志鹏和朱敏迪，2018）。由于网络媒体报道同样能够对管理者的盈余管理行为产生影响，因此，上市公司的股权集中度与网络媒体报道可能在影响盈余管理的过程中存在交互作用，即股权集中度可能成为网络媒体报道影响盈余管理的调节因素。

1.3.4.3 产权性质的调节作用

梳理现有的文献发现，产权性质能够对盈余管理的影响因素发挥一定的作用。徐辉等（2021）对 2008～2018 年存在定向增发行为的上市公司的研究发现，非国有上市公司的费用化的研发支出对定向增发新股发行价的抑制效应相较于国有上市公司更加显著，并且这一作用机制是通过应计项目盈余管理实现的。调减上市公司研发支出是管理者常用的一种盈余管理手段，但国有上市公司管理者与非国有上市公司管理者在实际操作过程中会存在明显差异（朱湘忆，2020）。姜付秀等（2014）研究发现，虽然国有上市公司与非国有上市公司在市场绩效激励契约方面并无显著差异，但国有上市公司管理者对自身薪酬绩效和上市公司会计绩效的敏感性均高于非国有上市公司管理者。不难看出，产权性质能够直接影响上市公司的盈余管理行为。大量现有的文献表明，网络媒体报道能够对盈余管理产生影响。因此，在不同产权性质的公司中，网络媒体报道对盈余管理的影响可能存在一定差异。换言之，产权性质可能成为网络媒体报道影响盈余管理的调节因素。

1.3.5　研究现状评述

通过对国内外文献的梳理，本书认为网络媒体报道能够对公司盈余管理行为产生影响。如果网络媒体报道的治理机制能够被充分发挥，则会极大地改善公司的治理水平，对公司的盈余管理行为产生有益治理。为此，有必要进一步对网络媒体报道影响盈余管理的机制进行更深入细致的研究。当前，国内外学者虽然已经针对媒体报道对盈余管理的影响进行了一些研究，为进一步的深入研究提供了坚实的理论依据和大量的实践依据，但鲜有学者研究网络媒体报道对盈余管理的影响及其机制，这也为本书提供了研究机会。通过对现有文献的整理和总结，本书发现现有文献中仍然存在以下几个问题需要进一步深入讨论。

（1）现有的文献获取数据的方法存在一定的局限性。在非网络大数据时代，有关媒体报道或媒体监督的研究均使用公司名称作为关键词，以手工搜集关键词在报刊报道的标题中出现的次数作为媒体关注度的代理变量。由于手工收集的工作量较大，研究者主观上可能更多地关注他们熟悉的媒体，得到的研究结论可能失之偏颇。此外，现有对投资者关注的研究数据来源均为百度搜索指数。自2016年起，百度指数的商业化转型使学者们无法直接获取其具体数据，致使现有文献的数据来源均为2015年之前。因此，本书认为有必要通过大数据技术收集近年来的网络媒体报道数据及投资者关注数据作为研究数据，重新审视这些问题，有助于增加研究结论的可靠性。

（2）现有的研究虽然认为媒体报道能够对上市公司的盈余管理行为产生重要影响，但对于媒体报道对盈余管理的影响方向尚未统一。对于媒体报道影响盈余管理的理论解释也相互矛盾。部分学者认为，媒体报道对公司管理者造成了强大的市场压力，迫使管理者通过盈余管理行为对公司财务报告进行粉饰，以达到迎合市场的目的。然而另一部分学者却认为，媒体报道是一个有效的外部治理机制，可以有效监督上市公司管理者的行为，通过发挥声誉惩戒机制降低了公司的盈余管理程度。两派学者的意见尚未统一，因此，本书认为有必要通过更深入的研究来弥合市场压力机制与有效监督机制两种理论假说在理论逻辑上的矛盾。对此问题进行深入讨论，有助于更清晰地刻画网络媒体报道影响盈余管理的理论原理，确定网络环境下媒体报道发挥治理作用的路径机制。

（3）现有的研究通常在媒体报道对盈余管理的影响研究中加入一个或多个调节变量，如上市公司内部控制是否有效（卢佳友，2017）、董事会的独立性（张婷婷，2018）、法治水平（陈克兢等，2016、2017）、外部分析师或机构投资者（于忠泊等，2011），鲜有文献对网络媒体报道影响盈余管理的路径机制进行研究。因此，本书认为有必要引入投资者关注及其异质性特征，从理论论证和实证分析两方面研究网络媒体报道对盈余管理影响的外部路径机制，这有助于进一步夯实媒体报道影响盈余管理的理论基础。

（4）现有研究认为媒体报道可以对上市公司盈余管理产生外部影响，而管理者作为盈余管理行为的实施主体，其心理因素、权力大小和制度环境也可能对盈余管理行为产生影响。在国内，已有大量的经验证据表明，管理者过度自信、股权集中度及产权性质均能够对盈余管理产生一定程度的影响。因此，在研究网络媒体报道对盈余管理的影响机制的同时，本书认为有必要探究网络媒体报道影响盈余管理的调节因素，这有助于更细致地刻画网络媒体报道影响盈余管理的理论逻辑。

1.4　研究内容与结构安排

1.4.1　研究内容

基于上述研究现状，针对网络媒体报道对盈余管理的影响机制的相关研究中存在的不足之处与局限性，本书界定具体研究内容如下。

（1）网络媒体报道影响盈余管理的理论研究。对网络媒体报道的概念和内涵进行分析与界定，基于委托代理理论、信息不对称理论、信号传递理论，探究网络媒体报道与盈余管理的内在联系，构建网络媒体报道影响盈余管理的理论研究基础和理论分析框架。

（2）网络媒体报道对盈余管理的直接影响研究。基于网络媒体报道影响盈余管理的理论分析框架，结合有效监督机制和市场压力机制提出竞争性假设，实证检验网络媒体报道与盈余管理的关系，旨在考察网络媒体报道对盈余管理存在促进作用还是抑制作用。

（3）异质性网络媒体报道对盈余管理的影响研究。本部分研究内容力求解决不同类型的网络媒体报道对盈余管理的影响是否存在差异的问题。首先，基于报道针对性程度探究专题性报道与一般性报道对上市公司盈余管理产生影响的差异性。其次，基于报道情绪色彩探究正面、中立和负面报道对上市公司盈余管理行为影响的差异性。最后，基于报道原创性探究原创型报道和转载型报道对上市公司盈余管理行为影响的差异性。

（4）网络媒体报道对盈余管理影响的路径研究。检验投资者关注是否为网络媒体报道对盈余管理的影响路径，并通过对比投资者日常关注与投资者异常关注在网络媒体报道对盈余管理的影响方面的差异，来考察不同类型的投资者关注行为在网络媒体报道影响盈余管理中的不同作用。进一步，着重考察被动引导型关注与主动自发型关注是否均为网络媒体报道影响盈余管理的中介因素，旨在揭示投资者关注异质性在网络媒体报道对盈余管理的影响过程中的中介效应的差异性。

（5）网络媒体报道影响盈余管理的调节因素研究。检验管理者过度自信、股权集中度、产权性质是否在网络媒体报道对盈余管理的影响过程中存在调节作用。首先，按照盈余管理的市场压力动因、薪酬动因和自我价值实现动因，使用乐观预期、相对薪酬与管理者背景特征来衡量管理者过度自信心理，考察管理者过度自信在网络媒体报道对盈余管理的影响过程中是否存在调节作用。然后，使用股东持股比例来衡量股权集中度，考察股权集中度在网络媒体报道对盈余管理的影响过程中是否存在调节作用。最后，考察国有上市公司与非国有上市公司中，网络媒体报道对盈余管理影响的差异。

1.4.2　结构安排

针对上述研究内容，本书的结构安排如下。

第 1 章：绪论。介绍选题背景并提出本书将要研究的科学问题，阐述本书的研究目的及理论和实践意义，对国内外文献及研究现状进行归纳整理，通过分析现有文献存在的分歧及局限，确定本书的具体研究内容、应用的研究方法、文章整体的结构安排及技术路线。

第 2 章：网络媒体报道影响盈余管理的理论分析。以现有文献为基础进行理论推演，对网络媒体报道影响盈余管理的理论原理展开分析，构建网络媒体报道影响盈余管理的理论分析框架，揭示网络媒体报道对盈余管理的影响机制及内在机理。

第 3 章：网络媒体报道对盈余管理的直接影响研究。构建公司从事盈余管理活动前提条件的数理模型，通过多元线性回归分析实证检验网络媒体报道对盈余管理的影响，并控制"双向因果关系"的内生性问题。

第4章：异质性网络媒体报道对盈余管理的影响研究。按报道针对性程度将网络媒体报道划分为针对性报道与一般性报道；按报道情绪色彩将网络媒体报道划分为正面报道、中性报道与负面报道；按报道原创性将网络媒体报道划分为原创型报道与转载型报道，探究不同类型的网络媒体报道对盈余管理影响的差异性。

第5章：网络媒体报道对盈余管理影响的路径研究。从投资者关注视角分析网络媒体报道影响盈余管理的外部传导机制。首先，将投资者关注划分为投资者异常关注与投资者日常关注，通过中介效应分析检验二者是否为网络媒体报道影响盈余管理的中介因素。然后，将投资者关注类型进一步划分为由媒体报道引起的被动引导型关注和投资者随机进行的主动自发型关注，并考察二者在网络媒体报道对盈余管理的影响过程中是否存在中介作用。

第6章：网络媒体报道影响盈余管理的调节因素研究。分析管理者过度自信、股权集中度、产权性质如何影响网络媒体报道与盈余管理的关系，实证检验三者在网络媒体报道与盈余管理之间的调节作用，加深网络媒体报道对盈余管理影响机理的理解。

第7章：结论，对本书的主要研究结论与创新之处进行总结，并讨论本书的局限性与未来的研究展望。

本书按照提出、分析并解决问题的纵贯式论证结构，结合递进式论证思路进行逐层深入的论述，并构建本书的整体逻辑结构（见图1-1）。

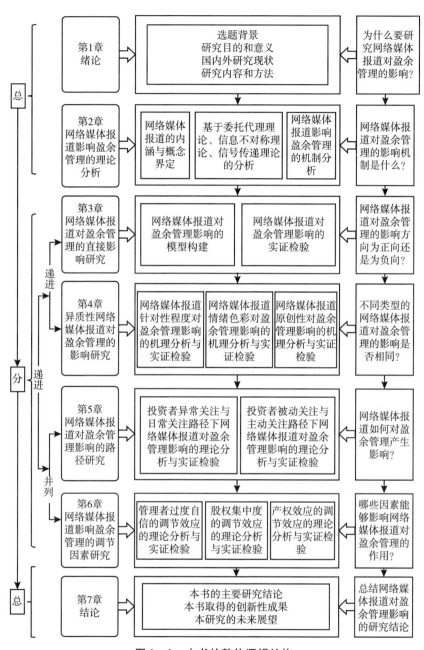

图 1-1 本书的整体逻辑结构

1.5　研究方法与技术路线

1.5.1　研究方法

本书运用了多种研究方法，主要包括以下几种。

（1）规范研究法。首先，通过对国内外知名学者在权威期刊上发表的相关文献的综合分析，全面掌握国内外有关媒体报道对盈余管理影响的最新研究动态和成果，为网络媒体报道对盈余管理的影响机制研究寻找充分的理论依据，探索网络媒体报道对盈余管理的影响规律。其次，以委托代理理论、信息不对称理论、信号传递理论为支撑，通过规范分析法推导出网络媒体报道对盈余管理的影响的相关研究假设，采用演绎推理和归纳推理对实证结果加以解释，并提出政策建议。

（2）数理模型研究法。通过构建盈余管理的成本模型与收益模型，推导得到从事盈余管理活动的前提条件模型。数理模型研究不仅是对网络媒体报道影响盈余管理的理论研究的深度细化，也为网络媒体报道对盈余管理影响的实证研究奠定基础。

（3）实证研究法。首先，围绕网络媒体报道对盈余管理的影响方向、异质性网络媒体报道对盈余管理的影响、网络媒体报道对盈余管理影响的路径、网络媒体报道影响盈余管理的调节因素，提出研究假设。其次，收集并整理实证研究数据，主要从中国研究数据服务平台（CNRDS）、百度指数（Baidu Index）、万德数据库（WIND）、国泰安数据库（CSMAR）收集数据。再次，根据由理论分析提出的研究假设设计研究变量并构建实证模型。最后，进行实证研究，运用描述性分析、相关性检验、多元线性回归法、分组分析法、滞后变量法、工具变量法、中介效应回归法、调节效应回归法对研究假设进行检验。

（4）比较分析法。首先，比较不同类型的网络媒体报道对盈余管理的影响差异。其次，比较投资者异常关注和投资者日常关注的中介效应差异，比较投资者被动引导型关注和主动自发型关注在网络媒体报道对盈余管理影响过程中的中介效应差异。最后，比较不同过度自信程度的管理者、不同股权集中度的股权结构、不同产权性质的上市公司中，网络媒体报道对盈余管理影响程度的差异。

1.5.2 技术路线

根据研究内容和研究方法，绘制出本书研究的技术路线（见图 1 - 2）。

第一，对现有相关文献进行梳理与评述，提出拟探究的关键科学问题；在界定网络媒体报道的概念的基础上，以委托代理理论、信息不对称理论、信号传递理论为理论基础，运用规范研究和文献分析法构建网络媒体报道影响盈余管理的理论分析框架。

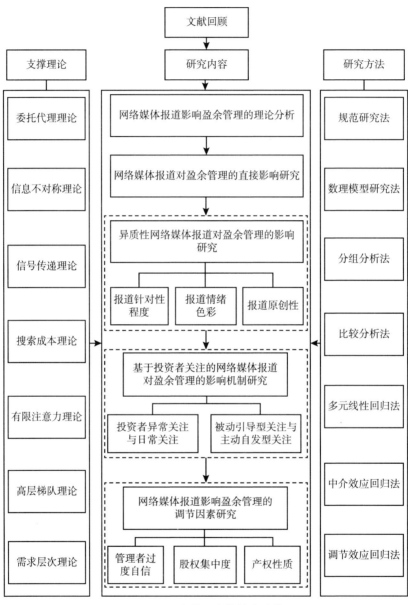

图 1 - 2　本书研究的技术路线

第二，在理论分析框架的基础上，以数理模型分析法对管理者从事盈余管理活动的前提条件进行描述。随后，以有效监督机制和市场压力机制作为竞争性假设，检验网络媒体报道对盈余管理是否存在影响，为后续研究奠定研究基础。主要运用描述性统计分析、相关性检验、分组检验、多元线性回归分析方法、工具变量法等方法对研究假设进行检验。

第三，探究异质性网络媒体报道对盈余管理的影响，基于报道针对性程度、报道情绪色彩和报道原创性三个异质性特征，分析不同类型的网络媒体报道对盈余管理的影响差异，在提出研究假设后，通过描述性统计分析、相关性检验、分组检验、多元线性回归分析等方法对研究假设进行检验。

第四，探究网络媒体报道对盈余管理的影响路径，检验投资者异常关注和投资者日常关注，投资者被动引导型关注和投资者主动自发型关注是否在网络媒体报道对盈余管理的影响过程中存在中介作用。提出研究假设后，通过分组检验、比较分析法和中介效应分析法对研究假设进行检验。

第五，探究网络媒体报道影响盈余管理的调节因素，分析管理者过度自信、股权集中度、产权性质如何作用于网络媒体报道对盈余管理的影响，提出研究假设并通过分组检验和调节效应分析法对研究假设进行检验。

第 2 章

网络媒体报道影响盈余
管理的理论分析

2.1 网络媒体报道的内涵与概念界定

2.1.1 网络媒体报道的内涵

网络媒体又称互联网媒体（Online media），是指以互联网为信息传播媒介，以手机、电脑、电视等设备为终端，以传播文字、声音、图像等方式进行新闻信息传播的数字化工具。继传统的电视、广播、报纸之后，网络媒体被公众称为"第四媒体"。网络媒体报道（Online media coverage）包括在网络媒体上刊登、转载的新闻报道，是全球最为主流的传播新闻报道的形式之一。

2004 年以来,《互联网信息服务管理办法》《互联网站从事登载新闻业务管理暂行规定》《互联网电子公告服务管理规定》《中华人民共和国电信条例》《网站名称注册管理暂行办法》等中国互联网行业的法律法规,对我国的媒体结构进行了重新定位,推动了网络媒体新的发展模式。受到资本运营的支持,在我国市场经济条件下,网络媒体主要存在两种运营模式:一是民营媒体通过公开发行股票,在全球证券市场进行融资以获得运营资本;二是国有资产或国有控股公司直接组建或并购具有竞争力的媒体,依靠自身资本进行运营。例如央视网、第一财经等网络媒体,由于其产权性质为国有上市公司,被网民称为官方媒体(简称官媒),其刊载的新闻报道内容通常具有准确、客观、权威等特性。而例如百度、新浪等网络媒体,虽然其产权性质并非国有上市公司,但由于市场占有率极高,被网民称为流量媒体,其刊载的新闻报道内容通常具有及时性、高效性、可议性等特征。无论是官方媒体还是流量媒体,作为国内主流的互联网媒体通常拥有庞大的受众群体,甚至能够在资本市场中通过媒体效应,在一定程度上发挥治理作用,影响市场投资者及管理者的决策行为。

2.1.2 网络媒体报道的概念界定

2.1.2.1 网络媒体与传统媒体的区分

网络媒体是指以互联网作为信息传播媒介的数字化媒体,是相对于电视、广播、报纸等传统媒体的概念。相比于传统媒体,网络媒体主要有以下优势。

（1）传播范围广，影响速度快。相比于传统媒体，网络媒体的及时性更强，信息的传播范围也更广，通常情况下可以达到全球化传播。

（2）储存时间长，易复制检索。报刊媒体的信息储存时间取决于纸张的使用寿命，信息内容需要通过复印或抄写等复杂方式才能被复制。而以数字化形式储存的网络媒体信息可以储存数十年之久，也可以在需要的时候随时被复制或传播。

（3）信息数据庞大，获取成本低。传统媒体的版面费、印刷费或广告费通常较为昂贵，发布内容的信息量也受版面、时间等因素限制。网络媒体则能够节约制作费用，极大地降低信息发布成本，并能够容纳更庞大的数据信息。

（4）内容生动形象，互动性强。网络媒体可以将文字、图片、声音、动画、影像等多媒体手段结合到一起呈现给消费者，媒体报道发布者也可以浏览来自受众的评论，形成双向的交互性沟通，有助于媒体更精准地传达信息。

（5）个性化强，自由度高。网络媒体平台通常可以接受客户的个性化定制服务，受众群体可以选择关注其感兴趣的新闻资讯，也可以屏蔽不感兴趣的报道内容，具有很高的信息选择的自由度。

2.1.2.2　媒体报道与媒体关注的区别

现有的部分文献将媒体报道与媒体关注混为一谈，直接使用媒体报道数量作为媒体关注度的代理变量。本书认为，媒体报道和媒体关注之间存在明显区别，不应一概而论。一方面，在媒体上发布与新闻事件相关的音像资料均可以视为媒体对新闻事件的关注，而只有在媒体上发布的文字性新闻报道才可以称作媒体报道。另一方面，媒体关注虽然可以量化，但仅使用报道次数或报道篇幅来评价媒体关注程度的高低则失之偏颇。因此，有必要对媒体报道与媒体关注进行概念上的区分，避免出现混淆概念的逻辑错误。

2.1.2.3 核心概念的界定

基于上述理论，本书对核心概念"网络媒体报道"进行界定。本书中的网络媒体报道是指网络媒体发布的上市公司新闻报道，包括财经新闻、并购新闻、财务舞弊新闻等，是客观传达新闻事件实时信息的报道性文章。而在各种股吧、微博等社交媒体中对新闻事件发表个人看法的短文、评论、回复及点赞，均不属于网络媒体报道的外延。

2.2 网络媒体报道影响盈余管理的理论依据

网络媒体报道的公司治理作用机制可以划分为外部治理机制和内部治理机制。公司外部治理的主体通常包括政府监管部门、法律制度环境及市场投资者，而公司的内部治理的主体一般为股东大会、董事会及管理者。

从公司外部治理角度来说，媒体是信息传播的载体，能够影响投资者的行为。首先，媒体是信息的传播介质，投资者可以通过媒体接收自身需要的信息。网络媒体的信息传递效率可以降低投资者的信息获取成本。其次，大多数网络媒体属于营利性公司，主流官方媒体也逐渐开始进行公司制改制，需要自负盈亏。因此，这些媒体发布的报道可能利用偏向性内容来吸引投资者的关注以达到盈利目的。而投资者在接受这些信息之后，其投资行为则可能受到影响。此外，网络媒体报道可以通过媒体传播实现信息公开，为投资者进行策略交流提供一个决策的舞台。网络媒体对于投资者而言，其最重要的作用在于传播更多的信息和增强公众的认知，提高投资者的投入，从而导致股票价格的波动。一方面，对于完全理性的投资者来说，在有效市场假定下，可根据自己所掌握的信息进行投资决策，而媒体可以提高投资者对股票市场的认知。另一方面，对于那些非理性的投资者来说，因受限于搜索成本及信息获取成本等因素，无法全面收集股票市场信息（Schiller，2001）。投资者的关注能力受到限制，致使投资者不能将有限注意力投入股票市场中的每只股票上。所以，投资者在受到新闻报道影响时，会主观放大信息的有效性，进行不理智的股票交易，从而造成股价的暴涨或崩盘，进而引发投机泡沫。当上市公司意识到媒体对股价的冲击之后，其管理者也会利用媒体的信息传播功能来增加投资者的兴趣。因此，网络媒体报道可以通过影响投资者对公司股价的判断，引起股票价格的异常波动，从而迫使上市公司管理者进行股价操纵以谋取利益或挽回损失。

从公司内部治理角度来说，网络媒体对大股东的负面报道会给公司带来负面的舆论影响，在一定程度上损害了公司声誉。媒体可以利用自身特殊的角色定位来有效遏制公司管理者可能损害投资者利益的活动。鉴于公司声誉会对公司治理结构造成影响，国内公司在确定或调整公司治理结构时，会在一定程度上受制于新闻报道，而随着媒体负面报道的增多，这种影响效果也会越来越显著。在国家监管机构的干预下，媒体对国有公司的高管薪酬也起到了一定的监控效果。媒体报道可以运用社会舆论来限制其薪酬契约，迫使公司管理者为满足自身利益最大化而进行其他管理行为。与此同时，管理者在做出经营决策时，都会将媒体报道带来的声誉影响纳入考虑之中，以免损害自身或公司的利益。

梳理现有文献，网络媒体报道主要通过信息传播机制、声誉机制及舆论导向机制三个路径发挥公司治理作用。

（1）信息传播机制。在当前的不完全竞争市场环境中，管理者、股东和其他利益相关方之间存在着不对称的信息。信息的不对称性使信息不对称环境中的劣势一方需要付出更多信息成本。一方面，网络媒体是传播资本市场信息的主要媒介，其功能是通过持续扩大信息传播范围，提高信息传播速率，将上市公司的信息在资本市场中扩散。另一方面，网络媒体作为信息的发布者，能够通过信息传播机制，降低信息接收者的信息获取成本。上市公司的管理者作为资本市场中的信息接收者之一，其公司治理行为也自然会受到网络媒体报道的影响。

（2）声誉机制。媒体很难持有上市公司的股票，在上市公司经营过程中也没有表决权，并且不参与公司的运营，无法成为公司治理的直接参与者。但是，出于自身利益的考虑，公司高层管理者几乎都不愿意接受新闻媒体的监督，这表明了媒体对公司管理者具有足够的影响力。现有的文献从信用制度、缓解信息不对称、完善监督等方面探讨了媒体在公司治理中的作用。一方面，从经理人声誉角度看，在职业经理人这一行业发展迅猛的地区，出于对薪酬及职业发展的考虑，管理者（职业经理人）为了维持自身形象，会舍弃那些容易被媒体曝光的短视行为。另一方面，从公司声誉角度看，声誉良好的公司可以在资本市场中获得更多好处，如获得更多股权投资和借贷资本、更高的 IPO 价格、更高的股票流动性等。假如管理者的行动与媒体宣扬的主要价值观念相抵触，将会对公司的名誉和公司管理者的声誉造成负面冲击。对公司而言，媒体的抨击会极大地损害公司的声誉；对管理者而言，负面的新闻不仅会对其自身形象造成不良影响，而且会严重地影响其事业发展。不难看出，网络媒体报道能够通过声誉机制对公司及其经营者的行为产生约束，敦促管理者遵从法律法规和道德规范。

（3）舆论导向机制。网络媒体能够通过在短期内散播上市公司的相关信息引起股价波动。短期内产生的异常成交量则可能受到监管部门的高度重视，引起监管部门的行政介入，甚至能够促进相关法律法规的修改与完善。此外，网络媒体报道可以利用舆论引导和社会力量直接对执法者施加压力，监管部门的管理人员也因此担心对媒体报道的忽视会损害自身的公共形象，危害自己的政治前途。因此，媒体的舆论压力能够刺激监管部门切实执行规章制度。综上所述，网络媒体报道的舆论导向能够通过改变公司外部的舆论环境、投融资环境、社会环境，甚至法律环境，进而影响上市公司的管理决策行为，发挥公司治理作用。

综上，网络媒体报道能够通过信息传播机制、声誉机制及舆论导向机制发挥公司治理作用。盈余管理既然属于上市公司治理行为，自然也可能受到网络媒体报道的影响。接下来，本书将基于委托代理理论、信息不对称理论及信号传递理论，对网络媒体报道对上市公司盈余管理的影响机理展开论述。

2.2.1　委托代理理论下网络媒体报道对盈余管理的影响

根据委托代理理论的基本原理，委托人为了最大化自身利益，会将公司的经营权让渡给代理人，同时将公司的经营风险转嫁给代理人（杨玉凤等，2010）。由于公司所有权与经营权分离，委托人与代理人之间会因利益不一致而处于非对称信息状态。不同于委托人，作为处于信息优势地位的代理人，往往会采用"机会"式的管理策略和治理方式以谋求自身利益最大化。虽然，为了降低公司的经营风险，委托人通常会向代理人提出规避操作风险的要求。但是，当公司存在较高财务风险或发生非正常亏损时，代理人可能通过盈余管理对会计信息进行优化，使委托人认为公司运营状况良好，并向其支付承诺的报酬。

不难看出，由于资本市场中存在严重的信息不对称，所有权和控制权分离能够导致委托人与代理人之间的利益冲突。一般来讲，委托代理冲突可以分为两类：第一类冲突为上市公司股东及债权人与公司管理者之间的利益冲突，第二类冲突为公司大股东与中小股东间的利益冲突。根据网络媒体报道的公司治理机制，网络媒体报道可以利用信息传播机制、声誉机制及舆论导向机制有效缓解这两类委托代理冲突。

2.2.1.1　信息传播机制与委托代理冲突

从第一类委托代理冲突的角度来讲，委托人（公司所有者）为了实现自身收益最大化，通常会将公司的经营权完全转交给代理人（公司管理者），并通过薪酬契约使代理人愿意承担公司的经营风险。如果代理人能够完成业绩目标或利润目标，则委托人会按照契约对代理人实施绩效奖金、股票期权或业绩股等薪酬激励与股权激励。在网络媒体发育尚未成熟的情况下，委托人与代理人受制于虚假信息或舆论陷阱，处于严重的信息不对称状态。处于信息优势地位的代理人可能通过盈余管理手段对公司的会计信息进行调整，利用虚假的财务报告向委托人传达利好消息来获取委托人的信任与肯定。而处于劣势地位的委托人则误以为公司的运营状况良好，履行预先制定的薪酬契约。不难看出，委托人与代理人之间的信息不对称是第一类委托代理冲突的根源，而网络媒体报道能够发挥信息传播的及时性与自由性优势，通过信息传播机制充分发挥媒体效应。网络媒体报道利用广泛的信息量和传播速度增加了信息透明度，能够淹没委托人与代理人间的部分信息噪声，有效缓解了第一类委托代理冲突的同时也降低了代理人进行盈余操纵的可能性。

从第二类委托代理冲突的角度来讲，委托人（中、小股东）无法对代理人（大股东）进行完全监督，在股权结构高度集中时，处于信息优势地位的大股东经常会伺机做出侵害中、小股东利益的行为。在国内，公司的控股股东以及公司的管理层在公司内部的权力难以受到制衡，其管理行为通常难以受到监管，加剧了大股东与中、小股东的利益冲突。掌握公司经营权的大股东会通过利益输送、侵占公司利润等方式为自身牟利，没有掌握公司经营权的大股东则会利用公司重大事项或其他事项的表决权、股权转让时的优先购买权，在与中小股东的博弈中通过盈余管理手段制造虚假会计信息以赚取利益或操纵股价。不难看出，委托人与代理人之间的信息不对称及代理人过大的权利是第二类委托代理冲突的根源，而网络媒体报道能够通过信息传播机制，增加信息的透明度，缓解大股东与中、小股东之间的信息不对称，并且发挥外部监督作用，有效缓解大股东利用信息优势通过盈余管理对中、小股东利益进行的侵害。

2.2.1.2　声誉机制与委托代理冲突

从第一类委托代理冲突的角度来讲，上市公司的经理人为了获取委托人的信任或奖励，当公司业绩没有达到预期时，往往会使用盈余管理手段对当期会计信息进行调整。通常情况下，经理人使用的盈余管理手段较为隐蔽，处于信息劣势地位的公司所有者很难察觉。因此，所有者会在契约中约定的时间节点，对满足业绩要求的经理人进行奖励。尤其是在股权集中度较高的公司，监事会或独立董事的监督权不能发挥正常作用，使得委托人只能通过考察代理人个人声誉的历史表现选择合适人选，来帮助他们经营公司。一旦职业经理人损害股东权益的行为被媒体曝光，经理人会迅速失去委托人的信任，严重影响其职业发展前景。在互联网飞速发展的时代，网络媒体报道的高效性与及时性能够使道德或行为被质疑的经理人的声誉受到更严重的影响。代理人受制于网络媒体报道的声誉惩戒机制，会收敛可能对自身声誉造成损害的盈余管理行为以求得到委托人的信任。不难看出，网络媒体的声誉机制也有利于缓解第一类委托代理冲突。

从第二类委托代理冲突的角度来讲，上市公司的大股东为了维护自身利益需求，可能会通过在市场中故意传播上市公司的所谓内幕信息以增加公司名誉或品牌声誉，诱使怀揣赌徒心理的中小投资者对公司进行投机行为来赢得短期暴利。部分大股东甚至会通过虚假出资或散布虚假消息等方式，暗示公司具有很高的公司价值或短期投资回报率。部分网络媒体将未经考证的信息利用网络媒体高效性的特点肆意传播，以博得受众关注，从而获取流量带来的信息收益，而盈余管理则会成为调整会计信息对外披露策略的重要手段（Joseph，2012）。与此相反，有责任感的主流媒体或官方媒体发布的对上市公司真实的调研性报道，向市场展示被报道公司的真实品牌声誉与公司价值，在一定程度上能够保护中小投资者的利益。此外，如果损害中小股东利益的行为被网络媒体报道曝光，网络媒体报道则会发挥声誉惩戒机制，使代理人的自身声誉受到损害。因此，网络媒体的真实报道能够有效降低委托人与代理人之间的第二类委托代理冲突，通过声誉机制对上市公司盈余管理行为发挥监督作用，维护市场流通信息的真实性的同时，也保护了中小投资者的利益。

2.2.1.3 舆论导向机制与委托代理冲突

从第一类委托代理冲突的角度来讲，公司经理人（代理人）的行为很难受到公司所有者（委托人）的有效监督。而媒体作为一种有效的外部监督机制，能够将公司的财务信息及其他突发事件暴露于公众视野之中，使经理人的管理行为受到舆论监督。受益于自身特征优势，网络媒体在面对突发事件时的影响力已经远超传统媒体。网络媒体报道能够及时影响舆论导向，对事件当事人乃至监管部门造成强大的压力，致使公司的决策行为受到影响，甚至能够引起监管部门的行政介入。换言之，网络媒体报道能够通过舆论导向机制，对经理人的管理行为起到提醒与修正作用，如果经理人对网络媒体报道揭露的问题置之不理，公司及经理人则可能陷入舆论危机，甚至受到惩戒或处罚。因此，在网络媒体报道造成的舆论压力下，经理人只有谨慎使用盈余管理为自身谋取利益，才能降低网络媒体报道带来的监管惩罚风险成本。

从第二类委托代理冲突的角度来讲，上市公司大股东作为信息优势方，能够利用信息优势在与中小股东的博弈中占据上风。而中小股东作为信息劣势方，只能通过现有的公开透明的信息对公司财务状况进行综合判断。委托人和代理人因信息带来的诸多矛盾，可以通过网络媒体报道包含的信息进行一定程度上的调节。网络媒体报道对上市公司形成的长期舆论，能够揭露公司会计信息中的欺骗、隐瞒或错误，启发中小投资者做出理性判断。换言之，网络媒体报道可以通过舆论导向机制缓解委托人与代理人之间的信息不对称。网络媒体可以通过披露上市公司的有效信息，达到规范上市公司管理层"言""行"的作用，弱化大股东利用盈余管理控制会计信息来取得信息优势的可能。此外，网络媒体报道的互动性可以使委托、代理双方接受来自社会各界的"提醒"或"监督"，有助于保障委托人与代理人在公平、公正、公开的市场环境下进行交易，能够对上市公司盈余管理行为产生约束。

2.2.2 信息不对称理论下网络媒体报道对盈余管理的影响

在国内外的资本市场中，几乎不可能存在完全的信息对称。信息的完全对称是指，交易双方不但了解对方的真实信息，而且知道对方同样了解自己的真实信息。如图 2-1 所示，根据信息不对称理论，公司管理者利用不对称的信息，将财务信息或经营状况进行筛选或修饰后传递给市场投资者以获得信息优势地位，来引导投资者的资金流入公司。网络媒体报道作为投资者获取上市公司信息的主要方式，能够利用信息传播机制使投资者容易获取有效信息，也能够通过发挥声誉机制及舆论导向机制影响公司的会计信息生成过程。换言之，股票市场中的信息不对称为上市公司的盈余管理行为培育了现实土壤，管理者可以利用盈余管理修饰会计盈余信息，利用信息不对称环境实施机会主义行为，对投资者的利益造成侵害。

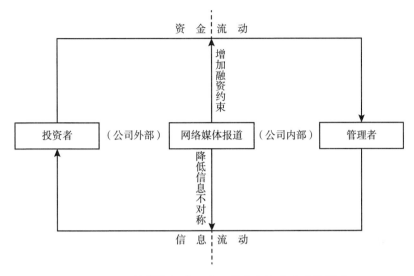

图 2 – 1　网络媒体报道对公司信息和资本流动的影响

通过梳理文献，本书发现网络媒体报道主要通过以下三种渠道来缓解信息不对称。

（1）网络媒体报道的多元性可以提高公司财务信息透明度。多元化的网络媒体报道相对于传统媒体更能有助于缓解市场的信息不对称。网络媒体报道信息不仅来自主流媒体，还会来自多元化的其他网络媒体。如果一则突发事件没有被主流媒体报道出来或被曝光的程度较低，其他非主流网络媒体平台可以对主流媒体的报道内容进行弥补或补充，并且这种方式具有信息量较大且成本几乎为零的优点。当上市公司受到非主流网络媒体的曝光程度达到一定水平甚至引发轰动效应时，主流媒体会在短时间内迅速介入，来探求事件发生的真相及原委，否则主流媒体会因回避或不作为而影响自身声誉。

（2）网络媒体报道的高效性可以约束管理者的决策行为。市场内的散户投资者通常将媒体解释及传播的程度作为衡量公司会计信息质量的一个维度，即主流传媒对公司的行为表现出高度关注时，公司管理者会受到媒体关注压力的影响改变其管理策略。当网络媒体报道信息剧增时，投资者接受的海量信息甚至可能造成投资者的逆向选择，进而提高上市公司的融资成本。因此，为了避免隐瞒真实财务信息的行为被媒体高度曝光，管理者通常会有意识地提高会计信息的披露质量和真实程度。换言之，受制于网络媒体报道的声誉机制和舆论导向机制，由于惧怕自身的盈余管理行为可能引起网络媒体的高度关注，管理者更倾向于使用相对保守的决策方式来避免受到市场投资者的指责或监管部门的惩罚（Dyck&Zingales，2010）。

（3）网络媒体报道的监督性可以引起监管机构的行政介入。传统的信息披露理论认为，媒体报道揭露资本市场中的欺诈行为，能够引起监管部门介入对违规公司或管理者进行行政处罚，也能够降低公司或经理人声誉，引起股票价格下跌，也就是使违规公司或管理者遭受市场处罚。证监会通过委托审计机构等第三方机构来分析或收集可能发生欺诈行为的信息，而这些机构及其负责人可能会受到存在欺诈行为的公司的监控，很难准确掌握上市公司的违规证据。相比之下，网络媒体报道的发布者和参与人具有一定的隐匿性，除非通过公安侦查手段，否则很难查到信息发布者的真实信息。这使得网络媒体可以随意对疑似存在违规行为的上市公司进行信息挖掘或调研，也可以在非主流的社交媒体上畅所欲言。这种"声讨"的发起人很难受到利益相关者的恐吓或威胁，反而能获得广大中小投资者的支持，达到赚取流量的目的。此外，监管机构和司法部门通常需要充分的证据才会对上市公司的违法行为进行处罚或审判。而相比于政府机构监管人员，投资者和专业财经新闻媒体分析师在掌握证据之前更敢于"猜测"或"臆断"，大量研究表明国内外的公司治理问题大部分都是在受到媒体曝光或投资者质疑之后，才受到证监会的正式调查。由此看来，网络媒体报道并非"事前沉默寡言，事后巧言善辩"，而是在证券交易市场中通过引起监管部门的关注与介入，来达到有效监督的目的。

不难看出，网络媒体报道能够通过信息传播机制、声誉机制及舆论导向机制，在提高信息透明度的同时，增加上市公司的融资约束。综上所述，网络媒体报道能够通过缓解公司管理者与投资者之间的信息不对称，对上市公司利用信息不对称实施盈余管理的机会主义行为产生一定程度的影响，进而起到保护投资者利益的作用。

2.2.3　信号传递理论下网络媒体报道对盈余管理的影响

根据资本市场中的信号传递理论，信息不对称是上市公司由内部向外部传递信号的必要条件之一。从信号传递内容上看，传统市场环境中，公司内部主要依靠披露盈余信息、融资信息及股利信息向外部传递信号。由于公司管理者与投资者之间存在信息不对称，非专业的投资者无法筛选出有价值的信息，无法甄别这些信息的真实性，也无法判断上市公司披露这些信息的真实动机。因此，管理者更加倾向利用利润会计处理的可操纵性，依靠披露盈余信息或融资信息向公司外部传递信号，以吸引投资者的关注。相比于外部投资者，上市公司的内部管理者更了解公司的实际运营情况及财务风险。因此，管理者作为信息不对称中的信息优势方，需要借助信号传递工具向投资者发出信号，来达到获得融资或操纵股价的目的。

从信号传递工具的角度来看，罗斯（Ross，1977）认为，信号传递工具需要满足以下四个条件：（1）公司内部发出的信号是真实的。（2）经营业绩较差的公司不会模仿经营业绩较好的公司的信号，否则将承担被识破的风险带来的高额成本。（3）信号需要与能够观测到的事件相关。（4）不存在更低成本的其他传递方式能够传递相同质量的信息。综合上述四个条件，不难看出，网络媒体报道可以成为上市公司对外传递信号的工具，原因包括以下四个方面：（1）媒体报道内容的真实性要求为公司内部发出信号的真实性提供了坚实保障。（2）受制于网络媒体报道的有效监督机制，如果经营业绩较差的公司模仿同行业其他业绩较好的公司向市场发出利好信号（如模仿其盈余信息、股利分配政策或融资政策等），则报道内容的真实性很容易受到专业证券分析机构的质疑，致使这些公司的声誉受到损害。（3）网络媒体报道的内容通常基于上市公司既定的财务信息或突发事件，作为信号接收者的市场投资者则可以通过观测报道内容中提及的相关信息，判断上市公司对其传递信号的动机。（4）网络媒体报道的"零成本"使上市公司的信号传递成本几乎被压缩到了极限，网络媒体报道也成为上市公司对外传递信号的"零成本工具"。

虽然从理论上看网络媒体报道是一种有效的信号传递工具，但从实践上来看，上述四个前提条件均存在一定的缺陷。根据网络媒体报道的公司治理机制的理论逻辑，网络媒体报道能够对信号传递中存在的缺陷产生影响。

首先，公司内部发出的信号可能是不真实的。在有效的市场条件下，拥有内幕信息的人会主动将使用盈余管理手段"处理"过的信息透露给外部投资者，从而获得超额收益。换言之，公司管理者发出虚假信号的根本原因是公司内外部的信息不对称。根据信息传播机制，网络媒体报道能够通过信息传播有效降低这种信息不对称，使市场投资者能够得到更多的公司内部信息。上市公司迫于网络媒体报道产生的舆论压力，则可能收敛其盈余管理行为。也就是说，网络媒体报道需要通过发挥自身的监督作用使公司发出的信号更加可靠。否则，网络媒体报道反而会成为上市公司对外传播虚假信息的工具。

其次，经营业绩较差的公司可能甘冒风险模仿优质公司对外释放虚假信号，以求得到市场投资者的信任。根据声誉机制，上市公司管理者向市场传播虚假信息会导致市场的负面反应，造成管理者声誉和利益上的严重损失。国内传统的市场环境中，对于上市公司不当的股利政策尚无有效的惩罚机制。当公司业绩较差时，上市公司管理者可以通过盈余管理手段改善目前的不利状况，使管理者自身的利益不会受到明显损失。然而，互联网环境下，网络媒体报道能够通过声誉机制和舆论导向机制，对传播虚假信号的上市公司管理者发挥声誉惩戒作用，甚至引起监管部门的行政介入。不难看出，网络媒体报道能够对试图通过盈余管理手段对外发出利好信号的管理者起到威慑作用。

再次，公司管理者发出的信号可能与现实经营状况不相关联。从信号传递内容角度看，当国内资本市场具有良好的信息传递效果时，管理者会主动、详细地传递利好消息，使投资者认为公司具备较高的投资价值，降低上市公司的融资成本。换言之，如果上市公司对外传递积极信号，那么投资者会将此公司视为具有相对高价值的公司。如果上市公司对外传递消极信号，那么投资者会认为公司存在重大财务风险或经营问题。因此，公司往往会选择避免将这些问题暴露给市场投资者。由于信息不对称，投资者几乎无法判断公司的真实经营情况。无论信号本身是否与公司真实财务信息相关联，正面信号总是有利于提高投资者的投资信心。一旦公司发出负面信号，上市公司便无法博得投资人的信赖，往往会导致股价大幅下跌。因此，部分管理者选择在媒体报道内容中主动揭露公司内部问题，以求获得投资者的宽恕并传达其纠正错误的积极信念，反而能够赢得市场投资者的同情和信任（方红星和戴捷敏，2012），降低了从事盈余管理的必要性的同时，规避了因盈余管理行为被披露受到声誉损害的风险。

最后，理性的管理者总是寻求更低成本的方式向市场传递信号。根据有效市场理论，完全有效的资本市场不可能存在。投资者既无法全面了解公司的信息，也无法及时获得投资机会和重大风险信息。理性投资者在投资中很难做出最正确的投资决定，甚至会产生逆向选择，采取降低购买价格的方式来规避投资风险，从而造成市场的资源分配效率低下，增加了公司的融资成本（黄寿昌等，2010）。因此，为了降低这类融资成本，上市公司的管理者有积极对外披露利好消息的强烈意愿。内部信息的持有者将信息对外传递的同时，将信号传递成本转嫁给市场投资者：他们实施盈余管理修饰会计信息，如果预期获得的融资收益高于盈余管理带来的声誉风险成本，则上市公司会选择网络媒体报道作为对外传递信号的零成本工具，利用媒体造成的"轰动效应"达到降低信号传递成本和融资成本的目的。换言之，网络媒体报道可能成为管理者通过盈余管理来逐利的工具。

通过上述基于信号传递理论的分析不难发现，网络媒体报道可以在一定程度上影响上市公司的盈余管理行为。然而，在实践中，网络媒体报道能够发挥公司治理机制对盈余管理产生抑制作用，还是能够成为上市公司管理者实施盈余管理行为的工具，尚需进一步分析。

2.3 网络媒体报道对盈余管理的影响机制分析

2.3.1 基于媒体效应视角的盈余管理动因分析

魏明海（2000）认为契约摩擦是导致盈余管理的主要因素。所谓契约摩擦，是指由于契约本身的不完整而导致既定合同与实际需求的冲突。公司是一组契约的集合体，即其结构可以用一套契约来表现，例如与员工（包括经理）、债权人、供应商和股东之间的合同，以及与合同有关的费用。其中，大部分合同以及与合同有关的费用都与会计核算紧密相关。比如，经理人职位晋升或薪酬上涨可以根据净利润等财务指标来衡量；债权人为保护自身权益，往往会对公司的某些财务指标做出一定的约束，例如，权益负债率、利息保障倍数以及股东权益，而与供货方的合约则基于流动比率等其他财务指标。在委托代理关系中，委托人通常会预先制定一系列的行政合同和报告制度，但是，由于经济状况和商业环境的改变，契约往往与实际需求发生冲突。由于委托人与代理人二者间的目的互不相同，其行为的动机和激励方式也不尽相同，盈余管理便应运而生。因此，契约摩擦就成了我国上市公司盈余管理的一个内在因素。然而，在一般情况下，合同并不能充分预测各种意外情况，也就是说，所签订的合约往往都是不完备的或模板化的。当实际情况和所签订的合同发生冲突时，就会发生契约冲突。换言之，当某种无法掌控的市场风险导致公司的净收入下降，代理人就会产生利用盈余管理来寻求有利于自己的补偿方案的想法。由于上市公司的财务报表信息本身就能够作为一项契约指标，所以标准的制定者仅仅对公共的、一般的交易或事务进行了规定，这样的规定具有一定的不完整性。因此，代理人运用盈余管理克服因经营合同及报告制度与实际情况之间产生的矛盾，从而产生了契约冲突。

　　网络媒体报道能够通过信息传播机制，在不充分竞争的市场中降低股东和管理者以及其他相关方发生违约行为的概率；能够通过声誉对上市公司和经理的行为产生影响，以修正其不正当的治理行为；能够通过舆论导向机制，利用舆论引导和社会力量对执法者施加压力，将管理者可能损害投资者利益的不良行为遏制在萌芽阶段。网络媒体报道通过这些方式发挥媒体效应，降低上市公司所有者与管理者，上市公司管理者与上市公司投资者，以及上市公司与其他外部交易者之间的契约摩擦，有利于降低资本市场的信息不对称性。与此同时，管理者能够进行盈余管理的空间受到压缩，其盈余管理行为也会因此受到影响。

2.3.2　基于有效监督机制和市场压力机制的理论分析

根据现有的文献，网络媒体报道对盈余管理的影响目前存在两种机理：一是有效监督机制，二是市场压力机制，其理论原理如图 2 - 2 所示。具体来说，网络媒体对资本市场既可能发挥有效的监督作用，也可以对上市公司管理者造成一定程度的市场压力。在互联网平台上，网民作为网络媒体报道的受众群体，无论是否掌握专业的经济或法律知识，都能够在网络媒体平台上各抒己见。当其观点受到其他网民的质疑时，可能引发激烈的争论；而当其观点受到其他网民的赞同时，又可产生集体意见倾向。不论是形成激烈争论的局面还是形成集体意见倾向，其结果均可形成汹涌的网络舆情，进而引起相关部门的强烈关注，对上市公司产生足以影响其管理决策的舆论压力。但有效监督机制与市场压力机制的不同之处在于，两种机制能够造成管理者截然不同的管理行为：面对网络媒体报道在市场中形成的舆论压力，管理者可能因担心受到行政处罚或舆论谴责而规范自身管理行为，也可能通过满足市场期望来博取自身利益。管理者的选择与其说是一种"可能受到处罚"与"提升自身利益"之间的心理博弈，不如说是一种对媒体监管权力的冲击与挑战。

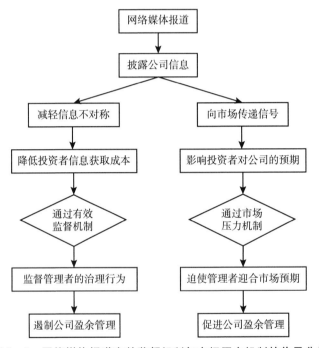

图 2-2　网络媒体报道有效监督机制与市场压力机制的传导分析

　　有效监督机制认为，媒体是一种具有约束作用的外部监管机制，其作用在于减轻市场中的信息不对称性，减少投资者获取信息的成本，从而有效地遏制上市公司的盈余管理行为。换言之，媒体对上市公司的曝光程度越高，越能对上市公司产生监督治理作用，上市公司就会越收敛其盈余管理行为。从公司所有者的角度来看，传统委托代理理论认为，委托人和代理人由于获取的信息不可能完全对称，代理人为了使自身利益最大化，会利用其信息的优势，对委托人进行利益侵占。而网络大数据环境中，信息接收者之间可以通过网络平台进行信息共享，这有效降低了投资者与公司管理者的信息不对称，因此侵害股东利益的盈余管理行为会被抑制。公司股东通过互联网搜索公司关键词对公司管理者行为进行密切关注，而投资者的密切关注将给公司管理者施加压力，并进一步影响其管理行为。

市场压力机制则认为，在上市公司的经营绩效不能在短时间内发生变化的情况下，上市公司管理者往往迫于市场压力，采取多种利润管理措施以满足市场的期望。换言之，上市公司被网络媒体曝光的程度越高，上市公司盈余管理程度也会越高。于忠泊等（2012）认为，媒体报道对短期内盈余信息市场反应的放大效应，以及对长期内盈余信息传递效率的提升作用，是管理者所面临的市场压力之一。而从投资者的角度来看，股票交易市场中存在严重的信息不对称性。传统的理论认为，投资者不能即时获得公司重要的内部信息，而有"内部关系"的投资者或投资机构以及分析师可以比广大投资者较早地取得这些信息。由于互联网的发达，这些"有能力"最先取得内部消息的人会将消息有意或无意地散布出去：新闻媒体通过刊登或转载这类消息赚取点击率或阅读量，证券分析师通过公开这类消息取得次级投资人的信任。互联网的存在使得投资者获取公司内部消息的时间大大缩短，互联网也逐渐在减少股票市场的信息不对称性。投资者通过搜索互联网上关于该公司的信息，试图通过减少这种信息不对称来指导或修正自己的投资行为。一般非专业的投资者的投资行为通常较为单一，很少出现组合投资的行为。而投资者对公司的关注或搜索量，也会通过大数据反映给公司的大数据分析部门或上市公司聘请的数据分析师。这种来自公众舆论的信号会传递给公司管理者，从而对公司管理者的盈余管理行为造成压力。

2.3.3 基于投资者的网络媒体报道影响盈余管理的路径机制分析

网络媒体报道影响上市公司管理者的盈余管理行为可以分别从生产经营活动和资本市场交易两个方面进行具体分析。一方面，从公司生产经营角度看，媒体对上市公司的报道能够通过普通民众的关注对公司经理人行为形成外部约束。媒体对公司产品或服务进行的报道，可以通过消费者的买卖行为对公司的未来业绩产生影响：媒体正面报道可能引起消费者对公司产品或服务的兴趣，带动消费者的购买行为；而媒体负面报道则可能带来消费者对公司产品或服务的厌恶甚至抵制，抑制消费者的购买行为。另一方面，从资本市场角度看，网络媒体报道也可以通过左右投资者情绪影响公司的盈余管理行为。传统金融理论认为，公司股价不仅受到上市公司经营情况的影响，还与投资者对公司市场价值的判断直接相关。如果报道内容为利好（或利空），投资者或投资机构会大量买入（或卖出）股票，进而极大地影响公司的市场价值。投资者作为证券市场的消费者不断切换买卖角色，而媒体报道无疑会对其股票买卖行为产生重要影响，进而引起公司股价的大幅波动。管理层则可能通过盈余管理方式淡化媒体对股价的影响，从而避免处罚或谋求晋升和更高的薪酬回报。

不难看出，在网络媒体报道与上市公司盈余管理行为之间，由媒体效应产生的投资者关注是媒体报道对盈余管理产生影响的关键传导因素。当媒体报道一则新闻后，投资者会通过网络搜索对被披露信息进行更深入、细致的了解与分析，致使被报道公司的搜索量在未来短时间内产生显著的异常。从信息传播机制上看，网络媒体报道可以使投资者将有限的注意力分配给更多的上市公司，投资者能够获取更多有效信息来降低与上市公司之间的信息不对称。从经理人声誉机制上看，由媒体报道引发投资者的异常关注无疑可以将被报道公司推至风口浪尖，而公司管理层则会通过调整财务信息对外披露策略以维护自身形象。从舆论导向机制上看，投资者作为网络媒体对上市公司报道的主要受众，是媒体能够形成舆论效果的核心要素，而网络媒体传播过程中能够产生较大关注程度的波动则是媒体发挥舆论导向作用的必要条件。因此，强调投资者关注中"异常变化"的部分才能体现投资者针对这一公司的关注程度，媒体需要依靠投资者的这种异常关注行为来提高影响力以发挥其治理效果。

上市公司在媒体报道后能够察觉到市场舆论的突变并做出相应的公关策略或市场决策。一方面，一旦有媒体对公司进行了报道，公关部门或市场部门会将报道的舆论风向报告给公司管理层。另一方面，当公司备受市场关注时，管理层能够感受到外界的舆论压力，并要求下属部门彻查异常关注是否由新闻报道引起。因此，根据以往的文献，本书将投资者异常关注类型按照关注动机划分为被动引导型关注与主动自发型关注。被动引导型关注是指上市公司的消息被媒体曝出后，投资者受此报道影响而被引导的一系列对公司的关注行为；而主动自发型关注是指投资者由于投资或交易需要，主动在互联网搜索某家上市公司的新闻消息。如果网络媒体报道想通过传播信息来发挥其公司治理作用，则需要依靠投资者对媒体信息的接受及由此产生的经济行为反应。媒体报道如果没有受众或受众无动于衷，其传递的信息也便失去了意义。因此不难推论，媒体报道需要通过引发受众（投资者）的关注，才能发挥其治理作用。具体来讲，如果公司受到异常关注而短时间内并无针对此公司的媒体报道，那么管理层对此只能静观其变；然而，如果公司受到异常关注是由媒体报道引发的，则管理层能够直接从报道内容中获取原因，并有的放矢地调整对外会计信息披露策略。

2.3.4 基于管理者的网络媒体报道影响盈余管理的调节因素分析

在国内外资本市场中，网络媒体扮演着信息传递者与市场监督者的双重角色：一方面，随着我国互联网的迅猛发展，网络媒体可以通过互联网快速传递信息，改善上市公司管理者与投资者之间严重的信息不对称；另一方面，大数据及互联网＋等新兴技术也可以帮助公司管理者搜集并分析媒体报道的市场反应，进而影响管理者的决策。换言之，媒体监督虽然是一种外部治理机制，但它能够通过影响管理者的心理导致其管理行为发生变化。传统管理学理论认为，公司管理者是同质化的而不是个性化的，即所有公司管理者在面对媒体关注时都会无差别地做出一致的反应。然而，根据汉姆布瑞克和梅森（Hambrick&Mason，1984）的高层梯队理论，管理者的认识和价值观念会对公司的决策产生一定的影响，经理的个性会对决策产生一定的作用，从而对公司的经营决策产生一定的作用。而员工的认知水平、认知能力、价值观念等是影响绩效的重要因素。高层梯队理论学说出现之后，国外的学者们对公司的经理人背景特性乃至盈余管理的相关问题进行了深入的探讨，管理者心理特征与公司治理关系就是其重点研究内容之一。由于媒体报道对上市公司盈余管理行为的影响是通过影响公司管理层的行为才实现的，因此，研究媒体报道对上市公司盈余管理的影响，必须同时关注公司管理团队的特征及其异质性。

管理者在操纵盈余信息的同时也需要承担盈余管理带来的信息风险与后果，而上市公司管理者相比于普通人更容易出现过度自信的心理特征，致使他们愿意承担因高估自身能力而进行决策所带来的风险。管理者以追求私人利益为目标而进行盈余管理的动因归纳为以下三种：市场压力动因、薪酬契约动因及自我价值实现动因。市场压力动因是指管理者为了迎合媒体及舆论，通过盈余管理手段来修饰财务报告，以迎合投资者对公司业绩的期望；薪酬契约动因是指代理人为了得到委托人的赞许与信任而通过盈余管理美化财务指标，以获得更有利的薪酬契约；自我价值实现动因是指经理人为了维护自身声誉或实现自我价值，通过盈余管理来粉饰会计信息，以证明其自身特质能够给公司带来丰厚的回报。

首先，从市场压力动因的角度来看，过度自信的管理者为了满足市场期望，总是向投资者传递利好信号。然而，乐观预测通常会优于公司的实际盈利水平。网络媒体报道向公司管理者传递市场投资者对上市公司的业绩或价值预期信息的同时，也对上市公司管理者的心理产生冲击：积极的市场预期能够刺激管理者的自信心理，而消极的市场预期能够抑制管理者的信心，使其对非理性治理行为带来的未知风险放任自流。

其次，从薪酬契约动因的角度来看，高层管理者的相对薪酬水平越高，其在公司内部的地位就越重要，管理者过度自信程度也会越高。在国内，上市公司的薪酬激励机制是激发盈余管理的基本因素之一（李延喜等，2007）。股权激励和货币薪酬激励能够诱发管理者进行应计项目盈余管理，但管理者并不愿意进行能够导致公司业绩长期下滑的真实活动盈余管理（袁知柱等，2014；李增福等，2011）。然而，过度自信的管理者进行决策时，通常会忽略与其信念相悖的因素，低估信息风险（刘美玉等，2015）。相比于一般的管理者，过度自信的管理者更倾向于损失公司的长期利益，利用真实活动盈余管理来操控调整当期利润以谋求更高的薪酬契约（罗宏等，2016）。尤其当公司处于竞争状态或者行业环境整体相对低迷时，追求更高薪酬的攀比心理会更严重地加剧管理者的盈余操纵行为。

最后，从自我价值实现动因的角度来看，管理者的个人特征的异质性也可以影响管理者过度自信程度。马斯洛需求层次理论将自我价值实现视为最高需求层次。不同特征的管理者在追求自我价值实现的过程中表现出不同的风险承受能力。相对于男性管理者通常表现为风险偏好者，女性管理者则表现为风险厌恶者

（Peng&Wei，2007）；年轻的管理者更愿意选择高风险的投资决策并勇于承担风险，而年长的管理者更偏向选择低风险的投资决策来规避风险（Prendergast&Stole，1996）；学历较高的管理者会认为自己拥有较丰富的专业知识和较强的决策能力，他们通常认为自己的判断出现偏误的概率很小（黄国良和董飞，2010）；当董事长和总经理两职合一时，同时拥有双重职权的管理者权力也会更大，究其原因是上市公司的董事长和总经理存在权力制衡机制（吴淑琨等，1998）。当管理者具有风险偏好者的个人特征属性或庞大的权利，他们可能为了证明或实现自身价值链而走险，表现出过度自信的心理特征，并实施高风险的盈余管理行为。

基于上述三种盈余管理动因，本书发现管理者过度自信程度与公司盈余管理水平之间存在密不可分的联系。首先，从市场压力角度看，过度自信的管理者为了满足市场期望，总是向投资者传递利好信号，如通过财务报告对上市公司下一季度的盈利情况进行预测，将乐观的信息传递给市场。然而，这种"乐观预测"往往会优于公司的实际盈利水平，为了掩盖其预测偏差同时迎合市场的普遍期待，具有过度自信特征的管理者极有可能通过盈余管理来缩小或弥合实际盈利与预测盈利之间的差距。其次，从薪酬契约角度看，公司管理者相对于其他人的相对薪酬越高，在公司内部的地位就越重要，拥有的话语权就越大，因此就会变得更加自信。为了追求更高的相对薪酬，获得更高的地位，掌握更大的权力，这些过度自信的管理者会有进行盈余管理的强烈动机。最后，从自我价值实现角度看，上述具有异质性的个人特征均可能决定管理者的自信程度，从而影响公司的盈余管理行为。综上所述，不同动因形成的管理者过度自信都可能使公司管理者产生"优于平均"的自负心理，致使管理者不顾风险而进行更多的盈余管理。而网络媒体报道无论是作为一种市场压力，还是作为一种有效监督，无疑都会对管理者的非理性管理行为产生一定的约束或治理作用。被媒体频繁报道的上市公司管理者，会认为其管理行为将被曝光于公众视野，在这种情况下管理者更容易做出相对理性的决策。与没有网络媒体报道关注相比，在有网络媒体报道曝光的情况下，即使是过度自信的管理者也会收敛和规范其行为，如图2-3所示。也就是说，网络媒体报道对过度自信的管理者一样可以发挥监督治理功能，引导其理性决策。与此同时，管理者过度自信心理也会对网络媒体报道对盈余管理的治理功能产生一定的抑制作用。

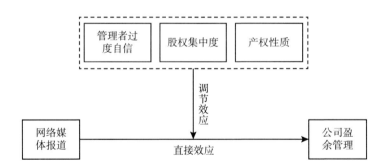

图2-3　网络媒体报道影响盈余管理的调节因素

此外，公司的股权集中度、产权性质等因素均可以对上市公司管理者心理产生影响。一方面，公司的股权集中度越高，管理者拥有的权力就越大，承受的声誉或舆论压力也会越大。股权高度集中的上市公司管理者之间的权力制衡程度较弱，更容易对媒体监督产生蔑视，或者对媒体造成的市场压力更为敏感，可能会对媒体的公司治理作用产生一定的影响。另一方面，国有上市公司与非国有上市公司相比，管理者的心态、业绩压力、声誉压力等均有不同，此外，国有上市公司不仅要追求利润，还要承担更多的社会责任，这些社会属性决定了上市公司向外部传递信息的动机、意愿及内容，因此，面对网络媒体报道，国有上市公司和非国有上市公司高管所做出的反应可能存在显著差异，其盈余管理行为作为上市公司面对媒体报道所做出的应对措施之一，也可能存在显著差异。

2.3.5 网络媒体报道影响盈余管理理论分析框架的构建

综合对网络媒体报道影响盈余管理的理论依据、机理分析，以及网络媒体报道影响盈余管理的可能路径，构建本书的理论框架如图 2 - 4 所示。根据图 2 - 4，分析网络媒体报道影响盈余管理机理如下：（1）网络媒体报道能够通过媒体效应对上市公司盈余管理行为发挥产生影响。（2）网络媒体报道通过信息传播机制、经理人声誉机制和舆论导向机制三条传导路径发挥媒体效应，分别通过提高公司财务信息透明度、影响经理人声誉以及引起监管机构行政介入三种方式作用于盈余管理。（3）网络媒体报道可能通过有效监督机制或市场压力机制对上市公司的盈余管理分别产生抑制作用或促进作用。（4）网络媒体报道可能通过投资者关注增加信息透明度，降低信息不对称，从上市公司外部对盈余管理产生作用，投资者关注可能是网络媒体报道影响上市公司盈余管理行为的重要路径。（5）管理者过度自信、公司股权集中度、公司产权性质均有可能对网络媒体报道影响盈余管理的过程产生调节作用，有必要探究这些因素是否为网络媒体报道影响盈余管理的调节因素。

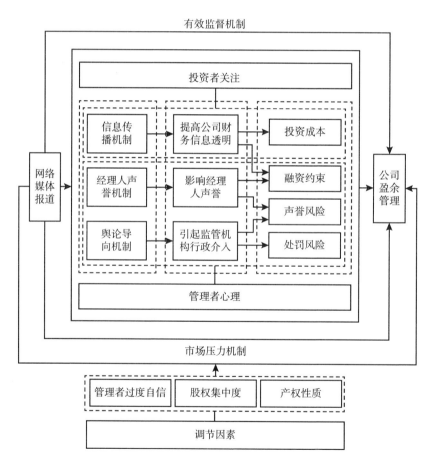

图 2 - 4　网络媒体报道影响盈余管理的理论分析框架

根据网络媒体报道对盈余管理影响的机理分析，确定后文的研究内容如下：首先，研究网络媒体报道是否能够对上市公司盈余管理产生影响，即探索网络媒体报道对盈余管理影响的存在性。其次，研究不同类型的网络媒体报道对盈余管理的影响有何不同。再次，考察投资者关注能否成为网络媒体报道对盈余管理影响的路径机制，研究网络媒体报道如何能够对上市公司盈余管理产生外部影响。最后，探究管理者过度自信、股权集中度、产权性质能否在网络媒体报道影响盈余管理的过程中发挥调节效应，即研究网络媒体报道对上市公司盈余管理产生影响的情景因素。

2.4　本　章　小　结

本章对网络媒体报道对盈余管理的影响机制进行了理论分析。首先，对网络媒体报道的公司治理机制进行了分析；其次，基于委托代理理论、信号传递理论、信息不对称理论对网络媒体报道影响上市公司盈余管理的理论原理进行了分析，探讨了网络媒体报道影响盈余管理的理论依据；再次，从投资者关注视角对网络媒体报道影响盈余管理的外部机制进行了理论分析；最后，对网络媒体报道与盈余管理之间关系的影响调节因素进行了讨论，并系统构建了贯穿全书的整体理论分析框架。本章作为全书理论分析的核心章节，为下文提供了理论支持。

第3章 /

网络媒体报道对盈余管理的
直接影响研究

3.1 网络媒体报道直接影响盈余管理的
理论分析与研究假设

3.1.1 盈余管理收益模型分析

依据传统金融理论的盈余管理分析，盈余管理的预期收益决定了管理者是否会选择盈余管理。薪酬动因、市场压力动因及声誉动因是三个盈余管理的主要动因。首先，薪酬动因是指管理者为了在任职期内获得更高的薪酬收益或高额的报酬，通过直接操纵业绩或通过会计信息披露间接影响公司股票市场价值的行为。

公司所有权与控制权的分离直接使有盈余管理意图的管理者有了可乘之机，而资本市场与投资者之间的信息不对称也为管理者进行盈余操纵提供了现实土壤。其次，市场压力动因是指上市公司管理者为了迎合证券市场投资者，通过调整会计报告内容以迎合市场期望，从而赢得投资者信任的行为。当管理者有目的地将公司的财务信息披露之后，上市公司的股票价格或市场价值也将受到影响。最后，声誉动因是指因投资者对上市公司及其管理者的信任程度的变化而引发的上市公司盈余管理行为。根据声誉机制的理论逻辑，管理者获得市场信任能够使其获得声誉收益，从而提高了管理者进行盈余管理的意愿。

基于上述分析，本书借鉴戴克等（Dyck et al.，2008）和于忠泊等（2011）的处理方法，采用简化的模型对盈余管理的预期收益进行度量，具体如下。

第一，盈余管理会产生薪酬收益 Benefit(Pay)。盈余管理产生的收益通常是指管理者通过完成目标业绩或预期利润，为公司谋取利益的同时获得的薪酬奖励，此奖励的数额通常与上市公司薪酬激励政策及管理者与公司所有者签订的薪酬契约有关。简单地，当公司会计盈余 ω 达到某一阈值时，管理者即可获得与其相对应的薪酬收益 C。由此得出基于薪酬收益的盈余管理收益函数。即：

$$Benefit(Pay) = f(\omega) = C \qquad (3-1)$$

第二，盈余管理会产生股票价格收益 Benefit(Price)。这一部分股票价格收益包括进行盈余管理后上市公司奖励管理者的股权激励所得，以及管理者持有股票的价值收益。管理者通过盈余管理手段，利用国内证券市场严重的信息不对称性，使上市公司的股票价格产生一定程度的异质波动性，从而达到盈余管理者期望的股票价格。基于此，为了简化分析过程，设定基于股票价格收益的盈余管理收益函数。其中 S 为股票价格，δ 为股票价格异质波动性，即：

$$Benefit(Price) = g(\delta, S) \qquad (3-2)$$

第三，盈余管理会产生声誉收益 $Benefit(Reputation)$。传统声誉机制理论认为，社会评价对管理者声誉产生巨大的影响。声誉信息通过对企业家的管理水平、道德水准、公众形象及社会地位等方面均能够产生显著影响。从我国现存的市场环境来看，声誉机制既能够对管理者生产经营产生静态影响，又能从管理者的信誉、才能、口碑等方面对其产生深远的动态影响。声誉机制主要是声誉信息的有效传播使信息获取者产生投资决策的心理博弈。因此，有效传播的声誉信息被金融学者看作是一把"双刃剑"。具体而言，一方面，如果管理者披露的盈余信息未被投资者或监管部门发觉，或被修正的盈余信息没有违反法律法规，市场会对管理者更加信任，从而增加了上市公司及其管理者的声誉。反之，如果管理者披露的商业信息被投资者或市场监督者认定为存在欺诈、隐瞒、争论等行为，则声誉机制会发挥惩戒作用，对信息发布者的现实利益造成损失，甚至产生长期损害。基于此，本书将所有可以增加盈余管理实施者利益的总和定义为管理者基于声誉机制的有效收益，即：

$$Benefit(Reputation) = \sum E(Profit\ of\ Reputation) \quad (3-3)$$

其中，$\sum E(Profit\ of\ Reputation)$ 表示所有对管理者声誉产生积极影响的社会评价而获得的收益的总和，包括管理者自身声誉价值收益、公司经营业绩带来的声誉收益、品牌声誉提高对管理者自身利益影响的部分，以及管理者因声誉获得的其他收益。而对于基于声誉机制实施盈余管理的管理者的利益损失，将在 3.1.2 小节中讨论。

综上所述，盈余管理（EM）可能产生的收益 $Benefit(EM)$ 由未来薪酬收益、未来股票价格波动收益及声誉收益构成，即：

$$Benefit(EM) = g(\delta,\ S) + C + \sum E(Profit\ of\ Reputation)$$

$$(3-4)$$

3.1.2 盈余管理成本模型分析

根据有效监督机制，国内市场的有效监督主体包括政府监管部门、证券市场监管部门。近年来，随着网络媒体的飞速发展以及互联网传播速度精度广度的大幅提升，常有上市公司的财务舞弊、造假、发布虚假信息等行为因网络媒体报道的高度曝光引起政府监管部门介入，使公司遭受行政处罚。国内外学者早已将媒体看作一种"特殊权利"，媒体的曝光能够使上市公司受到监管部门的关注，甚至使公司遭受一定程度的处罚。盈余管理作为职业经理人为自身谋取利益最大化的手段，传统的金融理论将此类管理者定义为理性人，即管理者为了满足自身利益的需求，可能进行存在道德风险的逆向选择，以保证与公司所有者间的契约效率。因此，管理者在进行盈余管理时，将要承担会计信息披露风险。总体来说，进行盈余管理的管理者可能面临政府监管部门的处罚，或者遭受一定程度的声誉损失。基于此，本书将对盈余管理的成本分为受到政策惩罚成本与负面声誉损失两个部分进行度量，具体如下。

第一，管理者进行盈余管理会承担监管惩罚风险成本。管理者实施盈余管理行为可能受到监管部门的惩处，但并非所有的盈余管理都能被监管部门及市场发觉。因此，本书将盈余管理受到惩罚的概率设为 π，将受到惩罚的金额用 P 来表示，得到基于监管处罚的盈余管理期望成本 $Cost(Punishment)$，即：

$$Cost(Punishment) = \pi P \qquad (3-5)$$

第二，管理者进行盈余管理会产生声誉风险成本。接上节所述，盈余管理进行的过程中，管理者可能会因披露的会计信息不实或没有满足市场期望而造成一定的声誉损失，本书将这一部分潜在的声誉风险期望成本记为 $E(Loss\ of\ Reputation)$，得到基于声誉机制的盈余管理期望成本 $Cost(Reputation)$，即：

$$Cost(Reputation) = \sum E(Loss\ of\ Reputation) \qquad (3-6)$$

其中，$\sum E(Loss\ of\ Reputation)$ 表示所有对管理者声誉产生负面影响的社会评价而获得的损失的总和，包括管理者的不良行为或负面会计信息被网络媒体报道披露时产生的声誉损失，可能产生损失的仲裁或未决诉讼，以及对管理者自身价值造成的其他利益损失。

综上所述，盈余管理（EM）的成本 $Cost(EM)$ 由监管惩罚风险与声誉损失风险构成，即：

$$Cost(EM) = \pi P + \sum E(Loss\ of\ Reputation) \qquad (3-7)$$

3.1.3 盈余管理的前提条件模型及影响因素分析

上市公司管理者均为理性人，通过上述分析不难看出，从事盈余管理活动的前提条件应为盈余管理可能获得的利益大于盈余管理可能需要付出的代价，即：

$$Benefit(EM) > Cost(EM) \qquad (3-8)$$

只有当盈余管理的期望收益大于期望成本时，管理者才会选择甘愿受到监管处罚或声誉损失而谋取自身利益。由此推出为管理者选择进行盈余管理活动的前提条件，即：

$$g(\delta,\ S) + C - \pi P + E(Reputation) > 0 \qquad (3-9)$$

其中，$E(Reputation)$ 表示盈余管理行为带来的声誉收益的期望，等于声誉期望得利与声誉期望损失的差值。

根据上市公司管理者从事盈余管理活动的前提条件模型，当上市公司的股票价格产生波动、上市公司管理者的声誉受到影响或盈余管理行为可能受到监管部门惩罚时，管理者可能会斟酌考虑从事盈余管理活动会对自身产生的影响。换言之，当盈余信息披露后，股票价格所产生的收益、未来由于薪酬契约所得到的报酬收益以及声誉的提高均会使管理者倾向于通过盈余管理来调整上市公司的短期盈余信息。然而当管理者的盈余管理行为有可能触犯法律法规从而增加了被处罚的风险或处罚金额可能较高时，盈余管理的成本就可能会超过盈余管理本身对管理者带来的直接收益。由此可见，在我国特殊的经济市场环境中，影响盈余管理行为的因素包括以下几个方面：第一，管理者通过调整短期公司业绩得到的薪酬回报，即薪酬动因；第二，管理者通过受到声誉机制影响所产生的声誉的增加或减少，即声誉动因；第三，管理者为迎合证券市场需求，受市场压力的影响所做出的盈余调整，即市场压力动因；第四，上市公司短期内股票价格的波动，即市值动因；第五，由于盈余管理行为所引起的监管部门的惩罚，即监管动因。不难看出，一项外部因素如果想引起公司盈余管理程度的变化，或者影响上市公司的盈余管理行为，需要通过上述五点盈余管理的影响因素才能发挥其治理作用。

3.1.4　网络媒体报道影响盈余管理的研究假设

以管理者从事盈余管理的前提条件模型为基础并结合国内外的文献，本书在现有研究的基础上归纳了网络媒体报道影响盈余管理的理论机理，主要包括以下三种媒体治理机制展开的理论分析。

第一，依据媒体的信息传播机制。学者们通常将盈余管理行为产生的原因归结为契约摩擦和沟通滞胀。契约摩擦主要是指存在契约关系的股东或利益相关者与管理者的契约关系中存在的矛盾冲突，沟通滞胀则描述了由于委托人与代理人均追求自身利益，使得双方沟通停滞不前，无法升级为有效沟通的情况。由于管理者的薪酬回报与晋升空间主要是由契约中的公司业绩或净利润决定的，根据委托代理理论，上市公司会计信息报告的盈余信息的真实性便成为委托人和代理人之间的信息不对称的主要原因之一。"善弈者谋势，不善弈者谋子"，上市公司的委托者通常具有较高的社会地位和财富，相比于公司财务报表中盈余信息呈现的短期效益，其通常更在乎公司的长远利益与发展前景。而上市公司的管理者为了达到薪酬契约中的盈余阈值或谋求晋升空间，可能更关注契约期间公司业绩的短期效益而非长期回报。因此传统的金融理论认为，契约摩擦与沟通滞胀是导致管理者进行盈余管理的主要因素。网络大数据时代，网络媒体逐渐接替传统媒体，而网络媒体报道则扮演着信息传播者的角色。网络媒体报道的及时性与广泛性能够将有效信息及时传播给委托人，从而有效减少委托人与代理人间的信息不对称，增加双方沟通的及时性与有效性，缓解两者间的契约摩擦与沟通滞胀程度。根据盈余管理条件模型（3-9），网络媒体报道可以通过信息传播机制对管理者满足会计盈余阈值（ω）的条件产生影响，从而影响了管理者通过盈余管理获得的薪酬收益（C）。换言之，非完全竞争市场中的信息不对称环境为盈余管理创造了现实土壤。而媒体利用其信息传播机制降低了市场上的信息不对称程度。既然将盈余管理归因于信息不对称，而网络媒体报道作为一种信息传播工具，有助于缓解信息不对称程度，其对盈余管理产生影响也就顺理成章。

第二，依据经理人声誉机制。媒体曝光上市公司违规行为，很可能会造成公司名誉和管理层的职业声誉受损。对管理者而言，媒体的负面报道不仅影响其塑造的良好个人形象，更有可能对未来职业发展及薪酬待遇产生不利影响。对公司不良信息的曝光不仅破坏了管理者良好的个人形象，还可能严重影响经理人未来的薪酬待遇、市场准入及职业生涯。媒体通过声誉机制发挥其外部治理作用，而盈余管理作为公司治理中的重要组成部分，自然也会被经理人声誉机制所影响。换言之，根据盈余管理条件模型（3-9），网络媒体报道可以通过声誉机制影响盈余管理的声誉期望收益 $[E(Reputation)]$。由此可见，媒体可以通过声誉机制发挥公司治理作用。盈余管理作为公司治理的重要内容之一，自然也将受到经理人声誉机制的影响。

第三，依据舆论导向机制。媒体通过舆论导向和社会影响力向执法部门施压；通过传递公司信息、公告，影响投资者对公司投资前景的判断；媒体报道短时间内可以显著影响股票的价格 (S)；媒体的负面报道有时容易动摇投资者信心，引起股票异质波动 (δ)，甚至资本市场的波动，这必将会引起政府部门的关注和重视，甚至直接促使法律法规的修改完善。单就舆论导向机制对盈余管理的影响而言，主要体现为媒体报道改变了公司盈余管理行为的外部环境，包括舆论环境、投融资环境、社会环境及法律环境：媒体可以通过营造舆论环境发挥自身影响力来引起监管部门的行政干预；可以通过改变投资者对投融资环境的认知来影响投资者对公司市场价值的判断；可以通过对上市公司的正面或负面报道，影响投资者对公司现状的评估；甚至可以通过引起执法机构的关注和介入而改变公司外部的法治环境。这些公司外部环境因素的变化自然会影响公司盈余管理的意愿、动机乃至行为。换言之，根据盈余管理条件模型（3-9），网络媒体报道可以通过舆论导向机制对上市公司受到监管部门惩罚的概率（π）及受到处罚的金额（P）产生影响。

综合上述三种机制，不难通过从事盈余管理活动的条件模型和理论分析得出"网络媒体报道能够对盈余管理会产生影响"的假设。

现有的研究虽然为"网络媒体报道能够对盈余管理会产生影响"提供了坚实的理论基础和丰富的实证经验证据，但网络媒体报道可以对盈余管理产生抑制作用还是促进作用在学术界尚未形成定论：部分学者认为，网络媒体报道能够通过市场压力机制刺激上市公司管理层的盈余管理需求，从而促进了盈余管理程度；而另一部分学者却认为，网络媒体报道能够通过有效监督机制对上市公司的盈余管理行为产生监督作用，能够有效抑制盈余管理程度。由此可见，网络媒体报道对盈余管理的影响机制在学术界存在着明显的争议，其理论机制几乎是相悖的：一是市场压力机制，二是有效监督机制。

市场压力机制认为，媒体报道会对上市公司管理层产生强大的市场压力，当公司的经营业绩短期内无法改变时，管理层倾向于采用各种盈余管理手段来达到市场预期。从投资者的角度来看，由于股票交易市场中存在严重的信息不对称性，投资者不能即时获得公司重要的内部信息，而有"内部关系"的投资者或投资机构和分析师可以比一般投资者较早地取得这些信息。由于互联网的发达，这些"有能力"最先取得内部消息的人会将消息有意或无意地散布出去：新闻媒体通过发表或转载这类新闻吸引受众的关注，证券分析师通过公开这类消息取得次级投资人的信任。而投资者对公司的关注或搜索量，也会通过大数据反馈给公司的大数据分析部门，这种来自公众舆论的信号会传递给公司管理层，从而对公司管理层造成压力。管理层需要通过盈余管理的手段来缓解这些压力对上市公司造成的不良影响，调整公司的经营业绩，使自己能够"开脱责任"。因此，网络媒体报道越多，越能对上市公司产生市场压力作用，公司的盈余管理程度就会随之增加。

有效监督机制则认为，媒体作为法律之外的治理机制，是一项重要的外部监督机制，能够缓解市场上的信息不对称程度，从而有效抑制上市公司的盈余管理行为。信息接收者之间可以通过网络平台进行信息共享，这有效降低了投资者与公司管理层的信息不对称，因此侵害股东利益的盈余管理行为会被抑制。换言之，媒体对上市公司的关注程度越高，投资者获得的信息就会越多，投资者与上市公司之间的信息不对称程度就会越低。因此，网络媒体报道越多，越能对上市公司产生监督治理作用，公司的盈余管理程度就会随之降低。

以往的研究对于媒体报道对盈余管理的影响符合市场压力机制还是有效监督机制尚未达成共识，媒体报道对盈余管理可以产生抑制还是促进作用也颇有争议。因此，本书基于前人对传统报刊媒体报道对盈余管理的影响的不同研究结论认为，网络媒体报道可能同样存在这两种相悖的路径机制，继而提出竞争性假设 H3 – 1a、H3 – 1b 以待检验。

H3 – 1a：网络媒体报道能够促进上市公司的盈余管理，即网络媒体报道数量与盈余管理正相关。

H3 - 1b：网络媒体报道能够抑制上市公司的盈余管理，即网络媒体报道数量与盈余管理负相关。

3.2 实证研究与设计

3.2.1 研究样本与数据来源

考虑研究数据的可得性与完整性、新冠疫情对媒体报道的地域倾向性以及上市公司经营业绩产生的巨大影响，本章以我国沪、深 A 股全体上市公司为研究对象，选取 2014～2018 年共计 2 975 家公司作为研究样本。由于会计报告的特殊性与可比性，剔除金融行业、ST 和＊ST 类及有缺省值的样本后，最终得到 2 462 家公司的 10 553 个观测数据。

国内现有的媒体关注与盈余管理的相关研究通常以 2014 年以前的数据为研究样本，由于研究方法的局限性，现有研究中媒体关注数据采集通常从报刊或网络新闻中手工收集并整理，存在数量较少等问题。由于本书对网络媒体报道概念的界定不包含股吧评论、社交媒体等非新闻报道性质的帖子、评论及回复，样本中媒体报道数据仅来源于中国研究数据服务平台（CNRDS）中的中国上市公司财经新闻数据库（CFND），不包括上市公司股吧评论数据库（GUBA）及中国上市公司社交媒体数据库（CSMD）等模块。此平台发布于 2014 年，2013 年以前的数据并不完整，因此本书仅选取了 2014 年以后的媒体报道数据作为本书的研究样本。

本书直接使用 CNRDS 数据库中的数据而非手工收集，主要原因为手工收集而得的数据因以下两种原因饱受诟病：其一，媒体报道的来源报刊或者网络媒体通常受研究者偏好的影响，样本的选择具有一定的主观性，可能使研究结果存在严重的自选择偏误。其二，手工收集而得的媒体报道数据受收集难度和研究时间的影响，通常数量较少。根据现有文献的描述性统计，手工收集而得的媒体报道数量少则仅包含上百篇至万余篇不等。相比于此，本章的网络媒体报道数量高达约 400 万篇，大幅提升了研究结论的可靠性。

此外，本章使用的财务数据来自 CSMAR 数据库，媒体报道数据来自 CNRDS 数据库，使用 STATA 16.0 进行处理与回归分析。

3.2.2　变量定义

3.2.2.1　被解释变量

为了度量上市公司的盈余管理水平，本章按照现有文献的研究方法，将盈余管理（*EM*）细分为应计项目盈余管理（*ABSDA*）与真实活动盈余管理（*ABSREM*），并按以下方法分别进行度量。

（1）应计项目盈余管理。本章借鉴陆建桥（2002）和王亚平等（2009）对琼斯模型的处理方法，选择横截面修正琼斯模型计算公司会计盈余管理水平 $ABSDA_{i,t}$ 作为盈余管理的代理变量。

具体方法如下。

首先，将样本公司按照证监会发布的行业分类进行分组，使用模型（3-10）依次对每组样本进行多元线性回归，并利用最小二乘法得到回归系数。其次，将得到的回归系数代入模型（3-11），得到各公司在其所属行业内的期望应计利润 $NA_{i,t}$。最后，利用模型（3-12）计算公司实际的应计利润与期望应计利润之差，并取绝对值得到应计项目盈余管理 $ABSDA_{i,t}$，此数值越高代表此公司的应计项目盈余管理程度越高，反之则越低。

$$\frac{TA_{i,t}}{A_{i,t-1}} = \alpha_0 \frac{1}{A_{i,t-1}} + \alpha_1 \frac{\Delta S_{i,t}}{A_{i,t-1}} + \alpha_2 \frac{PPE_{i,t}}{A_{i,t-1}} + \alpha_3 \frac{IA_{i,t}}{A_{i,t-1}} + \varepsilon_{i,t}$$

$$(3-10)$$

$$NA_{i,t} = \alpha_0 \frac{1}{A_{i,t-1}} + \alpha_1 \frac{(\Delta S_{i,t} - \Delta AR_{i,t})}{A_{i,t-1}} + \alpha_2 \frac{PPE_{i,t}}{A_{i,t-1}} + \alpha_3 \frac{IA_{i,t}}{A_{i,t-1}}$$

$$(3-11)$$

$$ABSDA_{i,t} = \left| \frac{TA_{i,t}}{A_{i,t-1}} - NA_{i,t} \right| \qquad (3-12)$$

其中，$TA_{i,t}$ 表示 i 公司第 t 年的总应计利润，等于营业利润和经营活动现金流量之差；$\Delta S_{i,t}$ 为 i 公司销售收入的变动额，等于公司第 t 年的营业收入与第 $t-1$ 年的销售收入之差；$PPE_{i,t}$ 为 i 公司第 t 年期末固定资产原值；$IA_{i,t}$ 为 i 公司第 t 年无形资产和其他非流动资产之和；$A_{i,t-1}$ 为 i 公司第 $t-1$ 年年末的总资产；$\Delta AR_{i,t}$ 表示 i 公司第 t 年的应收账款变动额，等于公司第 t 年应收项目总额与第 $t-1$ 年的应收账款之差。

（2）真实活动盈余管理。罗伊乔德胡里（Roychowdhury，2006）认为真实的盈余管理基于异常经营活动现金流（REM_CFO）、异常生产成本（REM_PROD）和异常可支配费用支出（REM_DISX）三种现象，提出了量化真实盈余管理程度的指标（REM_TOTAL）。具体步骤如下。

首先，公司改变销售策略会出现真实盈余和经营活动现金流的不同步，从而出现异常经营活动现金流（REM_CFO）。建立模型（3－13）并对同年同行业的样本进行回归，REM_CFO 的值等于回归模型公式的残差项 e_1。其次，当公司改变生产战略以稀释单位成本时，总成本与资产规模和销售额之间就会出现不平衡，产生异常生产成本（REM_PROD）。建立模型（3－14）并对同年同行业的样本进行回归，REM_PROD 的值等于回归模型公式的残差项 e_2。再次，当公司改变其费用策略时，费用与资产规模和销售额之间会出现不平衡，产生异常可支配费用支出（REM_DISX）。建立模型（3－15）并对同年同行业的样本进行回归，REM_DISX 的值等于回归模型公式的残差项 e_3。最后，将这三个异常盈余指标通过模型（3－16）整合，并取绝对值得到真实活动盈余管理 $ABSREM_{i,t}$，此数值越高代表此公司的真实活动盈余管理程度越高，反之则越低。

$$\frac{CFO_{i,t}}{A_{i,t-1}} = \beta_0 \frac{1}{A_{i,t-1}} + \beta_1 \frac{S_{i,t}}{A_{i,t-1}} + \beta_2 \frac{\Delta S_{i,t}}{A_{i,t-1}} + e_1 \qquad (3-13)$$

$$\frac{PROD_{i,t}}{A_{i,t-1}} = \gamma_0 \frac{1}{A_{i,t-1}} + \gamma_1 \frac{S_{i,t}}{A_{i,t-1}} + \gamma_2 \frac{\Delta S_{i,t}}{A_{i,t-1}} + \gamma_3 \frac{\Delta S_{i,t-1}}{A_{i,t-1}} + e_2$$

$$(3-14)$$

$$\frac{DISX_{i,t}}{A_{i,t-1}} = \lambda_0 \frac{1}{A_{i,t-1}} + \lambda_1 \frac{S_{i,t-1}}{A_{i,t-1}} + e_3 \qquad (3-15)$$

$$ABSREM_{i,t} = \left| REM\_PROD_{i,t} - REM\_CFO_{i,t} - REM\_DISX_{i,t} \right|$$

$$(3-16)$$

其中，$CFO_{i,t}$ 为当期经营活动现金流；$S_{i,t}$ 为 i 公司 t 年销售收入；$S_{i,t-1}$ 为 i 公司 $t-1$ 年销售收入；$\Delta S_{i,t}$ 为 i 公司 t 年销售收入的变动额，等于公司第 t 年的营业收入与第 $t-1$ 年的销售收入之差；$A_{i,t-1}$ 为滞后一期的总资产规模。$PROD_{i,t}$ 为 i 公司 t 年总生产成本；$DISX_{i,t}$ 为当期总费用支出，等于当期销售费用与管理费用之和。

3.2.2.2　解释变量

本章将网络媒体报道界定为以互联网为载体的新闻报道，相关研究数据来自 CNRDS 数据库。现有的研究通常通过手工收集等方式对媒体报道进行整理，手工收集的数据具有以下两点弊端：第一，手工收集的媒体报道在报刊或新闻网站的选择方面具有一定主观性，通常选择主流媒体或研究人员经常关注的媒体，使研究数据具有的普遍性较低，可能对研究结论造成偏差。第二，人工收集的研究数据由于工作量与工作时间的局限性，样本容量通常较小，研究样本中的媒体报道数量少则数百篇，多则万余篇，而本章的研究样本中包含网络媒体报道的数量约 400 万篇，大幅增加了研究结论的可信度，有助于解决以往研究手工收集数据可能产生的数据不完整与选择性偏差的问题。本章使用 i 公司 t 年被网络媒体报道的总次数加 1 的自然对数 $MEDIA_{i,t}$ 作为 i

公司 t 年的网络媒体报道的代理变量。

3.2.2.3　控制变量

（1）分析师盈余预测。分析师盈余预测衡量了证券分析师对上市公司盈余信息的评价。证券分析师发布的信息能够通过声誉机制对上市公司管理者造成压力，从而对上市公司管理者的公司治理行为产生影响。盈余管理是上市公司调整会计报告对外披露策略的公司治理行为，理应受到机构分析师盈余预测的影响。分析师盈余预测（EF）通过公式（3-17）计算得出。

$$EF = \left| \frac{FEPS - AEPS}{AEPS} \right| \qquad (3-17)$$

其中，$FEPS$ 为机构分析师预测的每股收益的平均值，$AEPS$ 为实际每股收益。EF 的取值表示机构分析预测的每股平均收益相比于公司实际每股平均收益的偏差程度，能够反映管理者受到机构分析师预测带来的市场压力的大小。EF 的值越接近 0，则说明上市公司越可能迫于分析师预测产生市场压力调整公司盈余信息，以尽量满足市场的期望。

（2）机构持股比例。机构持股在一定程度上能够反映股票的投资价值，可以为证券市场中的散户投资者传递有价值的投资信息，也能够反映出市场对上市公司的信任。因此，机构持股比例对外传播买入或卖出信号，对上市公司的股价造成影响，从而能够对上市公司的盈余管理程度产生间接影响。基于此，本章选取机构持股比例（RIO）作为主要控制变量之一。

（3）审计公司。国内外大量现有文献表明，如果审计上市公司财务报告的会计师事务所为世界四大会计师事务所（德勤、普华永道、安永、毕马威），则被审公司会具有相对较高的会计信息质量（夏立军和杨海斌，2002），因此本章控制了二值虚拟变量审计公司是否为四大会计师事务所（$BIG4$），以控制审计质量对上市公司盈余管理程度的影响。$BIG4$ 为二值虚拟变量，如果负责审计上市公司的财务报告的会计师事务所为世界四大会计师事务所，则 $BIG4$ 取 1，否则取 0。

（4）产权性质。国内上市公司可按照产权性质是否为国有控股划分。产权性质（SOE）为二值虚拟变量，如果上市公司为国有控股，则 SOE 取 1，否则取 0。

（5）其他控制变量。此外，本章在基本回归模型中还控制了公司价值（$TOBINQ$）、总资产回报率（ROA）、公司规模（$SIZE$）、成长性（$GROWTH$）、财务杠杆率（LEV）、股权集中度（TOP）等公司治理变量，并且控制了行业与年度的固定效应，详细变量定义见表 3 - 1。

表 3 - 1　　　　　　　　　　变量定义

变量简称	变量符号	变量定义
盈余管理	EM	分为应计项目盈余管理与真实活动盈余管理
应计项目盈余管理	$ABSDA$	根据模型（3 - 10）、模型（3 - 11）、模型（3 - 12）计算得出
真实活动盈余管理	$ABSREM$	根据模型（3 - 10）、模型（3 - 11）、模型（3 - 12）计算得出
网络媒体报道	$MEDIA$	全年网络报道总数 +1 后取自然对数
分析师盈余预测	EF	分析师盈余预测偏差，根据公式（3 - 17）得出

变量简称	变量符号	变量定义
机构持股比例	RIO	机构持股占该公司流通股的比例
公司价值	$TOBINQ$	托宾 Q 的值，等于市场价值与年末总资产之比
总资产回报率	ROA	净利润与平均总资产的比值
公司规模	$SIZE$	年末总资产的自然对数
公司成长性	$GROWTH$	年营业收入的增长率
财务杠杆率	LEV	总负债与总资产的比率
股权集中度	TOP	第一大股东持股比例
审计公司	$BIG4$	是否由"四大"审计，是则取 1，否则取 0
产权性质	SOE	是否为国有上市公司，是则取 1，否则取 0
行业	$INDUSTRY$	以证监会行业分类标准生成行业虚拟变量
年度	$YEAR$	年度虚拟变量

3.2.3 实证模型设计

为检验网络媒体报道与上市公司盈余管理程度之间基本关系，设定基本模型如下：

$$EM = \beta_0 + \beta_1 MEDIA + \beta_2 EF + \beta_3 RIO + \beta_4 TOBINQ + \beta_5 ROA$$
$$+ \beta_6 SIZE + \beta_7 GROWTH + \beta_8 LEV + \beta_9 TOP + \beta_{10} BIG4$$
$$+ \beta_{11} SOE + \beta_i INDUSTRY + \beta_j YEAR + \varepsilon \qquad (3-18)$$

如果回归模型统计显著，且 $MEDIA$ 的系数 β_1 为正，则表明网络媒体报道对盈余管理有促进作用；如果回归模型统计显著，且 $MEDIA$ 的系数 β_1 为负，则表明网络媒体报道对盈余管理有抑制作用。

3.3 实证结果分析与讨论

3.3.1 描述性统计分析

如表 3 - 2 所示，相比于 2006 年时平均每家公司每年被媒体报道 95.11 次，2014～2018 年 5 年间平均每家公司每年被媒体报道达到 377.69 次。这说明随着互联网的发展，媒体对上市公司的关注程度显著提高，因此应更加重视对网络媒体报道及其经济后果的研究。制造业公司在我国上市公司中仍占较大比例，使得制造业的新闻报道数量明显高于其他行业。此外，房地产业的平均盈余管理水平在统计的所有行业中最高，其平均每家公司每年被报道次数高达 905 次，说明近年来房地产业备受媒体"青睐"，符合我国资本市场特点。同时，房地产行业的"高盈余管理、高频被报道"也初步支持了研究假设 H3 - 1a。

表 3 - 2   分行业描述性统计

行业代码	行业名称	行业盈余管理	盈余管理标准差	网络媒体报道数量	观测值频数	平均每家公司每年被报道次数
A	农、林、牧、渔业	0.057	0.059	35 774	145	246.717
B	采矿业	0.050	0.056	232 501	297	780.557
C	制造业	0.053	0.059	2 239 277	6 722	333.127

行业代码	行业名称	行业盈余管理	盈余管理标准差	网络媒体报道数量	观测值频数	平均每家公司每年被报道次数
D	电力、热力、燃气及水生产和供应业	0.042	0.047	90 916	365	251.646
E	建筑业	0.063	0.065	110 568	278	397.727
F	批发和零售业	0.061	0.078	217 345	633	341.865
G	交通运输、仓储和邮政业	0.046	0.063	123 924	325	380.061
I	信息传输、软件和信息技术服务业	0.065	0.076	332 005	768	430.309
K	房地产业	0.104	0.176	463 507	510	905.338
M	科学研究和技术服务业	0.058	0.062	15 645	90	173.833
N	水利、环境和公共设施管理业	0.055	0.049	34 660	155	223.613
R	文化、体育和娱乐业	0.099	0.208	74 201	177	419.215
S	综合	0.056	0.081	15 440	88	175.455
总计	全行业	0.057	0.078	3 985 763	10 553	377.690

注：表中行业分类按照中国证监会发布的上市公司行业分类划分。

表 3-3 报告了其他主要变量的描述性统计结果。由表中内容可见，网络媒体报道 *MEDIA* 的标准差为 1.176，说明网络媒体对我国各上市公司的关注程度存在明显差异，间接地肯定了本章的研究意义。此外，分析师盈余预测 *EF* 的均值为 0.748，表明分析师预测与公司实际的盈余水平较为一致，由此可以判断机构分析师作为资本市场中投资者的重要组成部分，与盈余预测结果实际盈余信息存在关联。通过表中信息，研究模型中主要控制变量的标准差表明，控制变量在不同样本公司之间存在明显差异，在一定程度上表明了控制这些变量的必要性。最后，从这些变量

的描述性统计上看，样本数据未存在明显技术性错误，且与现有的研究文献中主要变量的描述性统计结果不存在明显差异，间接证明了本章研究数据的可靠性与科学性。

表 3 - 3 主要变量的描述性统计

变量	样本量	均值	标准差	最小值	中位数	最大值
ABSDA	10 553	0.057	0.078	0.000	0.038	2.453
ABSREM	10 553	0.163	0.200	0.000	0.104	5.099
MEDIA	10 553	5.182	1.176	0.000	5.268	10.809
EF	10 553	0.748	0.015	0.000	0.430	46.432
RIO	10 553	0.415	0.232	0.004	0.427	0.886
TOBINQ	10 553	2.647	2.438	0.687	1.999	92.251
ROA	10 553	0.037	0.067	-0.965	0.035	0.598
SIZE	10 553	22.399	1.294	17.806	22.222	28.520
GROWTH	10 553	0.212	1.614	-0.982	0.101	87.484
LEV	10 553	0.431	0.202	0.009	0.422	1.687
TOP	10 553	0.339	0.148	0.029	0.319	0.900
BIG4	10 553	0.060	0.237	0	0	1
SOE	10 553	0.382	0.486	0	0	1

3.3.2 相关性分析

表 3 - 4 报告为变量间的 Pearson 相关系数矩阵，结果表明 *MEDIA* 与 *ABSDA*、*ABSREM* 的相关系数虽然较低，但均在 1% 水平上显著为正，这说明网络媒体报道与上市公司的盈余管理程度可能存在正相关关系，但仅使用相关性分析验证研究假设并不可

网络媒体报道对盈余管理的影响 ▎

靠，还需要进一步控制其他内生变量后进行回归分析，才能得出可靠的结论。另外，结合表中其他相关系数，本章还对回归模型中各变量进行了 VIF 膨胀因子检验，结果表明各变量间不存在多重共线性。

表 3 – 4　　　　　　　　　相关性检验结果

变量	ABSDA	ABSREM	MEDIA	EF	RIO	TOBINQ	ROA
ABSDA	1						
ABSREM	0.284***	1					
MEDIA	0.032***	0.103***	1				
EF	0.018*	− 0.042***	− 0.034***	1			
RIO	− 0.059***	0.039***	0.190***	− 0.084***	1		
TOBINQ	0.061***	0.162***	0.112***	0.016	− 0.122***	1	
ROA	− 0.145***	0.233***	0.084***	− 0.189***	0.104***	0.135***	1
SIZE	− 0.028***	− 0.026***	0.367***	− 0.080***	0.431***	− 0.461***	0.038***
GROWTH	0.079***	0.119***	0.016*	− 0.001	− 0.019**	0.028***	0.049***
LEV	0.099***	− 0.032***	0.188***	0.048***	0.209***	− 0.285***	− 0.306***
TOP	− 0.035***	0.012	0.096***	− 0.049***	0.470***	− 0.075***	0.109***
BIG4	− 0.046***	0.008	0.209***	− 0.049***	0.233***	− 0.099***	0.040***
SOE	− 0.045***	− 0.079***	0.059***	0.000	0.370***	− 0.185***	− 0.063***

变量	SIZE	GROWTH	LEV	TOP	BIG4	SOE
SIZE	1					
GROWTH	0.004	1				
LEV	0.516***	0.028***	1			
TOP	0.239***	− 0.036***	0.094***	1		
BIG4	0.378***	− 0.001	0.128***	0.163***	1	
SOE	0.319***	− 0.053***	0.252***	0.263***	0.131***	1

注：*、**、***分别表示在10%、5%和1%的置信水平上显著。

3.3.3 分组检验

根据网络媒体报道程度高低（网络媒体报道 $MEDIA$ 大于或等于中位数则记为高频报道组 $MRG=1$，网络媒体报道 $MEDIA$ 小于中位数则记为低频报道组 $MRG=0$）对样本公司进行分组并进行均值差异检验，检验结果见表 3 – 5。

表 3 – 5　　　　　　　　　　　分组检验

变量	$MRG=1$ 组均值	$MRG=0$ 组均值	均值差异	T 检验
$ABSDA$	0.059	0.055	0.004 ***	2.596
$ABSREM$	0.179	0.146	0.032 ***	8.305
EF	0.722	0.773	– 0.052 *	– 1.688
RIO	0.445	0.385	0.060 ***	13.403
$TOBINQ$	2.976	2.318	0.658 ***	13.990
ROA	0.042	0.032	0.011 ***	8.144
$SIZE$	22.709	22.089	0.620 ***	25.342
$GROWTH$	0.226	0.197	0.029	0.915
LEV	0.457	0.406	0.051 ***	13.004
TOP	0.349	0.328	0.021 ***	7.330
$BIG4$	0.088	0.031	0.058 ***	12.621
SOE	0.402	0.362	0.039 ***	4.172

注：*、**、*** 分别表示在 10%、5% 和 1% 的置信水平上显著。

首先，对应计项目盈余管理和真实活动盈余管理（$ABSDA$ 和 $ABSREM$）的均值进行检验，结果显示，高频报道组（$MRG=1$）

的应计项目盈余管理程度 ABSDA 在平均值上比低频报道组
（MRG = 0）的公司高 0.004，且至少在 0.01 置信水平上显著；
高频报道组（MRG = 1）的真实活动盈余管理程度 ABSREM 在平
均值上比低频报道组（MRG = 0）的公司高 0.032，且至少在
0.01 置信水平上显著，这初步表明网络媒体报道会使公司管理
者进行更多的盈余管理行为，即支持了假设 H3 - 1a。但是，该
研究结论还需进一步检验。其次，对控制变量进行分组检验的结
果显示，不同分组下的公司在分析师盈余预测（EF）、机构持股
比例（RIO）、公司价值（TOBINQ）、总资产回报率（ROA）、公
司规模（SIZE）、财务杠杆率（LEV）、股权集中度（TOP）、审
计公司（BIG4）以及是否国有（SOE）方面均存在显著差异。

3.3.4　回归模型检验结果与分析

表 3 - 6 报告了网络媒体报道与盈余管理的回归分析结果。
回归结果显示，无论回归模型的被解释变量为应计项目盈余管理
（ABSDA）还是真实活动盈余管理（ABSREM），变量 MEDIA 的回
归系数均在 1% 的置信水平上显著，这说明被网络媒体报道频次
越高的公司，其应计盈余管理程度和真实盈余管理程度均会越
高。实证结果支持研究假设 H3 - 1a，而未支持假设 H3 - 1b。换
言之，网络媒体报道与上市公司盈余管理程度正相关，即媒体报
道通过市场舆论对管理层产生压力，促使其进行更多的盈余管
理，包括但不限于仅通过应计项目进行盈余管理调整，更不惜进
行从长期来看能够对上市公司造成损害的真实活动盈余管理。这

也证实了上市公司管理者考虑自身利益最大化的"理性人"角色。控制变量会计师事务所审计公司 *BIG*4 在列（1）的回归系数在 1% 的置信水平上显著，而在列（2）的回归系数不显著，说明即使是世界四大会计师事务所的审计也只对应计项目盈余管理行为产生修正或"威慑"作用，对于更为隐蔽的真实活动盈余管理却无可奈何。此外，分析师盈余预测在 1% 水平上显著为负，说明分析师盈余预测与实际盈余越接近，盈余管理的程度越大。这一结论支持了于忠泊等（2009）、田高良等（2012）提出的市场压力假说，而未支持媒体报道的有效监督假说。

表 3 – 6　　　　　网络媒体报道与盈余管理的回归结果

变量	（1）	（2）
	ABSDA	*ABSREM*
MEDIA	0.002 *** (2.66)	0.017 *** (7.49)
EF	− 0.001 * (− 2.07)	− 0.000 (− 0.27)
RIO	− 0.016 *** (− 3.98)	0.029 *** (2.93)
TOBINQ	0.002 *** (6.50)	0.010 *** (10.81)
ROA	− 0.150 *** (− 12.09)	0.657 *** (21.56)
SIZE	− 0.002 ** (− 2.29)	− 0.010 *** (− 4.34)

变量	(1)	(2)
	ABSDA	*ABSREM*
GROWTH	0. 004 *** (7. 70)	0. 012 *** (10. 33)
LEV	0. 034 *** (6. 98)	0. 077 *** (6. 41)
TOP	0. 005 (0. 87)	0. 003 (0. 23)
BIG4	− 0. 011 *** (− 3. 14)	0. 003 (0. 40)
SOE	− 0. 006 *** (− 3. 64)	− 0. 015 *** (− 3. 40)
INDUSTRY	控制	控制
YEAR	控制	控制
CONSTANT	0. 083 *** (4. 15)	0. 191 *** (3. 90)
N	10 553	10 553
adj. R^2	0. 068	0. 145

注：*、**、***分别表示在10%、5%和1%的置信水平上显著，括号内为 t 值统计量。

3.3.5　内生性问题

如何解决内生性问题一直是媒体治理研究中的一个关键问题。一方面，媒体报道与盈余管理之间可能存在"双向因果"的内生性问题。媒体有可能会选择针对上市公司的盈余管理进行报道。例如，负面新闻报道可能与公司的财务问题存在双向因果关系。换言之，不仅是媒体报道可以对盈余管理产生影响，公司的盈余管理问题也可能影响公司受媒体关注的程度。此外，报道数量可能与一些公司特质之间存在协变量关系等，也会增加本研究的内生性。目前研究媒体报道的文献中仅有少数学者对内生性问题进行了阐述，陈克兢等（2017）使用 Heckman 二阶段模型来解决样本自选择问题，于忠泊等（2009）使用权小锋和吴世农提出的工具变量对由最小二乘法得到的结论进行修正，但却得到不同的结论。

从国际顶级期刊使用的内生性处理方法来看，工具变量法相比于滞后变量等其他方法在处理双向因果问题上更为有效（王宇和李海洋，2017）。国内现有文献中选取地区媒体业发展水平（张婷婷等，2018）与地区 GDP 水平作为工具变量（黄俊和陈信元，2013；卢文彬，2014）。考虑文献的样本时间均处于大数据技术尚未成熟的 2014 年之前，限于当时的数据挖掘方法与数据平台，作者无法选用来自互联网中庞大的网络媒体报道数据，致使 8 年的样本中仅含有 5 万余篇媒体报道。此外，在当时，地方媒体通常着重报道本地公司的动态与消息，致使地区媒体业发展水平及地区 GDP 水平与媒体关注程度高度相关，使其成为当年有效的工具变量。然而，在网络大数据迅猛发展的今天，网络媒体传播速度与范围均取得前所未有的进步，单个样本公司的新闻报道数量庞大，转载量也巨大。根据本章的研究数据的描述性统计结果，仅 5 年的研究样本中就包含了 400 余万篇报道。网络媒体通过互联网进行跨地区报道，或大量转载来自全国各个地区的财经新闻，使地区媒体业发展水平与地区 GDP 水平不再适合作为有效的工具变量。

基于上述分析，本书开发了新的工具变量——公司知名度（*POP*）用以解决本书的内生性问题。公司知名度是指一家公司被公众知晓或了解的程度，因公司品牌、公司创始人或高管的曝光度、公司被媒体曝光次数等因素通过长年累月而得。正所谓"树大招风"，上市公司的知名度越高，其相关报道的数量也会越多，公司知名度与网络媒体报道数量可能高度相关；与此同时，从理论上看，公司知名度并非仅取决于资本市场中投资者的知晓程度，还取决于其对社会公众的影响程度。公司知名度本身并不能直接影响盈余管理程度，只能通过媒体效应或声誉约束机制才能对公司管理层的盈余管理程度产生间接的影响，满足工具变量的不能直接影响因变量且可以通过自变量对因变量产生影响的条件。另外，知名度越高的公司进行盈余管理的动机既可能因声誉约束机制而减弱，也可能为了迎合公众期望而增强。为了保证二者无论在理论分析还是实证检验方面，均不存在显著相关关系，本章还对盈余管理和公司知名度进行了 Pearson 检验与 Kendall 检验，其中 Pearson 其相关系数为 0.007，P 值为 0.449；Kendall 检验的 t 值为 0.451，也不能支持两者在统计学上存在相关关系。

基于此，本书认为公司知名度是有效的外生工具变量。公司的知名度越高，公司的相关信息在互联网中的传播量就越大，传播范围也会越广，相关信息在互联网中出现的次数也会越多。本书按照下述方法对公司知名度进行度量：首先整理样本中的上市公司股票简称，然后对其中的关键词进行去噪声处理。手工收集数据的过程中发现，小部分上市公司股票简称存在明显歧义或指代不清，可能引起统计结果的偏误，须对简称进行去噪声处理，否则将会包含与上市公司无关的信息。典型的噪声数据处理方法有"老百姓"替换为"老百姓大药房"、"兔宝宝"替换为"兔宝宝装饰"等具体的简称以消除歧义。此类公司包括机器人、向日葵信息发展、今天国际、新文化等易产生歧义的词语。然而，对"安利"的搜索结果包含了"给大家安利一件新产品"等信息，虽然此信息与公司本身无关，但网民使用"安利"这一词语代替"推荐"也属于安利公司高知名度的重要体现，无须进行处理。此类公司以将旅游景点名称作为公司简称的旅游行业为主。将去噪声处理后得到的全体样本公司股票简称依次输入百度搜索引擎，搜索结果页面会显示"百度为您找到相关结果约 n 个"，本书将 n 取自然对数作为公司知名度的代理变量。最后，本书将公司知名度作为工具变量进行二阶段最小二乘法（IV – 2SLS）回归估计，并对回归结果与原最小二乘法（OLS）的回归结果进行 Hausman 检验。如果 $P > 0.05$，则表明两种回归方法无显著差异；如果 $P < 0.05$，则表明两种回归方法存在显著差异。结果如表 3 – 7 所示，在 IV – 2SLS 的第一阶段的回归结果中 F 值为397.00，拒绝弱工具变量的假设。Hausman 检验值为 5.25，P 值为 0.022，拒绝了 IV – 2SLS 与 OLS 两种回归结果无显著差异的原假设，说明公司知名度是一个有效的工具变量，使用 2SLS 的回归结果更为可靠，使用工具变量法得到的结果可以有效缓解内生性问题，所得的回归结果依然支持本书的研究假说。

表 3 - 7   工具变量法内生性检验结果

变量	(1) IV - 2SLS	(2) OLS	(3) IV - 2SLS	(4) OLS
	ABSDA	ABSDA	ABSREM	ABSREM
MEDIA	0. 014 *** (2. 70)	0. 002 *** (2. 66)	0. 017 *** (7. 49)	0. 094 *** (7. 05)
EF	- 0. 001 ** (- 2. 17)	- 0. 001 ** (- 2. 07)	- 0. 000 (- 0. 27)	- 0. 001 (- 0. 56)
RIO	- 0. 017 *** (- 4. 19)	- 0. 016 *** (- 3. 98)	0. 029 *** (2. 93)	0. 029 ** (2. 07)
TOBINQ	0. 001 ** (2. 26)	0. 002 *** (6. 50)	0. 010 *** (10. 81)	0. 003 * (1. 80)
ROA	- 0. 153 *** (- 12. 18)	- 0. 150 *** (- 12. 09)	0. 657 *** (21. 56)	0. 638 *** (19. 73)
SIZE	- 0. 008 *** (- 2. 96)	- 0. 002 ** (- 2. 29)	- 0. 010 *** (- 4. 34)	- 0. 048 *** (- 7. 01)
GROWTH	0. 003 *** (7. 54)	0. 004 *** (7. 70)	0. 012 *** (10. 33)	0. 011 *** (9. 50)
LEV	0. 032 *** (6. 46)	0. 034 *** (6. 98)	0. 077 *** (6. 41)	0. 064 *** (4. 99)
TOP	0. 008 (1. 31)	0. 005 (0. 87)	0. 003 (0. 23)	0. 021 (1. 40)
BIG4	- 0. 014 *** (- 3. 72)	- 0. 011 *** (- 3. 14)	0. 003 (0. 40)	- 0. 016 * (- 1. 74)
SOE	- 0. 004 ** (- 2. 25)	- 0. 006 *** (- 3. 64)	- 0. 015 *** (- 3. 40)	- 0. 002 (- 0. 30)
INDUSTRY	控制	控制	控制	控制
YEAR	控制	控制	控制	控制
CONSTANT	0. 142 *** (4. 32)	0. 083 *** (4. 15)	0. 191 *** (3. 90)	0. 588 *** (6. 93)

续表

变量	（1） IV – 2SLS	（2） OLS	（3） IV – 2SLS	（4） OLS
	ABSDA	*ABSDA*	*ABSREM*	*ABSREM*
N	10 553	10 553	10 553	10 553
adj. R^2	0.056	0.068	0.145	0.046
Hausman	5.25		38.89	
p – value	0.022		0.000	

注：*、**、***分别表示在 10%、5% 和 1% 的置信水平上显著，括号内为 t 值统计量。

3.3.6 稳健性检验

媒体报道的转载率可以有效反映媒体效应的大小。报道的转载率越高，其媒体效应越强，反之则越弱。因此本书使用报道的转载率（*ROR*）作为网络媒体报道的代理变量进行稳健性检验。报道转载率的计算方法为 *i* 公司的 *t* 年内新闻报道总数量与年内原创新闻总数量之比。

表 3 – 8 报告了使用转载率 *ROR* 替代网络媒体报道数量 *MEDIA* 的模型回归检验结果，结果表明使用转载率替代网络媒体报道数量后的回归结果与原回归结果保持一致。

此外，前面的分析已经充分验证了由网络媒体报道引发的被动型投资者异常关注的中介作用。为了结果的稳健性，本书分别使用吴联生等（2007）使用的修正的琼斯模型与加入业绩变量 *ROA* 的扩展的琼斯模型作为盈余管理的代理变量，重新检验了网络媒体报道对盈余管理的直接影响。检验结果表明回归系数的符号与显著性均无改变，再次验证了本书实证结果的稳健性。

表 3 - 8 　　　　　　　　稳健性检验结果

变量	(1)	(2)
	ABSDA	*REM*
ROR	0.001 *** (4.10)	0.002 *** (3.65)
EF	- 0.001 ** (- 2.12)	- 0.000 (- 0.27)
RIO	- 0.016 *** (- 3.97)	0.030 *** (3.04)
TOBINQ	0.003 *** (7.00)	0.011 *** (12.50)
ROA	- 0.149 *** (- 12.01)	0.662 *** (21.69)
SIZE	- 0.001 *** (- 1.42)	- 0.003 (- 1.31)
GROWTH	0.004 *** (7.71)	0.012 *** (10.36)
LEV	0.034 *** (6.98)	0.079 *** (6.54)
TOP	0.005 (0.84)	0.000 (0.01)
BIG4	- 0.011 *** (- 3.25)	0.008 (0.93)
SOE	- 0.007 *** (- 3.78)	- 0.017 *** (- 3.97)

续表

变量	(1)	(2)
	ABSDA	*REM*
INDUSTRY	控制	控制
YEAR	控制	控制
CONSTANT	0.070 *** (3.62)	0.106 ** (2.21)
N	10 553	10 553
adj. R^2	0.069	0.141

注：*、**、*** 分别表示在 10%、5% 和 1% 的置信水平上显著，括号内为 t 值统计量。

3.3.7　进一步讨论

与网络媒体报道相比，在传统纸质报刊上刊登的媒体报道无论从传播范围、影响速度、储存时长、信息含量、获取成本方面，还是从互动性与自由度方面来说，都远不及网络媒体报道能够发挥的媒体效应的公司治理机制。换言之，网络媒体报道能够比传统报刊报道更好地发挥市场压力机制，从而激励了上市公司管理者的盈余管理行为。基于上述假设，本书设置解释变量报刊报道 *MEDIA_P* 来度量某公司被传统报刊报道提及的频次，*MEDIA_P* 的值等于公司全年被报刊报道的数量加 1 的自然对数。数据来源仍为 CNRDS 数据库。本书用 *MEDIA_P* 代替基本回归模型中的解释变量 *MEDIA*，并使用普通最小二乘法进行了回归，结果如表 3 - 9 所示。根据表中报告的结果，对于应计项目盈余管

理 *ABSDA*，*MEDIA* 的标准化回归系数为 0.036，且在 1% 的置信水平上显著为正，*MEDIA_P* 的标准化回归系数不显著。而对于真实活动盈余管理 *ABSREM*，*MEDIA* 的标准化回归系数为 0.097，且在 1% 的置信水平上显著为正，*MEDIA_P* 的标准化回归系数仅为 0.089，且在 1% 的置信水平上显著为正。实证结果表明，相比于传统报刊报道，网络媒体报道对盈余管理具有更显著的影响。在网络大数据时代，网络媒体报道能够对上市公司盈余管理发挥更强的刺激作用。

表 3 - 9　　网络媒体报道与传统报刊报道的回归结果对比

变量	(1)	(2)	(3)	(4)
	ABSDA	*ABSDA*	*ABSREM*	*ABSREM*
MEDIA (*Beta*)	0.036 *** (2.66)		0.097 *** (7.49)	
MEDIA_P (*Beta*)		-0.008 (-0.70)		0.089 *** (7.73)
CONTROLS	控制	控制	控制	控制
INDUSTRY&YEAR	控制	控制	控制	控制
CONSTANT	0.083 *** (4.15)	0.066 *** (3.23)	0.191 *** (3.90)	0.229 *** (4.56)
N	10 553	10 553	10 553	10 553
adj. R^2	0.068	0.068	0.145	0.145

注：表中报告的系数为标准化系数 Beta 的值及其显著性，*、**、*** 分别表示在 10%、5% 和 1% 的置信水平上显著，括号内为 t 值统计量。

3.4 实证结论与政策启示

本章以 2014～2018 年我国 A 股上市公司为研究样本，着重研究了网络媒体报道对盈余管理的影响机制，并使用工具变量法有效缓解了网络媒体报道与盈余管理之间双向因果的内生性问题，得到以下研究结论：网络媒体报道可以通过舆论效应对公司管理层产生市场压力，继而诱发上市公司以更多的盈余管理来迎合市场需求。相比于传统报刊报道，网络媒体报道对上市公司盈余管理水平有更显著的刺激作用。这一结论支持了田高良等（2016）、于忠泊等（2009）提出的市场压力假说，与陈克兢等（2016）和权小锋（2010；2012）等的研究结论相反。由于媒体的有效监督效应主要体现为引起监管部门的行政介入，随着我国经济市场化程度的不断提高，除非上市公司存在的严重违规或违法行为被曝光，否则政府一般不会因媒体报道而介入公司的一般性经营活动。

本章的研究为网络媒体、公司管理层、投资者及监管部门提供了有益的启发：一方面，对于常被网络媒体报道的公司，投资者更应认真了解公司的真实经营状况和财务信息，仔细甄别其可能存在的盈余管理行为，谨慎进行投资决策。另一方面，监管机构应加强对网络媒体高频报道的上市公司的审查与监管，尽量降低网络媒体报道对盈余管理的影响，以免对投资者的利益造成损害。

3.5　本　章　小　结

　　本章以信息不对称理论、委托代理理论、信号传递理论为基础，对网络媒体报道对盈余管理的影响进行了分析。首先，在第2章的基础上，对媒体关注的市场压力假说与有效监督假说展开理论分析。其次，基于媒体信息传播机制、经理人声誉机制以及舆论导向机制，以2014～2018年我国A股全体上市公司为样本进行实证检验，得出结论：网络媒体报道可以对公司管理层造成市场压力，进而迫使公司产生盈余管理行为。最后，基于上述结果，本章开发了公司知名度作为工具变量，缓解了内生性问题。本章主要研究了网络媒体报道对盈余管理的直接影响，是后续几章进行细化、深入研究的基础。

第4章

异质性网络媒体报道
对盈余管理的影响研究

4.1 异质性网络媒体报道影响盈余
管理的理论分析与研究假设

4.1.1 网络媒体报道针对性程度对盈余管理的
影响及差异分析

从媒体报道针对性程度来看，本书可以把网络媒体报道划分为专题报道与一般性报道。根据前章的研究结论，网络媒体报道能够通过引发市场关注，对上市公司管理层造成市场压力，迫使其进行相应的盈余信息的调整策略。朱等（Zhu et al.，2017）发现，媒体报道的异质性特征可以对管理者的心理产生不同的影响，甚至可以在资本市场中影响参与者的信念形成过程，进而改变其投资策略或管理行为。根据市场压力机制理论，上市公司的管理者会根据不同的媒体报道选择相应的管理策略——在媒体报道的针对性不强的情况下，管理者可能会选择无动于衷，忽略媒体报道在市场中产生的效应；然而，在媒体报道的针对性较强的情况下，管理者可能会将这则报道向市场传递的信息标记为敏感信息，迫于声誉和舆论压力调整财务信息披露策略以迎合市场需求。根据前文的理论分析，不同针对性程度的媒体舆情均会通过引导市场注意力和交易行为，显著影响资本市场价格波动性特征。这些报道能够通过改变投资者对投融资环境的认知来影响投资者对公司市场价值的判断；能够通过对上市公司的正面或负面报道，影响投资者对公司现状的评估；甚至能够通过引起执法机构的关注和介入而改变公司外部的法治环境。这些公司外部环境因素及其变化无疑也会影响公司盈余管理的意愿、动机乃至行为。我国非完全竞争市场中的信息不对称环境为公司管理者的盈余管理行为创造了有利条件。

资本市场中的专题报道是指对某些知名公司和具有较高新闻价值的董事长、管理者、股票、品牌、财经信息等进行评述分析或调查研究的报道。此类财经专题报道能够深入、客观、生动地反映上市公司即时事件的发展与结果，对于揭示公司存在的现象及管理问题具有深刻的警示意义。这种报道是网络媒体深度报道的主要形式之一，同时也是互联网门户网站追踪报道的主题或主要业务。专题性报道作为资本市场中的重要信息

传播媒介，能够有效传递更多的信息，更有助于缓解资本市场
中的信息不对称，对公司盈余管理行为的作用也会更强。相比
于专题报道，非专题报道通常具备即时性、简洁性、广泛性等
特点，仅能够在有限的篇幅对公司内部信息或事件进行概括性
报道。一般而言，非专题性报道的篇幅较短，深入性不强，并
且由于媒体人对事件或内部消息尚未进行深入探访或访谈，报
道内容可能不会带有个人主观情绪，在传递事件信息的同时，
评价也较为客观，虽然能够有效发挥媒体的信息传播机制，但
对市场舆论产生的刺激程度较弱。基于上述理论分析，本章提
出研究假设 H4 - 1 以待检验。

H4 - 1：网络媒体报道针对性程度越高，对上市公司盈余管
理行为的正向影响越强。

4.1.2 网络媒体报道情绪色彩对盈余管理的影响及差异分析

从媒体报道情绪色彩来看，本书可以将网络媒体报道按照
报道情绪类型划分为正面、中性及负面报道。根据杰弗里等
（Jeffrey et al.，2017）的研究结论，媒体在进行报道时会根据
自身意愿，策略性地选择不同的表述风格向读者或受众传达不
同的情绪或观点，以吸引投资者的有限注意力。这些媒体报道
产生的媒体舆情或有效信息还会显著影响投资者间的交易行
为，使上市公司的股价在一定时间内产生剧烈的波动。网络媒
体与传统媒体不同，具有一定的自由性。而和官方媒体相比，

公司性质的媒体具有一定的营利性目的，可能会通过非规范性手段扩大受众群体及其关注程度。媒体在撰写报道的过程中确实会通过使用带有情绪的文字或图片的表达引导受众的舆论方向。媒体为了扩大自身的阅读量，在报道中会倾向于使用具有冲击性的文字表达以引起受众的共鸣，为媒体存在非中性情绪提供了重要经验证据。换言之，作为在资本市场中拥有重要监督身份的媒体，能够利用报道的情绪对投资者情绪产生影响，在增加了投资者与上市公司间的信息不对称的同时，也能够加剧上市公司内部的委托代理冲突，这也成为现代网络媒体外部监督职能弱化的重要原因之一。

从正面报道的角度来看，正面报道能够传达媒体的乐观情绪，并通过引起证券机构分析师的乐观预测对股票价格波动产生影响，也能够通过引起中小投资者的乐观情绪直接影响股票的公允价值。此外，媒体的乐观情绪还能够通过激发公司管理者的迎合心理及过度自信，使其产生更强的风险承担意愿，更倾向于选择风险较高的盈余操控行为。而公司管理层还可能利用媒体产生的积极评价来提高公司的声誉信用和融资能力，抵消盈余管理带来的惩罚风险。从中性报道的角度来看，网络媒体报道的最高原则应为真实性原则，作为资本市场中的重要信息传播媒介，其通常应当具备能够反映事件始末与客观事实的责任。媒体作为资本市场中的重要信息传播工具，起到传递信号及降低证券市场中信息不对称的作用。依据传统的信号传递理论，上市公司通过向外界传递内部信息来表达公司管理者的即时诉求或发展期望。而媒体具有的非官方监督职能能够将上市公司想要传递的信号向市场迅速扩散，投资者作为股票市场信息的受众群体将会通过对信号的判断，做出相应的投资策略的变更，致使股票价格产生波动。因此，上市公司管理者还可能利用网络媒体的信息传播机制，诱导部分投资者的投资行为，以达到"操纵股价"的目的。不难看出，保持中立性的网络媒体报道能够在资本市场中承担信息传递的责任，能够通过信号传播机制对上市公司管理者的决策行为产生影响。从负面报道的角度来看，负面报道能够通过传达媒体的悲观情绪，使投资者对公司业绩产生悲观预期，或对管理者的经营能力产生怀疑，从而引起股票价格的降低或市场恐慌，甚至使被报道公司承担崩盘风险。不难发现，无论媒体报道情绪色彩为乐观、中立还是悲观，媒体报道基调是正面、中性还是负面，均能够满足上市公司管理者的盈余管理的动机。

然而，在我国特色市场经济环境下，国有控股的主流媒体通常占有主要市场份额。主流媒体通常具有"报喜不报忧"的特点，一旦主流媒体中出现对某一公司的负面报道或负面评价，则可能对被报道公司及其管理者的声誉产生巨大冲击，极大程度地动摇投资者信心。根据"坏消息偏好"理论，负面报道相比于正面报道，通常更能够发挥舆论监督作用与警示反思作用，冲击力也更强。投资者可能将负面报道视作风险信息，而风险信息的传播能够在一定程度上修正投资者在决策过程中可能出现的错误判断，从而被投资者视为能够保护资金安全的有用信息。因此，在股票市场中，投资者对于负面报道的敏感程度理应高于正面报道及客观性中立报道。换言之，负面报道理应在股票市场中发挥更强的媒体效应。基于上述理论分析,本章提出研究假设 H4－2 以待检验。

H4－2:网络媒体报道情绪色彩越消极,对盈余管理的正向影响越强。

4.1.3 网络媒体报道原创性对盈余管理的影响及差异分析

从媒体报道原创性来看,本书可以将网络媒体报道按照报道原创性划分为原创型报道与转载型报道。一方面,相比于传统媒体,原创型报道具有更强的时效性,通过对上市公司突发事件或消息的"一手"报道抢占首发先机,能够首先发挥媒体效应的舆论导向作用,使作为受众的投资者产生"先入为主"的情绪,进而影响投资者对上市公司业绩预期。另一方面,原创型报道之所以能够被投资者第一时间获取,通常是因为原创型新闻平台通常已经积累了很强的品牌公信力与社会认可度,其中不乏官方媒体,具有较高的权威性及可信度。另外,其用户的学历、收入、职业都更具有优势,能够更好地发挥媒体的市场效应,以影响被报道公司的治理行为。

互联网时代,新闻媒体报道的传播路径和传播范围较广,受众数量也较多。一则新闻报道可能同时被多个渠道转载,从而迅速扩大这则报道的影响力。换言之,网络媒体报道的传播数量越广,其产生的媒体效应也就越强。即使是原创性报道,也需要通过互联网平台的转载才能发挥媒体效应。一方面,网络媒体报道的流量越大的新闻媒体平台发布的内容也会越广，为用户提供个性化新闻内容推荐的精准度也会越高，发挥的媒体效应也会越强。另一方面，互联网媒体时代，新闻报道的影响力不再只局限于事件本身，而是通过新闻的全网转载量、转发量及传播量进行体现。如果一则新闻报道被大量转发，其对市场产生的舆论作用也就越强，对上市公司管理层产生的心理压力也就越大。强大的媒体效应产生的市场压力能够影响公司管理者的公司治理行为及市场投资者对上市公司业绩的预期，从而使上市公司迫于市场压力而调整盈余信息的对外公布策略。

不难看出，网络媒体对原创型报道的转载量可以有效反映其产生的媒体效应的强弱。我国证券市场中的媒体包括国有官方媒体、大型主流媒体以及其他中小媒体。诸如百度新闻、新浪新闻、网易新闻等大型主流媒体的新闻报道，会被各方媒体转载或引用。互联网环境下，"流量"作为网络关注度的代名词，能够反映事物被公众关注的程度。顶级流量的媒体（简称顶流媒体）发表的报道通常由国家认证的专职人员撰写，而其他媒体则会转载顶流媒体的报道并附加主观评论，报道被转载的范围越广，频率越高，数量越多，则报道发挥的媒体效应就越强。因此，一家上市公司受到的转载型媒体报道越多，则说明关注该公司的媒体的影响力就越强，该公司受媒体关注而产生的盈余管理行为则理应越多。基于此，本章提出研究假设 H4 – 3 以待检验。

H4 – 3：网络媒体报道转载程度越高，对盈余管理的正向影响越强。

4.2　实证研究与设计

4.2.1　研究样本与数据来源

与本书第 3 章的研究数据一致，本章仍然以我国沪、深 A 股全体上市公司为研究对象，选取 2014 ~ 2018 年共计 2 975 家公司的财务数据与网络媒体报道数据作为研究样本并进行初步处理。首先，由于财务报表核算方法不同，剔除金融业的上市公司。其次，剔除 ST、*ST 类公司以防止其由于特殊目的进行盈余管理，对本研究造成的干扰。最后，剔除有缺省值的样本，最终得到 2 462 家公司的 10 553 个观测数据。

本章使用的财务数据来自 CSMAR 数据库，媒体报道数据来自 CNRDS 数据库，使用 STATA 对样本数据进行处理与回归分析检验。

4.2.2　变量定义

4.2.2.1　被解释变量

为了度量上市公司的盈余管理水平，本章借鉴陆建桥和王亚平等使用的横截面修正琼斯模型 $ABSDA_{i,t}$ 作为应计项目盈余管理的代理变量，选择 Roychowdhury 模型计算 $ABSREM_{i,t}$ 作为真实活动盈余管理的代理变量，计算方法同本书第 3 章的变量定义部分，本章不再赘述。

4.2.2.2 解释变量

为了度量网络媒体报道程度，本章仍选用 $MEDIA$ 作为网络媒体报道的代理变量，并将网络媒体报道总量记为 $MEDIA\_TOTAL$，然后分别依据下述标准进行划分：（1）按照报道针对性程度划分为标题中含有上市公司的网络媒体报道数量 $MEDIA\_TITLE$ 及内容中包含上市公司的网络媒体报道数量 $MEDIA\_CONT$；（2）按照报道情绪色彩划分为正面报道 $MEDIA\_POS$、中性报道 $MEDIA\_OBJ$ 及负面报道 $MEDIA\_NEG$；（3）按照报道原创性划分为原创报道 $MEDIA\_ORIG$ 及非原创（转载）报道 $MEDIA\_REP$，各指标的计算方法详见表 4 – 1。

表 4 – 1   主要变量定义

变量名称	变量符号	变量定义
盈余管理	EM	划分为应计项目盈余管理与真实活动盈余管理
应计项目盈余管理	$ABSDA$	应计项目盈余管理，根据模型计算得出
真实活动盈余管理	$ABSREM$	真实活动盈余管理，根据模型计算得出
网络媒体报道	$MEDIA$	网络媒体报道总量 +1 后取自然对数
网络媒体报道总量	$MEDIA\_TOTAL$	全年各公司网络媒体报道总量 +1 后取自然对数
标题报道	$MEDIA\_TITLE$	标题中出现公司的年报道总量 +1 后取自然对数
内容报道	$MEDIA\_CONT$	内容中出现公司的年报道总量 +1 后取自然对数
正面报道	$MEDIA\_POS$	各公司全年正面网络报道总量 +1 后取自然对数

变量名称	变量符号	变量定义
中性报道	MEDIA_OBJ	各公司全年中性网络报道总量 +1 后取自然对数
负面报道	MEDIA_NEG	各公司全年负面网络报道总量 +1 后取自然对数
原创型报道	MEDIA_ORIG	各公司全年原创报道总量 +1 后取自然对数
转载型报道	MEDIA_REP	全年非原创（转载）报道总量 +1 后取自然对数
全年总体针对性	PERT	全年针对性报道数量是否多于非针对性报道数量
全年总体情绪色彩	EMOT	各公司全年网络媒体报道的总体情绪色彩
全年总体转载程度	REP	各公司的全年网络媒体报道转载程度

4.2.2.3 调节变量

参考现有文献的研究方法，为了检验异质性媒体报道对盈余管理的影响差异，本章按照前文对网络媒体报道的分类，设计以下三个调节变量（Jeffrey et al.，2017；Tetlock，2007；Devora et al.，2018）。

（1）全年总体针对性 PERT：如果公司全年的报道中，标题与内容均包含公司名称的报道数量大于仅内容包含公司名称的报道数量，则取 1；否则取 0。

（2）全年总体情绪色彩 EMOT：如果公司全年正面报道数量大于全年负面报道数量，则取 1；如果公司全年正面报道数量等于全年负面报道数量，则取 0；如果公司全年正面报道数量小于全年负面报道数量，则取 –1。

（3）全年总体转载程度 REP：报道转载程度 REP 的值等于公司全年转载型报道数量与原创型报道数量之比。报道转载程度

REP 的值越大，说明媒体报道的原创性程度越低。

4.2.2.4　控制变量

与本书第 3 章相同，本章在模型中控制了分析师盈余预测 *EF*、机构持股比例 *RIO*、公司价值 *TOBINQ*、总资产回报率 *ROA*、公司规模 *SIZE*、成长性 *GROWTH*、财务杠杆率 *LEV*、股权集中度 *TOP*、审计师事务所是否为四大 *BIG4*，以及是否国有控股 *SOE*，具体计算方法与前章相同。此外，本章还控制了行业与年度的固定效应。

4.2.3　实证模型设计

为检验异质性媒体报道对上市公司盈余管理的影响，本章设定回归模型如下：

$$EM = \beta_0 + \beta_1 MEDIA + \beta_2 EF + \beta_3 RIO + \beta_4 TOBINQ + \beta_5 ROA$$
$$+ \beta_6 SIZE + \beta_7 GROWTH + \beta_8 LEV + \beta_9 TOP + \beta_{10} BIG4$$
$$+ \beta_{11} SOE + \beta_i INDUSTRY + \beta_j YEAR + \varepsilon \qquad (4-1)$$

其中，盈余管理 *EM* 替换为 *ABSDA* 与 *ABSREM* 以分别检验网络媒体报道对应计项目盈余管理程度与真实活动盈余管理程度的影响。另外，根据理论分析与研究假设将变量 *MEDIA* 替换为以报道针对性程度划分标准得到的变量 *MEDIA_TOTAL*、*MEDIA_TITLE*、*MEDIA_CONT*，以报道情绪为划分标准得到的变量 *MEDIA_POS*、*MEDIA_OBJ*、*MEDIA_NEG*，以及以报道原创性为划分标准得到的变量 *MEDIA_TOTAL*、*MEDIA_ORIG*、*MEDIA_REP*，以检验异质性媒体报道对盈余管理的影响。如果回归模型统计显著，且 $MEDIA$ 的替代变量的系数 β_1 为正，则表明网络媒体报道对盈余管理有促进作用；如果回归模型统计显著，且 $MEDIA$ 的替代变量的系数 β_1 为负，则表明网络媒体报道对盈余管理有抑制作用。

为检验报道针对性对网络媒体报道影响盈余管理的过程存在的差异，本章设定含有交互项回归模型如下：

$$EM = \beta_0 + \beta_1 MEDIA + \beta_2 PERT + \beta_3 MEDIA \times PERT$$
$$+ \sum CONTROLS + \varepsilon \qquad (4-2)$$

为避免多重共线性对回归结果产生影响，本章对解释变量与调节变量进行了中心化处理。根据理论分析，预期交互项的系数显著为正。

为检验报道情绪色彩对网络媒体报道影响盈余管理的过程存在的差异，本章设定含有交互项回归模型如下：

$$EM = \beta_0 + \beta_1 MEDIA + \beta_2 EMOT + \beta_3 MEDIA \times EMOT$$
$$+ \sum CONTROLS + \varepsilon \qquad (4-3)$$

为避免多重共线性对回归结果产生影响，本章对解释变量与调节变量进行了中心化处理。根据理论分析，预期交互项的系数显著为负。

检验报道原创性对网络媒体报道影响盈余管理的过程存在的差异，本章设定含有交互项回归模型如下：

$$EM = \beta_0 + \beta_1 MEDIA + \beta_2 REP + \beta_3 MEDIA \times REP$$
$$+ \sum CONTROLS + \varepsilon \qquad (4-4)$$

为避免多重共线性对回归结果产生影响，本章对解释变量与调节变量进行了中心化处理。根据理论分析，预期交互项的系数显著为正。

4.3　实证结果分析与讨论

4.3.1　描述性统计分析

由表 4 - 2 可见，异质性媒体报道的代理变量的标准差最小值为 0.963 且最大值为 1.435，说明网络媒体对我国各上市公司的报道针对性程度、报道情绪色彩及报道原创性均存在明显差异，肯定了本章的研究意义。研究模型中控制变量与第 3 章相同，未在表中重复报告。此外，从这些变量的描述性统计上看，样本数据未存在技术性错误，且与现有的研究文献中主要变量的描述性统计结果不存在明显差异，说明本章研究数据具有较强的可靠性。

表 4 - 2　　　　　　　主要变量的描述性统计

变量	样本量	均值	标准差	最小值	中位数	最大值
ABSDA	10 553	0.057	0.078	0.000	0.038	2.453
ABSREM	10 553	0.163	0.200	0.000	0.104	5.099
MEDIA_TOTAL	10 553	5.182	1.176	0.000	5.268	10.809

变量	样本量	均值	标准差	最小值	中位数	最大值
MEDIA_TITLE	10 553	4.362	1.354	0.000	4.6347	8.2263
MEDIA_CONT	10 553	5.146	1.180	0.000	5.226	10.808
MEDIA_POS	10 553	4.424	1.201	0.000	4.511	9.647
MEDIA_OBJ	10 553	3.603	1.251	0.000	3.638	9.317
MEDIA_NEG	10 553	3.932	1.216	0.000	4.007	10.038
MEDIA_ORIG	10 553	4.020	0.963	0.000	3.989	8.983
MEDIA_REP	10 553	4.685	1.435	0.000	4.875	10.634

4.3.2　差异性检验

依据对异质性媒体报道的理论分析与概念划分方法，将网络媒体报道按报道针对性程度划分为 *MEDIA_TITLE* 和 *MEDIA_CONT*，按报道情绪划分为 *MEDIA_POS*、*MEDIA_OBJ* 和 *MEDIA_NEG*，按报道原创性划分为 *MEDIA_ORIG* 和 *MEDIA_REP*。为了验证划分依据的可靠性，本节先对这两个指标进行了正态性检验与方差齐次性检验，通过检验后再对这三组指标分别依次进行均值检验以呈现指标间的实际差异。表 4-3 中报告结果显示，第（1）组中 *MEDIA_TITLE* 和 *MEDIA_CONT* 的均值分别为 4.362 和 5.146，二者差异在 1% 水平上显著；第（2）组中 *MEDIA_POS*、*MEDIA_OBJ* 和 *MEDIA_NEG* 的均值分别为 4.424、3.603 和 3.932，根据第（2a）组、第（2b）组及第（2c）组的报告结果，三者间两两差异均在 1% 水平上显著；第（3）组中 *MEDIA_ORIG* 和 *MEDIA_*

REP 的均值分别为 4.020 和 4.685，二者差异在 1% 水平上显著。检验结果表明异质性媒体报道的代理变量间均在统计学意义上存在不同，验证了本章指标设计的可靠性和科学性。

表 4 - 3　　　　　　　异质性媒体报道的分组差异性检验

组别	变量	均值	均值差异	t 检验
（1）	*MEDIA_TITLE*	4.362	- 0.784 ***	- 44.866
	MEDIA_CONT	5.146		
（2a）	*MEDIA_POS*	4.424	0.492 ***	29.561
	MEDIA_NEG	3.932		
（2b）	*MEDIA_POS*	4.424	0.820 ***	48.612
	MEDIA_OBJ	3.603		
（2c）	*MEDIA_OBJ*	3.603	- 0.329 ***	- 19.368
	MEDIA_NEG	3.932		
（3）	*MEDIA_ORIG*	4.020	- 0.664 ***	- 39.482
	MEDIA_REP	4.685		

注：*、**、*** 分别表示在 10%、5% 和 1% 的置信水平上显著。

4.3.3　网络媒体报道针对性程度对盈余管理的影响的检验

表 4 - 4 报告了网络媒体报道针对性程度与盈余管理的回归分析结果。第（1）列至第（3）列报告了网络媒体报道针对性程度对应计项目盈余管理的影响的回归分析结果，第（4）列至

第（6）列报告了网络媒体报道针对性程度对真实活动盈余管理的影响的回归分析结果。第（1）列的回归结果显示，变量 *MEDIA_TOTAL* 的回归系数为 0.002 且在 1% 的置信水平上显著，第（4）列的回归结果显示，变量 *MEDIA_TOTAL* 的回归系数为 0.017 且在 1% 的置信水平上显著，说明被网络媒体报道频次越高的公司，其盈余管理程度也会越高。网络媒体报道与上市公司盈余管理程度正相关，即媒体报道通过市场舆论对管理层产生压力，促使其进行更多的应计项目与真实活动盈余管理。第（2）列的回归结果显示，变量 *MEDIA_TITLE* 的回归系数为 0.002 且在 10% 的置信水平上显著为正，这说明被网络媒体报道频次越高的公司，其盈余管理程度也会越高。第（5）列的回归结果显示，变量 *MEDIA_TITLE* 的回归系数为 0.004 且在 5% 的置信水平上显著为正，这说明针对性程度较强的专题报道能够显著影响被报道公司的盈余管理程度。第（3）列的回归结果显示，变量 *MEDIA_CONT* 的回归系数均为 0.002 且在 1% 的置信水平上显著，第（6）列的回归结果显示，变量 *MEDIA_CONT* 的回归系数均为 0.017 且在 1% 的置信水平上显著，这说明即使新闻报道仅有内容存在上市公司的名称，网络媒体报道也能够对上市公司的盈余管理程度产生正向影响。综上所述，无论网络媒体报道对上市公司针对性程度强弱，只要报道中提到上市公司的相关信息，均能够引发市场的关注，进而通过对上市公司管理层的压力迫使其做出盈余信息的调整。

表 4 – 4   网络媒体报道针对性程度对盈余管理的影响

变量	(1)	(2)	(3)	(4)	(5)	(6)
	ABSDA	*ABSDA*	*ABSDA*	*ABSREM*	*ABSREM*	*ABSREM*
MEDIA_TOTAL	0. 002 *** （2. 66）			0. 017 *** （7. 49）		
MEDIA_TITLE		0. 002 * （1. 82）			0. 004 ** （2. 41）	
MEDIA_CONT			0. 002 *** （2. 61）			0. 017 *** （7. 55）
CONSTANT	0. 083 *** （4. 15）	0. 080 *** （3. 99）	0. 083 *** （4. 14）	0. 191 *** （3. 90）	0. 108 ** （2. 25）	0. 192 *** （3. 92）
CONTROLS	控制	控制	控制	控制	控制	控制
INDUSTRY	控制	控制	控制	控制	控制	控制
YEAR	控制	控制	控制	控制	控制	控制
N	10 553	10 553	10 553	10 553	10 553	10 553
adj. R^2	0. 068	0. 068	0. 068	0. 145	0. 141	0. 145

注：* 、** 、*** 分别表示在 10% 、5% 和 1% 的置信水平上显著，括号内为 t 值统计量。

表 4 – 5 中，列（1）至列（3）报告了被解释变量为应计项目盈余管理 *ABSDA* 时模型的回归结果。其中，列（1）为高针对性组的回归结果，列（2）为低针对性组的回归结果，列（3）为针对性程度作为调节变量引入交互项 *MEDIA × PERT* 后的回归结果。报告显示，高针对性组的 *MEDIA* 的回归系数为 0. 007 且在 1% 置信水平上显著，低针对性组的 *MEDIA* 系数则不显著，表明针对性高低对网络媒体报道影响应计项目盈余管理的程度具有较大差异。列（3）在基本模型的基础上加入交互项 *MEDIA ×*

PERT，其系数为 0. 003 且在 5% 置信水平上显著，说明报道针对性程度在网络媒体报道影响应计项目盈余管理的过程中存在正向调节作用，即报道针对性程度越强，网络媒体报道对应计项目盈余管理的正向影响就越强，部分支持研究假设 H4 - 1。列（4）至列（6）报告了被解释变量为真实活动盈余管理 *ABSREM* 时模型的回归结果。其中，列（4）为高针对性组的回归结果，列（5）为低针对性组的回归结果，列（6）为针对性程度作为调节变量引入交互项 *MEDIA* × *PERT* 后的回归结果。报告显示，高针对性组的 *MEDIA* 的回归系数为 0. 015 且在 1% 置信水平上显著，低针对性组的 *MEDIA* 的回归系数为 0. 016 且在 1% 置信水平上显著，列（6）中交互项的系数不显著，表明针对性高低在网络媒体报道对真实活动盈余管理的影响中不存在显著差异。综上所述，当面对针对性报道时，上市公司管理者更倾向于使用应计项目盈余管理对当期盈余信息进行操纵，尽量避免因使用真实活动盈余管理对公司长期利益造成损害。

表 4 - 5 报道针对性程度的调节效应检验

变量	(1)	(2)	(3)	(4)	(5)	(6)
	ABSDA	*ABSDA*	*ABSDA*	*ABSREM*	*ABSREM*	*ABSREM*
	(*PERT* = 1)	(*PERT* = 0)	全样本	(*PERT* = 1)	(*PERT* = 0)	全样本
MEDIA	0. 007 *** (4. 75)	0. 001 (0. 49)	0. 003 *** (3. 44)	0. 015 *** (4. 28)	0. 016 *** (5. 52)	0. 014 *** (5. 91)
PERT			0. 002 (1. 27)			- 0. 020 *** (- 4. 72)

变量	（1） ABSDA （PERT=1）	（2） ABSDA （PERT=0）	（3） ABSDA 全样本	（4） ABSREM （PERT=1）	（5） ABSREM （PERT=0）	（6） ABSREM 全样本
$MEDIA \times PERT$			0.003 ** (2.32)			−0.003 (−0.79)
$CONSTANT$	0.048 * (1.65)	0.082 *** (2.67)	0.090 *** (4.12)	0.194 *** (2.77)	0.268 *** (3.53)	0.326 *** (6.06)
$CONTROLS$	控制	控制	控制	控制	控制	控制
$INDUSTRY$	控制	控制	控制	控制	控制	控制
$YEAR$	控制	控制	控制	控制	控制	控制
N	6 459	4 094	10 553	6 459	4 094	10 553
$adj. R^2$	0.070	0.075	0.069	0.141	0.170	0.147

注：＊、＊＊、＊＊＊分别表示在 10%、5% 和 1% 的置信水平上显著，括号内为 t 值统计量。

4.3.4 网络媒体报道情绪色彩对盈余管理的影响的检验

表 4-6 报告了网络媒体报道情绪色彩与盈余管理的回归分析结果。第（1）列至第（3）列报告了网络媒体报道情绪色彩对应计项目盈余管理的影响的回归分析结果，第（4）列至第（6）列报告了网络媒体报道情绪色彩对真实活动盈余管理的影响的回归分析结果。第（1）列的回归结果显示，变量 $MEDIA\_POS$ 的回归系数为 0.002 且在 10% 的置信水平上显著，第（4）列的回归结果显示，变量 $MEDIA\_POS$ 的回归系数为 0.012 且在 1% 的

置信水平上显著，这说明被网络媒体正面报道次数越多的公司，其盈余管理程度也会越高，即正面报道数量与上市公司盈余管理程度正相关。第（2）列的回归结果显示，变量 *MEDIA_OBJ* 的回归系数为 0.002 且在 1% 的置信水平上显著为正，第（5）列的回归结果显示，变量 *MEDIA_OBJ* 的回归系数为 0.014 且在 1% 的置信水平上显著为正，说明中立性报道越多的公司，其盈余管理程度也会越高。第（3）列的回归结果显示，变量 *MEDIA_NEG* 的回归系数均为 0.002 且在 5% 的置信水平上显著，第（6）列的回归结果显示，变量 *MEDIA_NEG* 的回归系数均为 0.016 且在 1% 的置信水平上显著，说明被网络媒体负面报道次数越多的公司，其盈余管理程度也会越高，即负面报道数量与上市公司盈余管理程度正相关。综上所述，无论网络媒体报道情绪色彩是积极的、中性的还是消极的，只要报道中提及上市公司的相关信息，都能够引发市场的关注，进而通过对上市公司管理层的压力迫使其进行盈余信息的调整。上述结论进一步支持了市场压力假说。

表 4-6   网络媒体报道情绪色彩对盈余管理的影响

变量	（1）	（2）	（3）	（4）	（5）	（6）
	ABSDA	*ABSDA*	*ABSDA*	*ABSREM*	*ABSREM*	*ABSREM*
MEDIA_POS	0.002 * (1.82)			0.012 *** (5.53)		
MEDIA_OBJ		0.002 *** (2.75)			0.014 *** (7.53)	

续表

变量	(1) ABSDA	(2) ABSDA	(3) ABSDA	(4) ABSREM	(5) ABSREM	(6) ABSREM
MEDIA_NEG			0.002 ** (2.39)			0.016 *** (7.81)
CONSTANT	0.080 *** (3.99)	0.088 *** (4.31)	0.081 *** (4.07)	0.179 *** (3.62)	0.222 *** (4.44)	0.190 *** (3.89)
CONTROLS	控制	控制	控制	控制	控制	控制
INDUSTRY	控制	控制	控制	控制	控制	控制
YEAR	控制	控制	控制	控制	控制	控制
N	10 553	10 553	10 553	10 553	10 553	10 553
adj. R^2	0.068	0.068	0.068	0.143	0.145	0.145

注：＊、＊＊、＊＊＊分别表示在10%、5%和1%的置信水平上显著，括号内为 t 值统计量。

表 4 - 7 中，列（1）和列（2）报告了被解释变量为应计项目盈余管理 ABSDA 时模型的回归结果。其中，列（1）为不含交互项的基本模型的回归结果，列（2）为含交互项 MEDIA × EMOT 的回归结果。报告显示，交互项的回归系数为 - 0.002 且在 5% 置信水平上显著为负，说明报道情绪色彩在网络媒体报道影响应计项目盈余管理的过程中存在负向调节作用，即报道情绪越消极，网络媒体报道对应计项目盈余管理的正向影响就越强，部分支持研究假设 H4 - 2。列（3）和列（4）报告了被解释变量为真实活动盈余管理 ABSREM 时模型的回归结果。其中，列（3）为不含交互项的基本模型的回归结果，列（4）为含交互项 MEDIA × EMOT 的回归结果。列（4）报告的结果显示，交互项的回归系

数不显著，表明报道情绪色彩在网络媒体报道对真实活动盈余管理的影响中不存在显著差异。综上所述，当面对负面报道时，上市公司管理者更倾向于使用应计项目盈余管理对当期盈余信息进行操纵，尽量避免因使用真实活动盈余管理对公司长期利益造成损害。

表 4 - 7 报道情绪色彩的调节效应检验

变量	（1） ABSDA （不含交互项）	（2） ABSDA （含交互项）	（3） ABSREM （不含交互项）	（4） ABSREM （含交互项）
MEDIA	0.002 *** (2.61)	0.002 ** (2.06)	0.016 *** (7.43)	0.016 *** (6.85)
EMOT	- 0.002 * (- 1.71)	- 0.014 ** (- 2.38)	- 0.006 ** (- 2.57)	- 0.010 (- 1.05)
MEDIA × EMOT		- 0.002 ** (- 2.04)		0.001 (0.45)
CONSTANT	0.081 (4.07)	0.085 (4.20)	0.185 (3.78)	0.188 (3.80)
CONTROLS	控制	控制	控制	控制
INDUSTRY	控制	控制	控制	控制
YEAR	控制	控制	控制	控制
N	10 553	10 553	10 553	10 553
adj. R^2	0.068	0.073	0.145	0.145

注：*、**、***分别表示在10%、5%和1%的置信水平上显著，括号内为 t 值统计量。

4.3.5　网络媒体报道原创性对盈余管理的影响的检验

表 4 − 8 报告了网络媒体报道原创性与盈余管理的回归分析结果。第（1）列至第（3）列报告了网络媒体报道原创性对应计项目盈余管理的影响的回归分析结果，第（4）列至第（6）列报告了网络媒体报道原创性对真实活动盈余管理的影响的回归分析结果。第（1）列的回归结果显示，变量 *MEDIA_TOTAL* 的回归系数为 0.002 且在 1% 的置信水平上显著，第（4）列的回归结果显示，变量 *MEDIA_TOTAL* 的回归系数为 0.017 且在 1% 的置信水平上显著，这说明被网络媒体报道频次越高的公司，其盈余管理程度也会越高。网络媒体报道与上市公司盈余管理程度正相关，即媒体报道通过市场舆论对管理层产生压力，促使其进行更多的应计项目与真实活动盈余管理。第（2）列的回归结果显示，变量 *MEDIA_ORIG* 的回归系数不显著，无法说明被原创性报道曝光频次与公司应计项目盈余管理行为存在相关关系。然而第（5）列的回归结果显示，变量 *MEDIA_ORIG* 的回归系数为 0.019 且在 1% 的置信水平上显著为正，即被原创性报道曝光能够显著提高被报道公司的真实活动盈余管理程度。第（2）列与第（5）列的结果表明，被原创性报道的监督的上市公司迫于被监管部门查处的压力，更倾向于进行真实活动盈余管理而非调整应计项目，以满足市场需要。总体来说，原创性报道能够刺激上市公司的盈余管理水平。第（3）列的回归结果显示，变量 *MEDIA_REP*

的回归系数均为 0.002 且在 1% 的置信水平上显著，第（6）列
的回归结果显示，变量 *MEDIA_REP* 的回归系数均为 0.011 且在
1% 的置信水平上显著，这说明原创性报道被转载的数量越高，
媒体报道对上市公司的盈余管理产生的促进作用越强。即转载性
报道数量与盈余管理程度正相关。综上所述，无论网络媒体报道
是否原创，都能够引发市场的关注，进而通过对上市公司管理层
的压力迫使其做出盈余信息的调整。

表 4 - 8   网络媒体报道原创性对盈余管理的影响

变量	（1）	（2）	（3）	（4）	（5）	（6）
	ABSDA	*ABSDA*	*ABSDA*	*ABSREM*	*ABSREM*	*ABSREM*
MEDIA_TOTAL	0.002 *** (2.66)			0.017 *** (7.49)		
MEDIA_ORIG		0.001 (0.69)			0.019 *** (7.27)	
MEDIA_REP			0.002 *** (2.90)			0.011 *** (6.70)
CONSTANT	0.083 *** (4.15)	0.074 *** (3.69)	0.084 (4.21)	0.191 *** (3.90)	0.200 *** (4.06)	0.182 *** (3.71)
CONTROLS	控制	控制	控制	控制	控制	控制
INDUSTRY	控制	控制	控制	控制	控制	控制
YEAR	控制	控制	控制	控制	控制	控制
N	10 553	10 553	10 553	10 553	10 553	10 553
adj. R^2	0.068	0.068	0.068	0.145	0.145	0.144

注：*、**、*** 分别表示在 10%、5% 和 1% 的置信水平上显著，括号内为 t 值统
计量。

表 4 – 9 中，列（1）和列（2）报告了被解释变量为应计项目盈余管理 ABSDA 时模型的回归结果。其中，列（1）为不含交互项的基本模型的回归结果，列（2）为含交互项 MEDIA × REP 的回归结果。列（2）报告的结果显示，交互项的回归系数不显著，表明报道转载程度在网络媒体报道对应计项目盈余管理的影响中不存在显著差异。列（3）和列（4）报告了被解释变量为应计项目盈余管理 ABSREM 时模型的回归结果。其中，列（3）为不含交互项的基本模型的回归结果，列（4）为含交互项 MEDIA × REP 的回归结果。报告显示，交互项的回归系数为 0.001 且在 1% 置信水平上显著为正，说明报道转载程度在网络媒体报道影响真实活动项目盈余管理的过程中存在正向调节作用，即报道转载程度越高，网络媒体报道对真实活动盈余管理的正向影响就越强，部分支持假设 H4 – 3。换言之，当面对被大规模转载的媒体报道时，上市公司管理者更倾向于直接使用更加隐蔽的真实活动盈余管理对当期盈余信息进行操纵，不惜以公司长期利益为代价，满足短期内的市场期望。

表 4 – 9　　　　　　　　报道转载程度的调节效应检验

变量	（1）	（2）	（3）	（4）
	ABSDA	ABSDA	ABSREM	ABSREM
	（不含交互项）	（含交互项）	（不含交互项）	（含交互项）
MEDIA	0.001 （1.35）	0.001 （1.34）	0.016 *** （6.64）	0.013 *** （5.26）
REP	0.001 *** （3.40）	0.001 （0.82）	0.001 （1.19）	– 0.010 *** （– 2.62）

变量	(1)	(2)	(3)	(4)
	ABSDA	*ABSDA*	*ABSREM*	*ABSREM*
	(不含交互项)	(含交互项)	(不含交互项)	(含交互项)
MEDIA × REP		− 0.000 (− 0.020)		0.001 *** (2.89)
CONSTANT	0.077 *** (3.84)	0.076 (3.62)	0.186 *** (3.78)	0.229 *** (4.45)
CONTROLS	控制	控制	控制	控制
INDUSTRY	控制	控制	控制	控制
YEAR	控制	控制	控制	控制
N	10 553	10 553	10 553	10 553
adj. R^2	0.069	0.069	0.145	0.146

注：* 、** 、*** 分别表示在10%、5%和1%的置信水平上显著，括号内为 t 值统计量。

4.3.6 稳健性检验

前文的分析已经充分研究了异质性媒体报道对盈余管理的影响。为了结果的稳健性，本章分别使用吴联生等使用的修正的琼斯模型与加入业绩变量 ROA 的扩展的琼斯模型作为盈余管理的代理变量，检验结果表明回归系数的符号与显著性均无改变，验证了本章实证结果的稳健性。

此外，本章还对解释变量进行滞后一期处理，并进行了回归分析检验。检验结果表明网络媒体报道与下一年的盈余管理程度不再呈相关关系，各解释变量的回归系数也不再显著。本章认为受益于网络环境下新闻的时效性，网络媒体报道只会影响上市公司当期盈余管理，而不易对上市公司下一年的盈余信息对外报告策略产生持续性的刺激作用，间接地验证了本章结论的可靠性。

4.4 实证结论与政策启示

本章以 2014 ~ 2018 年我国 A 股上市公司为研究样本，着重研究了异质性媒体报道对盈余管理的影响，得到以下研究结论：虽然不同类型的网络媒体报道均能够使上市公司产生更多的盈余管理，但不同类型的网络媒体报道对盈余管理的影响存在显著差异。具体而言：首先，相比于针对性较弱的媒体报道，针对性较强的媒体报道对上市公司的应计项目盈余管理的影响较大。其次，相比于积极与中立的报道情绪，负面情绪的报道更能够激发上市公司对应计项目进行盈余管理。最后，相比于原创性报道，转载程度越高的网络媒体报道越能够使上市公司进行更多的真实活动盈余管理。综上，当面对针对性或负面报道的指责时，上市公司管理者更倾向于使用应计项目盈余管理，以避免对公司长期利益的损害。然而，当网络媒体报道被大规模转载时，上市公司管理者更倾向于直接使用更加隐蔽的真实活动盈余管理对当期盈余信息进行操纵，不惜以公司长期利益为代价，满足短期内的市场期望。换言之，相比于报道针对性与报道情绪色彩，网络媒体报道的转载更能够发挥市场压力效应，甚至能够造成管理者的短视行为。研究结论进一步支持了网络媒体报道的市场压力机制，还检验了不同类型网络媒体报道对应计项目盈余管理和真实活动盈余管理的影响差异，填补了异质性媒体报道对盈余管理影响的理论空白。

本章的研究结论为网络媒体、公司管理层、投资者及监管部门提供了有益启发：对于经常被媒体报道的公司，投资者更应认真了解公司的真实经营状况和财务信息，仔细甄别其可能存在的盈余管理行为，谨慎进行投资决策。监管机构应加强对媒体针对性报道的上市公司的审查，重点对受到大量负面报道的上市公司进行监管，鼓励搜索引擎优化原创型新闻的收录排序，尽量降低媒体报道对盈余管理的影响，以免对投资者的利益造成损害。

4.5　本　章　小　结

本章以媒体效应的信息传播机制理论为基础，对异质性网络媒体报道对盈余管理的影响进行了分析。首先，在第 3 章的基础上，对异质性媒体报道进行概念的界定与划分。其次，基于报道针对性程度、报道情绪色彩以及报道原创性，以 2014 ~ 2018 年我国 A 股全体上市公司为样本进行实证检验，得出结论：不同类型的网络媒体报道对上市公司盈余管理存在显著差异化影响。最后，基于上述结果，本章进行了稳健性检验，并根据研究结论提出政策建议。

第 5 章

网络媒体报道对盈余管理
影响的路径研究

5.1　网络媒体报道对盈余管理影响的
路径分析与研究假设

5.1.1　基于投资者异常关注与日常关注的影响
路径分析

网络大数据环境下，搜索引擎不仅记录了网民的搜索痕迹，更为广大学者提供了重要的、海量的研究数据。被誉为继报刊、广播、电视后的"第四媒体"，网络媒体正逐渐改变着对受众的影响方式。来自互联网的新闻比传统报刊报道更具有时效性，具有更高的转载率、更庞大的规模以及更强的影响力——这无疑会对传统报刊时代的媒体效应理论产生冲击。达等（Da et al.，2009）认为如果网民使用股票代码在谷歌上搜索某家公司的信息，就说明其对此上市公司高度关注。此后，谷歌趋势被广泛应用于经济与管理领域的研究中，用来度量投资者关注的程度。西方国家网民最常使用谷歌搜索引擎，而我国网民则最常使用百度搜索引擎。因此，相对于谷歌趋势，国内学者们更多的是使用百度指数来计算投资者关注的相关变量。

　　为了更深入地研究网络媒体报道影响盈余管理的路径机制，本书观察了同花顺（300033）等知名公司的百度指数趋势图后发现，在新闻发布后的一段时间内，这些公司的百度指数通常伴有明显的异常波动；每一次的明显波动前，大概率会伴随一个字母的出现，此字母代表存在此公司的新闻头条报道。本书发现随着这些报道的出现，百度指数会有明显的上升，并持续约一个月之后才会有所下降。此外，同花顺公司的百度指数曲线波动在2015年最为明显，2016年次之，而2014年、2017年、2018年的百度指数波动较为平稳。结合前章研究所得的盈余管理数据，本书按照盈余管理程度对全体样本进行了升序排序发现，在百度指数波动程度较高的2015年与2016年，同花顺公司的盈余管理程度数值可以达到99分位数以上，2016年的盈余管理程度数值约在90分位数，而其余三年的盈余管理程度均较低。

　　而后，本书使用同样的研究方法对绿地控股（600606）等十余家国内知名上市公司的百度指数与盈余管理数据进行对比后发现：在异常波动较为频繁或波动程度较大的年份中，这些公司的盈余管理程度也处于相对较高的水平。这一观察结果初步表明，相比于传统意义上的投资者日常关注，媒体报道引起的搜索量的异常波动更能体现其在投资者关注度上所产生的媒体效应，因此，在网络媒体报道影响盈余管理的过程中，投资者异常关注理应具有更强的中介作用，可能成为网络媒体报道影响盈余管理的外部路径机制。

在资本市场中，网络媒体报道会引起投资者关注的异常波动，而这些波动被上市公司观测或感知时，公司管理者则可能做出相应的应对策略，对公司的财务信息对外披露策略进行调整。根据本书 3.2 节的理论分析，网络媒体报道主要基于媒体信息传播机制、经理人声誉机制及舆论导向机制，通过市场压力或有效监督机制对上市公司的盈余管理行为产生刺激或约束作用。一方面，从公司生产经营角度看，网络媒体对上市公司的报道能够通过普通民众的关注对公司经理人行为形成外部约束。媒体正面报道可能引起消费者短期内对公司产品或服务的兴趣，带动消费者的购买行为；而媒体负面报道则可能带来消费者短期内对公司产品或服务的厌恶甚至抵制，抑制消费者的购买行为。媒体对公司产品或服务进行的报道，无疑需要通过广大消费者的买卖行为才能对公司的未来业绩产生影响。另一方面，从资本市场角度看，《中华人民共和国消费者权益保护法》第二十八条将股票投资者认定为证券市场的消费者，在股票买卖过程中，股民不断地切换证券市场中的买卖角色，而网络媒体报道无疑会对其股票买卖行为产生重要影响，进而引起公司股价的波动。这种因媒体报道所引起的投资者关注度的提高及其股票交易行为的变化，无论是作为有效监督机制，还是作为市场压力机制，均会对公司盈余管理意愿或动机产生影响，进而增加或抑制公司的盈余管理行为。传统金融理论认为，股价的决定因素不仅仅是上市公司的经营情况，也包括投资者对公司市场价值的判断。如果报道内容为利好（或利空），投资者或投资机构会大量地买入（或卖出）股票，极大地影响公司的市场价值。管理层可能通过盈余管理方式淡化媒体报道的"负面影响"或借机"扩大战果"，来避免处罚或谋求晋升和更高的薪酬回报。

不难看出，在网络媒体报道与上市公司盈余管理行为之间，由媒体效应产生的投资者异常关注是网络媒体报道对盈余管理产生影响的关键传导因素。与传统意义上的投资者日常关注不同，当网络媒体报道一则新闻后，投资者会通过网络搜索对被披露信息进行更深入、细致的了解与分析，使被报道公司的搜索量在未来短时间内产生显著的异常。从信息传播机制上看，网络媒体报道可以使投资者将有限的注意力分配给更多的上市公司，投资者能够获取更多有效信息来降低与上市公司之间的信息不对称，而由于公司管理者担忧报道披露的信息可能对投资者决策造成影响，管理者会修饰当期盈余信息来满足投资者的预期。从经理人声誉机制上看，由网络媒体报道引发的投资者的异常关注无疑可以将被报道公司推至风口浪尖，而公司管理层则会通过调整财务信息对外披露策略来维护自身形象。从舆论导向机制上看，投资者作为网络媒体对上市公司报道的主要受众，是媒体能够形成舆论效果的核心要素，而网络媒体传播过程中能够产生较大关注程度的波动则是媒体发挥舆论导向作用的必要条件，网络媒体报道只有通过引发投资者对上市公司的异常关注，才能发挥其舆论导向机制，对上市公司的盈余管理产生影响。因此，强调投资者关注中"异常变化"的部分才能体现投资者针对某家上市公司的关注程度，网络媒体需要依靠投资者的这种异常关注行为来提高影响力以发挥其治理效果。基于以上分析，本章提出研究假设 H5 – 1 以待检验。

H5 – 1：相比于传统意义上的投资者日常关注，投资者异常关注才是网络媒体报道影响盈余管理的路径机制。

5.1.2　基于投资者被动关注与主动关注的影响路径分析

上市公司在媒体报道后能够察觉到市场舆论的突变并做出相应的公关策略或市场决策。国内大部分上市公司都设有公关部门与市场部门，一些公司还拥有独立的数据分析部门并聘请了专业的大数据分析师，这些部门能够使上市公司在媒体报道后短时间内察觉到市场舆论的突变并做出相应的公关策略或市场决策。一方面，一旦媒体对公司进行了报道，上市公司会关注市场对这则报道的阅读量、转发率、评论数量及舆论风向。另一方面，即使公关或市场部门没有及时反应，当公司备受市场异常关注时，管理层也能够感受到外界的舆论压力，继而要求下属部门彻查异常关注是否由媒体报道引起。因此，根据以往的文献，本章将投资者异常关注类型按照关注动机划分为被动引导型关注与主动自发型关注（刘先伟，2016）。被动引导型关注是指上市公司的消息被媒体曝出后，投资者受此报道影响而被引导的一系列对公司的关注行为；主动自发型关注是指投资者由于投资或交易需要，主动地在互联网搜索某家上市公司的新闻消息。媒体报道若想通过传播信息来发挥其公司治理作用，则需要依靠投资者对媒体信息的接受及由此产生的经济行为反应。媒体报道如果没有受众或者受众无动于衷，其传递的信息就不会发挥媒体效应，其信息也便失去了意义。因此不难推论，媒体报道需要通过引发受众（投资者）的关注，才能发挥其治理作用。具体来讲，如果公司受到异常关注而短时间内并无针对此公司的媒体报道，那么管理层对此只能静观其变；然而，如果公司受到异常关注是由媒体报道引发的，则管理层能够直接从报道内容中获取原因，并有的放矢地调整对外会计信息披露策略。基于此，本章提出研究假设 H5－2 以待检验。

H5－2：网络媒体报道影响盈余管理的过程中，发挥中介效应的是被动引导型投资者异常关注而非主动自发型异常关注。

5.2　实证研究与设计

5.2.1　研究样本与数据来源

考虑研究数据的可得性与完整性，本章以我国沪、深 A 股全体上市公司为研究对象，选取 2014～2018 年共计 2 975 家公司的财务数据、百度指数数据与网络媒体报道数据作为研究样本并进行初步处理。首先，由于财务报表核算方法不同，剔除金融业的上市公司。其次，剔除 ST、*ST 类公司以防止其由于特殊目的进行盈余管理，对本研究造成的干扰。最后，剔除有缺省值的样本，最终得到 2 462 家公司的 10 553 个观测数据。

本章使用的财务数据来自 CSMAR 数据库，媒体报道数据来自 CNRDS 数据库，百度指数的相关数据从百度指数官方网站 index. baidu. com 查询并手工整理。由于计算异常关注度时需要计算每周的搜索量与前 4 周搜索量的中位数，实际实证检验过程中额外整理了 2013 年的百度指数数据。值得注意的是，本章未直接使用 CNRDS 数据库中的股吧评论模块作为投资者关注的代理变量，因为关注某家上市公司的投资者未必会在股吧上发表评论，但会在搜索引擎上查询这家上市公司的相关信息。因此，本书认为使用百度指数度量投资者关注度更具有科学性。

本章使用 STATA 对样本数据进行处理与回归分析，使用 SPSS 进行中介效应 Sobel 检验。

5.2.2　变量定义与实证模型设计

5.2.2.1　变量定义

为了度量上市公司的盈余管理水平，本章借鉴陆建桥和王亚平等使用的横截面修正琼斯模型 $ABSDA_{i,t}$ 作为应计项目盈余管理的代理变量，选择 Roychowdhury 模型计算 $ABSREM_{i,t}$ 作为真实活动盈余管理的代理变量，计算方法同本书第 3 章的变量定义部分，本章不再赘述。

为了度量网络媒体报道程度，本章仍选用 *MEDIA* 作为网络媒体报道的代理变量，按照本书第 4 章的划分方法，根据报道针对性程度划分为网络媒体报道总量 *MEDIA_TOTAL*、标题中含有上市公司的网络媒体报道数量 *MEDIA_TITLE* 及内容中包含上市公司的网络媒体报道数量 *MEDIA_CONT*，计算方法详见表 5 – 1。

表 5 – 1 主要变量定义

变量名称	变量符号	变量定义
盈余管理	*EM*	划分为应计项目盈余管理与真实活动盈余管理
应计项目盈余管理	*ABSDA*	应计项目盈余管理，根据模型计算得出
真实活动盈余管理	*ABSREM*	真实活动盈余管理，根据模型计算得出
网络媒体报道	*MEDIA_TOTAL*	全年各公司网络媒体报道总数 +1 后取自然对数
	MEDIA_TITLE	全年标题中含公司的报道总数 +1 后取自然对数
	MEDIA_CONT	全年内容中含公司的报道总数 +1 后取自然对数
投资者异常关注指数	*SIAAI*	根据公式（5 – 1）、公式（5 – 2）计算得出
投资者日常关注指数	*SIDAI*	全年的百度日搜索指数之和 +1 后取自然对数
被动引导型投资者异常关注指数	*SIAAI_P*	前一周内有本公司相关报道时的投资者异常关注指数
主动自发型投资者异常关注指数	*SIAAI_A*	前一周内无本公司相关报道时的投资者异常关注指数
分析师盈余预测	*EF*	分析师盈余预测偏差
机构持股比例	*RIO*	机构持股占该公司流通股的比例
公司价值	*TOBINQ*	托宾 Q 的值，等于市场价值与年末总资产之比

续表

变量名称	变量符号	变量定义
总资产回报率	ROA	净利润与平均总资产的比值
公司规模	SIZE	年末总资产的自然对数
公司成长性	GROWTH	年营业收入的增长率
财务杠杆率	LEV	总负债与总资产的比率
股权集中度	TOP	第一大股东持股比例
审计公司	BIG4	审计事务所是否为四大，是则取 1，否则取 0
是否国有	SOE	是否为国有上市公司，是则取 1，否则取 0
行业	INDUSTRY	根据证监会行业分类标准生成的行业虚拟变量
年度	YEAR	年度虚拟变量

网络搜索量可以直接反映某只股票受投资者关注的程度，以股票代码作为关键词的网络搜索量可以有效量化这种关注程度，同时也能够有效避免以股票简称作为关键词搜索时得到的无关信息。托马斯等（Thomas et al.，2016）也验证了谷歌搜索中对股票代码的搜索量指数可以度量投资者对该股票的关注程度。相对于国外的谷歌趋势指数，我国学者通常使用百度搜索指数作为投资者关注的代理变量。不同于应千伟等（2017）使用每家公司每年的周平均搜索量来度量投资者关注的方法，本章以达等（Da et al.，2009）的计算方法为基础，对某只个股当年的异常搜索量求和，记为 $SIAAI_{i,t}$，以此作为 i 公司 t 年的投资者异常关注的代理变量。由于新闻报道导致的异常搜索量只能增加不能减少，因此为避免在求和过程中正负异常搜索量互相抵消，本章通过以下步骤计算异常搜索量。首先，根据模型（5-1）计算 i 公司第 w

周的异常搜索指数 $IAAI_{i,w}$，如果结果为正，则保留；如果结果为负，则取零。然后，使用模型（5-2）将全年每周的结果加和，最终得到 i 公司 t 年的投资者异常关注总量 $SIAAI_{i,t}$。

$$IAAI_{i,w} = \ln(BI_{i,w}) - \ln\left[Med(BI_{i,w-1}, \cdots, BI_{i,w-4})\right] \quad (5-1)$$

$$SIAAI_{i,t} = \sum_{w=1}^{52} IAAI_{i,w} \quad (5-2)$$

其中，$BI_{i,w}$ 为 i 公司第 w 周的百度搜索指数总量，i 公司第 w 周的异常搜索指数 $IAAI_{i,w}$ 等于每周的百度搜索指数的自然对数与前4周百度搜索指数的中位数的自然对数之差。为防止搜索量为0的值取对数时出现缺省值，将抓取的每日搜索指数为0的观测值记为1。与投资者异常关注指数的计算方法不同，本书借鉴应千伟等（2017）的研究方法直接使用 i 公司 t 年百度每日搜索指数之和的自然对数 $SIDAI_{i,t}$ 作为投资者日常关注的代理变量。

在上述计算投资者异常关注指数 $SIAAI_{i,t}$ 的基础上，参考陈等（Chen et al.，2014）、谷等（Gu et al.，2014）、埃亨和索苏拉（Ahern & Sosyura，2014；Ahern & Sosyura，2015）的研究方法，本章分别定义了被动引导型异常关注与主动自发型异常关注的度量方法。首先，如果投资者对某公司进行网络搜索之前的一周内该公司曾被媒体报道过，则认为投资者对这家公司的网络搜索行为属于受网络媒体报道影响而诱发的被动引导型关注；如果投资者对某公司进行网络搜索之前的一周之内该公司没有被媒体报道过，则认为投资者对这家公司的网络搜索行为属于未受媒体报道影响而进行的主动自发型关注。其次，本书按照这种划分标准先将观测样本中 i 公司的每日百度搜索指数划分为被动搜索指数和主动搜索指数两组，分别按照模型（5-1）、模型（5-2）进行异常关注指数的计算，最终得到 i 公司 t 年的被动引导型异常关注指数 $SIAAI\_P$ 和主动自发型异常关注指数 $SIAAI\_A$。

此外，与本书前两章相同，本书在模型中控制了分析师盈余预测 EF、机构持股比例 RIO、公司价值 $TOBINQ$、总资产回报率 ROA、公司规模 $SIZE$、成长性 $GROWTH$、财务杠杆率 LEV、股权集中度 TOP、审计师事务所是否为四大 $BIG4$ 以及是否国有控股 SOE。此外，本书还控制了行业与年度的固定效应。

5.2.2.2 模型设计

为检验网络媒体报道与上市公司盈余管理程度之间基本关系，设定基本模型如下：

$$EM = \beta_0 + \beta_1 MEDIA + \beta_2 EF + \beta_3 RIO + \beta_4 TOBINQ + \beta_5 ROA$$
$$+ \beta_6 SIZE + \beta_7 GROWTH + \beta_8 LEV + \beta_9 TOP + \beta_{10} BIG4$$
$$+ \beta_{11} SOE + \beta_i INDUSTRY + \beta_j YEAR + \varepsilon \qquad (5-3)$$

如果回归模型统计显著，且 $MEDIA$ 的系数 β_1 为正，则表明网络媒体报道对盈余管理有促进作用；如果回归模型统计显著，且 $MEDIA$ 的系数 β_1 为负，则表明网络媒体报道对盈余管理有抑制作用。

此外，为检验网络媒体报道是否通过投资者异常关注影响公司盈余管理，本章借鉴巴伦（Baron，1986）等与温忠麟（2004）提出与改进的 Sobel 中介效应检验方法，设定以下三个路径检验模型，检验投资者异常关注的中介效应。

$$EM = \beta_0 + \beta_1 MEDIA + \sum CONTROLS + \varepsilon_1 \quad (Path\ a)$$

$$SIAAI = \alpha_0 + \alpha_1 MEDIA + \sum CONTROLS + \varepsilon_2 \quad (Path\ b)$$

$$EM = \gamma_0 + \gamma_1 MEDIA + \gamma_2 SIAAI + \sum CONTROLS + \varepsilon_3$$

$$(Path\ c)$$

设定路径模型后，分以下三步进行中介效应检验。第一步，不在基本模型（5-3）中添加投资者异常关注度 $SIAAI$ 这一指标，检验网络媒体报道 $MEDIA$ 对盈余管理 EM 的影响，观察路径模型 $Path\ a$ 的回归系数 β_1 及其显著性。如果 β_1 不显著，则终止中介效应检验。第二步，检验网络媒体报道 $MEDIA$ 对投资者异常关注度 $SIAAI$ 的影响，观察路径模型 $Path\ b$ 的回归系数 α_1 及其显著性并继续第三步。第三步，同时分析网络媒体报道 $MEDIA$ 与投资者异常关注度 $SIAAI$ 对盈余管理 EM 的影响，当路径模型 $Path\ a$ 与 $Path\ b$ 回归系数 β_1 与 α_1 均显著，但路径模型 $Path\ c$ 的回归系数 γ_2 显著且 γ_1 不显著，则认为投资者异常关注度 $SIAAI$ 存在完全中介效应；当路径模型回归系数 β_1 与 α_1 均显著，且路径模型 $Path\ c$ 的回归系数 γ_1、γ_2 也均显著，则认为投资者异常关注度 $SIAAI$ 存在部分中介效应。如果 α_1 与 γ_2 至少有一个回归系数不显著，则需要进行 Sobel 检验，如果 Sobel Z 值统计上显著，则投资者异常关注度 $SIAAI$ 存在部分中介效应，否则说明其不存在中介效应。类似地，本书将上述路径检验模型中的中介因子 $SIAAI$ 替换为 $SIDAI$ 来检验投资者日常关注是否存在中介作用；同样地，本书再分别将两种不同类型的投资者异常关注指数 $SIAAI\_P$ 和 $SIAAI\_A$ 作为中介因子代入路径检验模型中，来检验被动引导型异常关注和主动自发型异常关注的中介作用。

5.3　实证结果分析与讨论

5.3.1　描述性统计分析

表 5 - 2 报告了主要变量的描述性统计结果。不难看出，含有某上市公司名称的新闻报道总数与内容包含该公司名称的报道数量的均值与标准差均相差很小，差异不足 1%，说明我国媒体的报道多数标题与内容呼应，统计数据不支持所谓"标题党"的说法。此外本书发现，同为投资者关注，投资者异常关注指数 *SIAAI* 的标准差约是投资者日常关注指数 *SIDAI* 的 3 倍，其离散系数分别为 0.051 和 0.456，投资者异常关注指数的离散程度为投资者日常关注指数的近 10 倍，这说明，相比之下投资者对各股的异常关注程度差异较为明显，而对每只股票的投资者日常关注程度相对较为平均。因此本书可以初步判断，通过媒体报道所引发的投资者关注度的异常变化，才能够对被报道的上市公司形成外部市场压力或监督约束力，进而促使上市公司改变其治理行为及其盈余管理策略，而在各公司之间表现较为平均的投资者日常关注则很难发挥这样的作用，这初步印证了研究假设 H5 - 1。此外，分析师盈余预测 *EF* 的均值为 0.748，表明分析师预测与公司实际的盈余水平较为一致，由此可以判断机构分析师作为资本市场中投资者的重要组成部分，其对公司的盈余预测与公司报告

的盈余信息存在关联。

表5-2   变量描述性统计

变量	样本量	均值	标准差	最小值	中位数	最大值
ABSDA	10 553	0.057	0.078	0.000	0.038	2.453
ABSREM	10 553	0.163	0.200	0.000	0.104	5.099
MEDIA_TOTAL	10 553	5.182	1.176	0.000	5.268	10.809
MEDIA_TITLE	10 553	4.362	1.354	0.000	4.635	8.226
MEDIA_CONT	10 553	5.146	1.180	0.000	5.226	10.808
SIDAI	10 553	11.913	0.605	10.343	11.838	15.179
SIAAI	10 553	4.139	1.887	0.346	3.871	13.509
SIAAI_P	10 553	1.988	1.603	0.000	1.635	11.380
SIAAI_A	10 553	2.307	1.296	0.000	2.162	9.813
EF	10 553	0.748	0.015	0.000	0.430	46.432
RIO	10 553	0.415	0.232	0.004	0.427	0.886
TOBINQ	10 553	2.647	2.438	0.687	1.999	92.251
ROA	10 553	0.037	0.067	-0.965	0.035	0.598
SIZE	10 553	22.399	1.294	17.806	22.222	28.520
GROWTH	10 553	0.212	1.614	-0.982	0.101	87.484
LEV	10 553	0.431	0.202	0.009	0.422	1.687
TOP	10 553	0.339	0.148	0.029	0.319	0.900
BIG4	10 553	0.060	0.237	0	0	1
SOE	10 553	0.382	0.486	0	0	1

5.3.2　差异性检验

为了检验被动引导型投资者异常关注 *SIAAI_P* 与主动自发型投资者异常关注 *SIAAI_A* 这两个指标设计的合理性与可靠性，本章对这两个指标进行了 t 检验与 z 检验，以验证二者之间是否具有显著的差异性。检验结果显示，两个变量的 t 检验值为 15.908，z 值为 23.189，二者对应的 P 值均小于 0.05，说明两个变量间在统计学意义上具有显著差异，有必要讨论的主动关注与被动关注的差异。此外，本章还对主要变量进行 Pearson 与 Spearman 相关性检验，结果表明各变量之间不存在共线性问题。

5.3.3　基于投资者异常关注与日常关注的影响路径的检验

表 5 – 3 整合了投资者异常关注 *SIAAI* 在 *Path a*、*Path b* 和 *Path c* 三条中介效应的检验路径的回归结果。其中，第（1）至第（3）列的结果报告了在网络媒体报道对应计项目盈余管理 *ABSDA* 的影响过程中，投资者异常关注是否存在中介作用；第（4）至第（6）列的结果报告了在网络媒体报道对真实活动盈余管理 *ABSREM* 的影响过程中，投资者异常关注是否存在中介作用。

表 5 - 3　　　　　　　投资者异常关注的中介效应检验结果

Path a（不含中介因子）

变量	（1）	（2）	（3）	（4）	（5）	（6）
	ABSDA	ABSDA	ABSDA	ABSREM	ABSREM	ABSREM
MEDIA_TOTAL	0. 002 *** （2. 66）			0. 017 *** （7. 49）		
MEDIA_TITLE		0. 002 * （1. 82）			0. 004 ** （2. 41）	
MEDIA_CONT			0. 002 *** （2. 61）			0. 017 *** （7. 55）
CONTROLS	控制	控制	控制	控制	控制	控制
INDUSTRY&YEAR	控制	控制	控制	控制	控制	控制
N	10 553	10 553	10 553	10 553	10 553	10 553
p - value	0. 000	0. 000	0. 000	0. 000	0. 000	0. 000
R^2	0. 068	0. 068	0. 068	0. 145	0. 141	0. 145

Path b（中介因子检验）

变量	（1）	（2）	（3）	（4）	（5）	（6）
	SIAAI	SIAAI	SIAAI	SIAAI	SIAAI	SIAAI
MEDIA_TOTAL	0. 130 *** （12. 85）			0. 130 *** （12. 85）		
MEDIA_TITLE		0. 124 *** （12. 31）			0. 124 *** （12. 31）	
MEDIA_CONT			0. 130 *** （12. 95）			0. 130 *** （12. 95）
CONTROLS	控制	控制	控制	控制	控制	控制
INDUSTRY&YEAR	控制	控制	控制	控制	控制	控制
N	10 553	10 553	10 553	10 553	10 553	10 553
p - value	0. 000	0. 000	0. 000	0. 000	0. 000	0. 000
R^2	0. 283	0. 282	0. 283	0. 283	0. 282	0. 283

续表

Path c（包含中介因子）

变量	（1）ABSDA	（2）ABSDA	（3）ABSDA	（4）ABSREM	（5）ABSREM	（6）ABSREM
MEDIA_TOTAL	0.002 ** (2.28)			0.017 *** (7.44)		
MEDIA_TITLE		0.001 * (1.45)			0.004 ** (2.31)	
MEDIA_CONT			0.002 ** (2.22)			0.017 *** (7.50)
SIAAI	0.003 *** (2.90)	0.003 *** (3.01)	0.003 *** (2.90)	−0.000 (−0.04)	0.001 (0.57)	−0.000 (−0.05)
CONTROLS	控制	控制	控制	控制	控制	控制
INDUSTRY&YEAR	控制	控制	控制	控制	控制	控制
N	10 553	10 553	10 553	10 553	10 553	10 553
p − value	0.000	0.000	0.000	0.000	0.000	0.000
R^2	0.069	0.069	0.069	0.145	0.141	0.145
Sobel Z	不需要	不需要	不需要	−0.040	0.571	−0.054
z − value	不需要	不需要	不需要	0.968	0.568	0.957

注：* 、** 、*** 分别表示在10%、5%和1%的置信水平上显著，括号内为 t 值统计量。

由第（1）列可见，在路径模型 Path a 中，当用使用媒体报道总量度量媒体报道时，其回归系数在1%水平上显著。在路径模型 Path b 中，中介因子投资者异常关注 SIAAI 的回归系数也在1%水平上显著。在路径模型 Path c 中，把中介因子投资者异常关注 SIAAI 放入基本模型时，MEDIA_TOTAL 的回归系数降低为

0.002，且在5%水平上显著，且 *SIAAI* 的回归系数仍然显著，这说明投资者异常关注在网络媒体报道对应计项目盈余管理的影响路径上存在部分中介效应。第（2）列显示，当中介因子为 *MEDIA_TITLE* 时，在路径模型 *Path a* 中，其回归系数在10%水平上显著。在路径模型 *Path b* 中，中介因子投资者异常关注 *SIAAI* 的回归系数在1%水平上显著。在路径模型 *Path c* 中，把中介因子投资者异常关注 *SIAAI* 放入基本模型时，*SIAAI* 的回归系数仍然显著，且 *MEDIA_TITLE* 的回归系数仍然显著，说明对于标题包含上市公司名称的媒体报道，投资者异常关注在其对盈余管理的影响路径上存在部分中介效应。这说明在媒体报道对盈余管理的影响路径中，投资者对标题含有公司名称的专题报道更有兴趣，这一研究结果也符合广大投资者阅读新闻资讯时的习惯。第（3）列显示，在路径模型 *Path a* 中，当用使用媒体报道总量度量媒体报道时，其回归系数在1%水平上显著。在路径模型 *Path b* 中，中介因子投资者异常关注 *SIAAI* 的回归系数也在1%水平上显著。在路径模型 *Path c* 中，把中介因子投资者异常关注 *SIAAI* 放入基本模型时，*MEDIA_CONT* 的回归系数降低为0.002，且在5%水平上显著，且 *SIAAI* 的回归系数仍然显著，这说明投资者异常关注在媒体报道对盈余管理的影响路径上存在部分中介效应。这说明，对于内容包含上市公司名称的媒体报道，路径模型的回归结果显示投资者异常关注 *SIAAI* 依然存在部分中介作用。综合以上三列的回归结果，不难看出，在网络媒体报道对应计项目盈余管理的影响过程中，投资者异常关注存在中介作用，支持了研究假设 H5–1。

由第（4）列可见，在路径模型 *Path a* 中，当用使用媒体报道总量度量媒体报道时，其回归系数在1%水平上显著。在路径模型 *Path b* 中，中介因子投资者异常关注 *SIAAI* 的回归系数也在1%水平上显著。在路径模型 *Path c* 中，把中介因子投资者异常关注 *SIAAI* 放入基本模型时，*MEDIA_TOTAL* 的回归系数为0.017，且在1%水平上显著，但 *SIAAI* 的回归系数不再显著，需要进一步进行 Sobel 检验。检验结果显示 Sobel Z 对应的 P 值为0.968，这说明投资者异常关注在网络媒体报道对真实活动盈余管理的影响路径上不存在中介效应。第（5）列显示，在路径模型 *Path a* 中，当用使用媒体报道总量度量媒体报道时，其回归系数在1%水平上显著。在路径模型 *Path b* 中，中介因子投资者异常关注 *SIAAI* 的回归系数也在1%水平上显著。在路径模型 *Path c* 中，把中介因子投资者异常关注 *SIAAI* 放入基本模型时，*MEDIA_TITLE* 的回归系数为0.004，但在1%水平上显著，但 *SIAAI* 的回归系数不再显著，需要进一步进行 Sobel 检验。检验结果显示 Sobel Z 对应的 P 值为0.568，说明仅仅标题含有上市公司名称的报道，投资者无法通过内容获取有价值的信息，很难对公司的情况进行分析判断，这种报道被流行网络称为"标题党"。换言之，"标题党"无法产生足够的市场压力以引起上市公司真实活动盈余管理。第（6）列显示，在路径模型 *Path a* 中，当用使用媒体报道总量度量媒体报道时，其回归系数在1%水平上显著。在路径模型 *Path b* 中，中介因子投资者异常关注 *SIAAI* 的回归系数也在1%水平上显著。在路径模型 *Path c* 中，把中介因子投资者异常关注 *SIAAI* 放入基本模型时，*MEDIA_CONT* 的回归系数在1%水平上显著，

但 *SIAAI* 的回归系数不再显著，需要进一步进行 Sobel 检验。检验结果显示 Sobel Z 对应的 P 值为 0.957。这说明，对于内容包含上市公司名称的媒体报道，路径模型的回归结果显示投资者异常关注 *SIAAI* 不存在中介作用。综合以上三列的回归结果，不难看出，在网络媒体报道对真实活动盈余管理的影响过程中，投资者异常关注不存在中介作用。研究结果表明，网络媒体报道能够通过引发媒体报道的受众（投资者）的异常关注，对上市公司管理者产生市场压力，致使上市公司使用应计项目盈余管理对当期财务信息进行调整。值得关注的是，上市公司面对由网络媒体报道带来的投资者异常关注产生的市场压力，通常会使用应计项目盈余管理而非真实活动盈余管理对会计信息披露内容进行调整，尽量避免真实活动盈余管理对公司未来业绩产生负面影响。

表 5 - 4 整合了投资者日常关注 *SIDAI* 在 *Path a*、*Path b* 和 *Path c* 三个路径检验模型中的回归结果。其中第（1）至第（3）列为以应计项目盈余管理 *ABSDA* 作为被解释变量的中介效应检验结果，第（4）至第（6）列为以真实活动盈余管理 *ABSREM* 作为被解释变量的中介效应检验结果。

表 5 - 4　　　　　**投资者日常关注的中介效应检验结果**

Path a（不含中介因子）						
变量	（1）	（2）	（3）	（4）	（5）	（6）
	ABSDA	*ABSDA*	*ABSDA*	*ABSREM*	*ABSREM*	*ABSREM*
MEDIA_TOTAL	0.002 *** （2.66）			0.017 *** （7.49）		

续表

Path a（不含中介因子）

变量	(1)	(2)	(3)	(4)	(5)	(6)
	ABSDA	ABSDA	ABSDA	ABSREM	ABSREM	ABSREM
MEDIA_TITLE		0.002 * (1.82)			0.004 ** (2.41)	
MEDIA_CONT			0.002 *** (2.61)			0.017 *** (7.55)
CONTROLS	控制	控制	控制	控制	控制	控制
INDUSTRY&YEAR	控制	控制	控制	控制	控制	控制
N	10 553	10 553	10 553	10 553	10 553	10 553
p − value	0.000	0.000	0.000	0.000	0.000	0.000
R^2	0.068	0.068	0.068	0.145	0.141	0.145

Path b（中介因子检验）

变量	(1)	(2)	(3)	(4)	(5)	(6)
	SIDAI	SIDAI	SIDAI	SIDAI	SIDAI	SIDAI
MEDIA_TOTAL	0.094 *** (22.52)			0.094 *** (22.52)		
MEDIA_TITLE		0.087 *** (20.82)			0.087 *** (20.82)	
MEDIA_CONT			0.094 *** (22.78)			0.094 *** (22.78)
CONTROLS	控制	控制	控制	控制	控制	控制
INDUSTRY&YEAR	控制	控制	控制	控制	控制	控制
N	10 553	10 553	10 553	10 553	10 553	10 553
p − value	0.000	0.000	0.000	0.000	0.000	0.000
R^2	0.662	0.660	0.663	0.662	0.660	0.663

Path c（包含中介因子）

变量	（1）	（2）	（3）	（4）	（5）	（6）
	ABSDA	ABSDA	ABSDA	ABSREM	ABSREM	ABSREM
MEDIA_TOTAL	0. 003 *** （2. 82）			0. 017 *** （7. 67）		
MEDIA_TITLE		0. 002 *** （1. 94）			0. 004 ** （2. 43）	
MEDIA_CONT			0. 003 *** （2. 77）			0. 017 *** （7. 74）
SIDAI	− 0. 002 （− 1. 03）	− 0. 002 （− 0. 81）	− 0. 002 （− 1. 02）	− 0. 000 （− 0. 19）	− 0. 001 （− 0. 29）	− 0. 000 （− 0. 21）
CONTROLS	控制	控制	控制	控制	控制	控制
INDUSTRY&YEAR	控制	控制	控制	控制	控制	控制
N	10 553	10 553	10 553	10 553	10 553	10 553
p − value	0. 000	0. 000	0. 000	0. 000	0. 000	0. 000
R^2	0. 068	0. 068	0. 068	0. 145	0. 140	0. 145
Sobel Z	− 1. 027	− 0. 811	− 1. 023	− 0. 206	− 0. 294	− 0. 188
z − value	0. 305	0. 417	0. 306	0. 837	0. 768	0. 851

注：* 、** 、*** 分别表示在10%、5%和1%的置信水平上显著，括号内为 t 值统计量。

第（1）至第（3）列的结果显示，当使用不同 MEDIA 度量媒体报道时，在路径模型 Path a 中，其回归系数均显著为正；在路径模型 Path b 中，中介因子 SIDAI 的回归系数均在1%水平上显著；在路径模型 Path c 中，把中介因子 SIDAI 放入基本模型时，MEDIA 的回归系数均在1%水平上统计显著，但 SIDAI 的回归系数不再显著，因此需要进一步进行 Sobel 中介效应检验。第（1）至

第 (3) 列的 Sobel Z 值对应的 P 值分别为 0.305、0.417 和 0.306，均大于 0.05。这说明投资者日常关注在网络媒体报道对应计项目盈余管理的影响路径上不存在中介效应，支持研究假设 H5 - 1。第 (4) 至第 (6) 列的结果显示，当使用不同 *MEDIA* 度量媒体报道时，在路径模型 *Path a* 中，其回归系数均显著为正；在路径模型 *Path b* 中，中介因子 *SIDAI* 的回归系数均在 1% 水平上显著；在路径模型 *Path c* 中，把中介因子 *SIDAI* 放入基本模型时，*MEDIA* 的回归系数均在 1% 水平上统计显著，但 *SIDAI* 的回归系数不再显著，因此需要进一步进行 Sobel 中介效应检验。第 (1) 至第 (3) 列的 Sobel Z 值对应的 P 值分别为 0.837、0.768 和 0.851，也均大于 0.05。这说明投资者日常关注在网络媒体报道对真实活动盈余管理的影响路径上不存在中介效应。

对比分析表 5 - 3 与表 5 - 4 报告的中介效应检验结果发现，是投资者异常关注而非投资者日常关注中介了网络媒体报道对盈余管理的影响，这一结论支持了研究假设 H5 - 1，同时对应千伟等 (2017) 的研究结论做出完善和补充：投资者异常关注才是媒体效应的市场压力传导机制。

5.3.4　基于投资者被动异常关注与主动异常关注的影响路径的检验

为检验媒体报道影响盈余管理的中介因素为被动引导型异常关注而非主动自发型关注，本书同样按照对投资者异常关注 *SIAAI* 的中介效应检验的方法分别创建两组路径模型，检验二者在网络媒体报道对盈余管理的影响中是否存在中介作用。根据 5.4.2 的研究结果，投资者异常关注只在网络媒体报道影响应计项目盈余管理的路径上存在中介效应，在影响真实项目盈余管理的路径上不存在中介效应。因此，本节研究将投资者异常关注 $SIAAI$ 按主动异常关注与被动异常关注划分为 $SIAAI\_A$ 与 $SIAAI\_P$，对二者中介效应的检验仅需考虑网络媒体报道对应计项目盈余管理的影响路径。

表 5 - 5 报告了被动引导型异常关注 $SIAAI\_P$ 与主动自发型异常关注 $SIAAI\_A$ 的中介效应检验结果。第（1）至第（3）列报告了被解释变量为应计项目盈余管理 $ABSDA$ 时，被动引导型投资者异常关注 $SIAAI\_P$ 的路径检验结果。与划分主动和被动型异常关注之前相比，路径模型 $Path\ b$ 中使用被动引导型异常关注 $SIAAI\_P$ 代替原回归模型中的投资者异常关注 $SIAAI$，回归结果的修正的 R^2 由约 0. 283 上升至高达 0. 556。在排除存在共线性的可能后，本书认为：网络媒体报道可以更好地解释投资者的被动引导型异常关注的变化。

表 5 - 5　　　投资者被动异常关注的中介效应检验结果

Path a（不含中介因子）

变量	（1）	（2）	（3）
	$ABSDA$	$ABSDA$	$ABSDA$
$MEDIA\_TOTAL$	0. 002 *** (2. 66)		
$MEDIA\_TITLE$		0. 002 * (1. 82)	

续表

Path a（不含中介因子）

变量	（1）	（2）	（3）
	ABSDA	ABSDA	ABSDA
MEDIA_CONT			0. 002 *** （2. 61）
CONTROLS	控制	控制	控制
INDUSTRY&YEAR	控制	控制	控制
N	10 553	10 553	10 553
$p - value$	0. 000	0. 000	0. 000
R^2	0. 068	0. 068	0. 068

Path b（中介因子检验）

变量	（1）	（2）	（3）
	SIAAI_P	SIAAI_P	SIAAI_P
MEDIA_TOTAL	0. 194 *** （15. 30）		
MEDIA_TITLE		0. 198 *** （15. 66）	
MEDIA_CONT			0. 192 *** （15. 24）
CONTROLS	控制	控制	控制
INDUSTRY&YEAR	控制	控制	控制
N	10 553	10 553	10 553
$p - value$	0. 000	0. 000	0. 000
R^2	0. 556	0. 557	0. 555

续表

Path c（包含中介因子）

变量	(1)	(2)	(3)
	ABSDA	ABSDA	ABSDA
MEDIA_TOTAL	0.002 ** (2.20)		
MEDIA_TITLE		0.001 (1.33)	
MEDIA_CONT			0.002 ** (2.15)
SIAAI_P	0.002 *** (2.94)	0.002 *** (3.06)	0.002 *** (2.95)
CONTROLS	控制	控制	控制
INDUSTRY&YEAR	控制	控制	控制
N	10 553	10 553	10 553
p − value	0.000	0.000	0.000
R^2	0.069	0.069	0.069

注：*、**、*** 分别表示在10%、5%和1%的置信水平上显著，括号内为 t 值统计量。

在被动引导型异常关注的中介效应检验结果中，第（1）列与第（3）列中路径模型 *Path a* 的回归结果显著且解释变量 *MEDIA* 回归系数均显著为正，路径模型 *Path b* 的回归结果显著且解释变量 *MEDIA* 回归系数也均显著为正，路径模型 *Path c* 的回归结果显著且解释变量 *MEDIA* 与中介因子 *SIAAI_P* 回归系数也均显著为正，这表明被动引导型异常关注在网络媒体报道影响应计项目盈余管理的过程中存在部分中介作用，支持研究假设 H5 − 2。

值得关注的是，表中第（2）列显示，路径模型 *Path a* 的回归结果显著，*MEDIA_TITLE* 的回归系数为 0.002 且在 10% 的水平上显著；路径模型 *Path b* 的回归结果显著，*MEDIA_TITLE* 的回归系数为 0.198 且在 1% 的水平上显著；路径模型 *Path c* 的回归结果显著，*MEDIA_TITLE* 的回归系数不显著且 *SIAAI_P* 的回归系数在 1% 的水平上显著：第（2）列检验结果显示 *SIAAI_P* 存在完全中介效应。

表 5 – 6 报告了主动自发型异常关注 *SIAAI_A* 的中介效应检验结果。表中的结果显示，路径模型 *Path b* 和 *Path c* 中 *SIAAI_A* 和 *MEDIA* 回归系数均至少一次不显著，进行 Sobel 检验后的 Sobel Z 对应的 P 值分别为 0.877、0.715 和 0.800，均大于 0.05。因此，本书认为主动自发型异常关注在网络媒体报道影响盈余管理的过程中不存在中介作用，支持了研究假设 H5 – 2。

表 5 – 6   投资者主动异常关注的中介效应检验结果

Path a（不含中介因子）

变量	（1）	（2）	（3）
	ABSDA	*ABSDA*	*ABSDA*
MEDIA_TOTAL	0.002 *** (2.66)		
MEDIA_TITLE		0.002 * (1.82)	
MEDIA_CONT			0.002 *** (2.61)
CONTROLS	控制	控制	控制

续表

Path a（不含中介因子）

变量	（1）	（2）	（3）
	ABSDA	*ABSDA*	*ABSDA*
INDUSTRY&YEAR	控制	控制	控制
N	10 553	10 553	10 553
p – value	0.000	0.000	0.000
R^2	0.068	0.068	0.068

Path b（中介因子检验）

变量	（1）	（2）	（3）
	SIAAI_A	*SIAAI_A*	*SIAAI_A*
MEDIA_TOTAL	0.002 （0.17）		
MEDIA_TITLE		− 0.011 （− 0.93）	
MEDIA_CONT			0.004 （0.35）
CONTROLS	控制	控制	控制
INDUSTRY&YEAR	控制	控制	控制
N	10 553	10 553	10 553
p – value	0.000	0.000	0.000
R^2	0.366	0.366	0.366

Path c（包含中介因子）

变量	（1）	（2）	（3）
	ABSDA	*ABSDA*	*ABSDA*
MEDIA_TOTAL	0.003 *** （2.66）		
MEDIA_TITLE		0.002 * （1.82）	

Path c（包含中介因子）			
变量	（1）	（2）	（3）
	ABSDA	*ABSDA*	*ABSDA*
MEDIA_CONT			0.002 *** （2.61）
SIAAI_A	0.000 （0.38）	0.000 （0.40）	0.000 （0.37）
CONTROLS	控制	控制	控制
INDUSTRY&YEAR	控制	控制	控制
N	10 553	10 553	10 553
p – value	0.000	0.000	0.000
R²	0.068	0.068	0.068
Sobel Z	0.155	− 0.365	0.253
z – value	0.877	0.715	0.800

注：*、**、***分别表示在10%、5%和1%的置信水平上显著，括号内为 t 值统计量。

总体来看，研究结果支持了本书的研究假设 H5 - 2，只有被动引导型投资者异常关注才能中介网络媒体报道对盈余管理产生的影响，而主动自发型投资者异常关注在此过程中不存在中介作用。结果表明，网络媒体报道引发的被动型异常关注可以使上市公司管理层知晓媒体的关注焦点，进而对会计信息对外披露策略进行有的放矢的针对性变更。

5.3.5　稳健性检验

5.3.5.1　使用其他异质性网络媒体报道的代理变量

根据第 4 章对网络媒体报道的划分方法，除了本章将 *MEDIA_TOTAL* 按照报道针对性程度划分为 *MEDIA_TITLE* 和 *MEDIA_CONT* 外，本书还将其按照报道情绪划分为正面报道、中性报道与负面报道，并按照本章的研究方法，检验 *SIAAI*、*SIDAI*、*SIAAI_A* 及 *SIAAI_P* 的中介效应，以作为本章的一种稳健性检验方法。检验结果与本章的研究结果一致，再次说明本章得出的研究结论具有稳健性。

5.3.5.2　使用不同的中介效应检验方法

为检验投资者关注在网络媒体报道与盈余管理之间的中介效应的稳健性，本章将中介变量检验的最后一步使用 Aroian – Test 和 Goodman – Test 两种中介效应检验方法代替 Sobel – Test 方法，对投资者日常关注和主动自发型投资者异常关注的中介效应进行再检验。检验结果表明，研究结论不受中介效应检验方法影响。

5.3.5.3　使用不同的盈余管理代理变量

前文的分析已经充分验证了由网络媒体报道引发的被动型投资者异常关注的中介作用。为了结果的稳健性，本章分别使用吴联生等（2007）使用的修正的琼斯模型与加入业绩变量 *ROA* 的扩展的琼斯模型作为盈余管理的代理变量重新检验了投资者异常关注的中介效应，按照前文所述方法分别检验主动自发型异常关注与被动引导型异常关注的中介效应。检验结果表明回归系数的符号与显著性均无改变，再次验证了本章实证结果的稳健性。

5.3.5.4 使用转载率作为网络媒体报道的替代变量

媒体报道的转载率可以有效反映媒体效应的大小。一则报道的转载率越高，其媒体效应越强，反之则越弱。因此本章选取报道的转载率 *ROR* 作为网络媒体报道的代理变量进行稳健性检验。报道转载率的计算方法为 *i* 公司的 *t* 年内新闻报道总数量与年内原创新闻总数量之比。表 5 – 7 中报告了基于媒体报道转载率的六组中介效应路径模型分析的稳健性检验结果，其中 *Path a* 的结果表明使用转载率替代媒体报道数量后的基本模型回归结果与原结果的显著性与回归系数的正负一致，中介效应检验结果也和本章的研究结果一致。

表 5 – 7　　　　　　　　　中介效应的稳健性检验结果

Path a（不含中介因子）						
变量	（1）	（2）	（3）	（4）	（5）	（6）
	ABSDA	*ABSREM*	*ABSDA*	*ABSREM*	*ABSDA*	*ABSDA*
ROR	0.001 *** (4.10)	0.002 *** (3.65)	0.001 *** (4.10)	0.002 *** (3.65)	0.001 *** (4.10)	0.001 *** (4.10)
CONTROLS	控制	控制	控制	控制	控制	控制
INDUSTRY&YEAR	控制	控制	控制	控制	控制	控制

续表

Path a（不含中介因子）

变量	（1）	（2）	（3）	（4）	（5）	（6）
	ABSDA	ABSREM	ABSDA	ABSREM	ABSDA	ABSDA
N	10 553	10 553	10 553	10 553	10 553	10 553
$p-value$	0.000	0.000	0.000	0.000	0.000	0.000
R^2	0.069	0.141	0.069	0.141	0.069	0.069

Path b（中介因子检验）

变量	（1）	（2）	（3）	（4）	（5）	（6）
	SIAAI	SIAAI	SIDAI	SIDAI	SIAAI_P	SIAAI_A
ROR	0.012 *** (3.93)	0.012 *** (3.93)	0.003 *** (2.81)	0.003 *** (2.81)	0.015 *** (3.91)	0.003 (0.97)
CONTROLS	控制	控制	控制	控制	控制	控制
INDUSTRY&YEAR	控制	控制	控制	控制	控制	控制
N	10 553	10 553	10 553	10 553	10 553	10 553
$p-value$	0.000	0.000	0.000	0.000	0.000	0.000
R^2	0.273	0.273	0.646	0.646	0.547	0.366

Path c（包含中介因子）

变量	（1）	（2）	（3）	（4）	（5）	（6）
	ABSDA	ABSREM	ABSDA	ABSREM	ABSDA	ABSDA
ROR	0.001 *** (3.98)	0.002 *** (3.62)	0.001 *** (4.11)	0.002 *** (3.66)	0.001 *** (3.98)	0.001 *** (4.09)
SIAAI	0.003 *** (3.05)	0.002 (0.75)				
SIDAI			−0.001 (−0.55)	−0.001 (−0.12)		
SIAAI_P					0.002 *** (3.15)	

Path c（包含中介因子）

变量	（1）	（2）	（3）	（4）	（5）	（6）
	ABSDA	ABSREM	ABSDA	ABSREM	ABSDA	ABSDA
SIAAI_A						0.000 (0.34)
CONTROLS	控制	控制	控制	控制	控制	控制
INDUSTRY&YEAR	控制	控制	控制	控制	控制	控制
N	10 553	10 553	10 553	10 553	10 553	10 553
$p-value$	0.000	0.000	0.000	0.000	0.000	0.000
R^2	0.070	0.141	0.069	0.141	0.070	0.066
Sobel Z	不需要	0.737	-0.537	-0.122	不需要	0.323
$z-value$	不需要	0.461	0.591	0.903	不需要	0.747

注：＊、＊＊、＊＊＊分别表示在10％、5％和1％的置信水平上显著，括号内为t值统计量。

5.4　实证结论与政策启示

本章以2014～2018年我国A股上市公司为研究样本，基于投资者异常关注视角研究了网络媒体报道对盈余管理的影响机制。研究结果如下：第一，网络媒体报道能够通过引发投资者对上市公司的异常关注对上市公司的应计项目盈余管理行为产生影响，而不能通过传统理论中的投资者关注产生影响。这一研究结论对媒体效应的公司治理理论进行了有益细化与补充：由于传统报刊媒体与网络媒体的时效性有很大差异，强调投资者关注中的异常波动更能够反映投资者对公司的关注程度。第二，由新闻诱发的被动引导型异常关注才是网络媒体报道对盈余管理产生影响的路径机制，而投资者的主动自发型异常关注没有在此影响路径中发挥传导作用。这一研究结论通过细化投资者异常关注的动因，强调了媒体的受众群体在网络媒体报道发挥治理作用机制中的重要作用，填补了媒体效应生成机制的理论空白。第三，当浏览到标题直接包含上市公司名称的报道时，投资者会认为公司将有重要信息被披露或被曝光，继而可能引发一系列相关信息搜索，而正是这种信息的持续扩散和舆论的传播，对上市公司构成了不同程度的市场压力，最终使得管理层增加盈余管理来迎合舆论需求。

本章的研究为网络媒体、公司管理层、投资者及监管部门提供了有益启发。第一，网络媒体报道需要通过主流网站或 App 等信息传播渠道，引导投资者对上市公司的财经新闻产生兴趣，这更有助于媒体发挥其市场压力效应。第二，在直面媒体报道时，上市公司管理层可以利用报道中的有用信息，在有效降低信息获取成本的同时，有的放矢地调整财务信息对外披露策略。

5.5　本 章 小 结

本章以第 3 章与第 4 章为本原，对投资者关注路径下网络媒体报道对盈余管理的影响进行了分析。首先，对网络媒体报道对盈余管理的外部影响机制进行了理论分析，并发掘投资者关注在路径机制中的关键作用。其次，将投资者关注细分为投资者异常关注与日常关注，以 2014～2018 年我国 A 股全体上市公司为样本进行实证检验。再次，基于投资者异常关注的中介效应实证结果，将投资者异常关注继续细分为被动异常关注与主动异常关注，得出结论：只有由报道引起的被动引导型投资者异常关注，才能够在网络媒体报道影响盈余管理的路径中发挥中介作用。最后，在实证研究的基础上，总结了本章的研究结论及学术贡献。

第 6 章

网络媒体报道影响盈余管理的
调节因素研究

6.1 网络媒体报道影响盈余管理的
调节因素分析与研究假设

6.1.1 管理者过度自信对网络媒体报道影响盈余管理的调节效应

高层管理团队的认知水平、感知能力和价值观等心理结构决定了公司盈余管理的决策过程和结果。随着高层梯队理论的提出，国内外学术界已经开展了一些管理者背景特征对公司治理乃至盈余管理的影响方面的研究，管理者过度自信与公司治理的关系就是其重要的研究内容。由于媒体效应对公司盈余管理行为的影响是通过影响公司管理层的行为才实现的，因此，研究媒体关注对公司盈余管理的影响，必须同时关注公司管理团队的特征及其异质性。基于此，本章有必要引入管理者过度自信这个重要管理者个人特征因素，研究管理者过度自信和网络媒体报道在影响公司盈余管理的过程中是否存在交互作用，这有助于更好地从管理者心理特征视角刻画网络媒体报道影响公司盈余管理的理论逻辑。

根据本书第 3 章的理论推演，媒体通过信息传播机制、经理人声誉机制及舆论导向机制发挥其外部治理作用，而公司管理者作为公司治理行为的实施主体，网络媒体报道形成的市场高压能否发挥有效作用理应与其心理特征存在一定的关联。梳理现有的文献，公司管理者以追求私人利益为目标而进行盈余管理的动因可以归纳为以下三种：市场压力动因、薪酬契约动因及自我实现动因。市场压力动因是指管理者为了迎合媒体及舆论，通过盈余管理手段来修饰财务报告以迎合投资者对公司业绩的期望；薪酬契约动因是指代理人为了得到委托人的赞许与信任，通过盈余管理美化财务指标以获得更有利的薪酬契约；自我价值实现动因是指经理人为了维护自身声誉或实现自我价值，通过盈余管理来粉饰会计信息以证明其自身特质能够给公司带来丰厚的回报。

基于上述三种盈余管理动因，本书发现管理者过度自信程度与网络媒体报道对公司盈余管理水平的影响过程存在密不可分的联系。依据市场压力机制的分析逻辑，公司管理者受到网络媒体报道的市场压力，继而产生更多的盈余管理。但过度自信的管理者通常对公司前景抱有过度乐观的心态，这种过度自信可能削弱媒体带来的市场压力。与一般管理者相比，过度自信的管理者面对媒体时，其行为表现可能更加从容，来自公司外部的舆论压力对过度自信管理者的影响可能弱于对一般管理者的影响。不难推断，管理者过度自信会抑制网络媒体报道对盈余管理的正向影响。而依据有效监督假说的分析逻辑，网络媒体报道作为一种外部监督机制，能够对公司的盈余管理行为产生监督约束作用，抑制其盈余管理，即网络媒体报道与盈余管理程度呈现负相关关系。但相比于一般管理者，过度自信的管理者更可能将媒体监督仅仅视为是一种没有执法权与惩罚权的虚张声势。这种从容不迫的心理可能会弱化媒体的监督约束力。不难推断，管理者过度自信会抑制网络媒体报道对盈余管理的负向影响。

因此，网络媒体报道无论是作为一种市场压力，还是作为一种有效监督，都会对管理者的非理性管理行为产生治理作用。被媒体频繁报道的公司管理者，会认为其管理行为被曝光于公众视野，更容易做出相对理性的决策（Ertan，2022）。即使是过度自信的管理者，在网络媒体报道下也会收敛其非理性的决策行为。如果考虑管理者过度自信对网络媒体报道影响盈余管理行为的调节作用，不难预期，管理者过度自信能够在网络媒体报道影响盈余管理的过程中发挥抑制作用。基于此，本章提出研究假设 H6 - 1 以待检验。

H6 - 1：管理者过度自信可以抑制网络媒体报道对盈余管理产生的影响。

6.1.2 股权集中度对网络媒体报道影响盈余管理的调节效应

股权集中度作为公司股权结构的主要评价指标之一，能够反映公司控制权的集中程度，以及公司全体股东之间对彼此权利互相约束的程度。既然盈余管理属于上市公司管理者实施的一种公司治理行为，盈余管理的操纵程度和具体方式均理应受到管理者权力大小的影响。

首先，杨志强和王华（2014）认为，上市公司的内部薪酬差距越大，其盈余管理程度越高，并且，股权集中程度高的公司相比于分散持股或存在股权制衡的公司，这种情况更为明显。究其原因是管理者的股权越集中，其话语权就越大，在公司的权力也就越大。根据委托代理理论，当公司股权较为平均时，公司的委托代理问题主要存在于控股股东与管理者之间；但当公司股权集中度较高时，公司控制权利相对集中，此时公司的委托代理问题将从内部转向公司外部，从而转向公司大股东与其他外部中小股东的利益冲突。根据信息不对称理论，公司大股东掌握公司的内部信息，对公司享有绝对的控制权，致使处于劣势地位的中小投资者的利益常常受到损害。此外，股权集中度较高的公司具有较高的股权融资动机，管理者可以利用网络媒体报道的信息传播机制，通过对外披露积极的财务信息来提高自身声誉，以增加市场投资者的信任，从而达到其融资目的。

其次，根据产权理论，公司的总体运营业绩、总体运营理念以及相应的各种决定都会被股权结构的设定所左右。股权结构直接关系到公司的组织架构、经营决策以及财务业绩。从理论上讲，公司的股权构成对公司业绩的作用主要是由公司内部的公司管理制度来决定的（林芳和许慧，2012）。这种制度在一定程度上有利于公司决策的优化、资本与经营的分离以及现代公司制度的优化。合理的股权结构有助于提高公司的决策效率，影响公司的财务绩效，促进公司价值的提升（陈宋生和赖娇，2013）。而过于集中的股权结构则可能导致公司控制权和经营权过于集中，管理者以个人牟利为目的的盈余管理行为也可能不再受到来自公司内部的有效监督。

最后，股权集中度适中的公司的各股东之间存在一定的利益趋同效应，股权集中度过高则会产生壕沟防守效应，即管理层持股比例越高，管理层对企业的控制力就会越强，企业外部对其管理行为的治理作用越弱。面对网络媒体报道带来的市场高压，为了保护自身利益，股权高度集中的公司大股东则会利用不对称的信息来获取利益，提高代理成本，损害其他中小股东的利益。

不难猜测，不受权力制衡的管理者更容易利用信息优势，使用更多的盈余管理手段来应对网络媒体报道产生的市场压力。换言之，股权集中度越高的公司，在面对网络媒体报道产生的市场压力时，反而可能存在的盈余管理程度越高。基于上述分析，本章提出 H6 - 2 以待检验。

H6 - 2：上市公司的股权集中度越高，越能够促进网络媒体报道对盈余管理的正向影响。

6.1.3 产权性质对网络媒体报道影响盈余管理的调节效应

我国特色社会主义经济背景下，产权性质一直是国内经济管理研究中的一项重要因素。国有公司与民营公司不同的信息披露差异也是影响我国上市公司管理行为的一项重要指标。国有上市公司受到更多的关注，以致其在披露方面格外谨慎，通常具有更多的财务信息披露。国有上市公司不仅要谋求盈利，还要承担起更多的社会责任，这种社会属性的形成，必须持续地对外进行信息传递，但也正因如此，国有上市公司才能在公众中得到更高的社会认可与企业声誉。因此，在面对网络媒体报道时，国有上市公司与非国有上市公司管理者的治理行为之间可能存在显著差异，而盈余管理作为上市公司的一种治理手段，也可能存在一定程度的差异。

基于上述分析，本章提出 H6 - 3 以待检验。

H6 - 3：相对于非国有上市公司，网络媒体报道能够促使国有上市公司产生更多的盈余管理行为。

6.2 实证研究与设计

6.2.1 样本选择与数据来源

本章以 2014~2018 年沪深两市 A 股全体上市公司为研究样本，

并按照下述步骤对搜集的数据进行筛选。首先，由于会计处理上存在重大差异，剔除金融业的上市公司；其次，剔除 ST、*ST 类公司，以避免这些公司因特殊需要进行异常盈余管理对本研究结论产生干扰；最后，剔除财务数据、高管特征数据及媒体报道数据有缺省值的公司，最终得到 2 825 家公司 5 年的 11 653 条观测数据。样本公司的媒体报道数据来自 CNRDS 数据库，财务数据、高管特征数据与季度盈余预测报告均来自 CSMAR 数据库。本章使用 STATA 对研究数据进行处理与分析。

6.2.2 变量定义与度量

6.2.2.1 被解释变量——盈余管理程度

为了度量上市公司盈余管理程度，本章借鉴陆建桥（2002）和王亚平等（2009）对琼斯模型的处理方法，使用横截面修正琼斯模型计算盈余管理 $ABSDA_{i,t}$ 作为公司盈余管理的代理变量，选择 Roychowdhury 模型计算 $ABSREM_{i,t}$ 作为真实活动盈余管理的代理变量，计算方法同本书第 3 章的变量定义部分，本章不再赘述。

6.2.2.2 解释变量——网络媒体报道

本章使用各公司全年网络媒体报道数量度量网络媒体报道程度，全年媒体报道数量越多，说明此公司当年被媒体关注的程度越高。计算方法为各公司全年媒体报道数量加 1 后取自然对数，最终得到网络媒体报道的代理变量 $MEDIA$。

6.2.2.3 调节变量

（1）管理者过度自信。

综合现有的文献与数据的可得性和完整性，本章根据理论分析中的三个盈余管理动因并借鉴现有文献，使用以下三个指标来度量管理者过度自信：第一，盈余预测偏差 OC_EF，该指标反映了管理者对公司未来盈利能力的乐观程度；第二，相对薪酬比例 OC_RP，薪酬差距越高越能激发管理者的自信心理；第三，管理者特征得分 OC_CS，因为管理者自身的年龄优势、性别差异、学历及职位高低等个人特征也会成为自信心的来源。具体计算方法如下。

第一，盈余预测偏差 OC_EF 为二值虚拟变量。本书整理了上市公司一季报、半年报、三季报与年报中对下期净利润预测的上限和下限，如果公司的实际净利润高于预测上限，则记为"低估"；如果公司的实际净利润介于预测利润上下限之间，则记为"准确"；如果公司的实际净利润低于预测下限，则记为"高估"；如果公司没有进行盈余预测，则记为"未估计"。如果公司同一年"高估"的次数至少存在一次，则认为该公司管理者在这一年存在过度自信，其 OC_EF 值取为 1，否则取值为 0。

第二，相对薪酬比例 OC_RP 为连续变量。本书借鉴姜付秀等（2009）的研究方法，将薪酬最高的前三名高管看作一个团队，使用三人薪酬之和与所有高管薪酬之比来计算相对薪酬比例，并以此来度量因相对薪酬较高产生的管理者过度自信程度。管理者相对薪酬比例越高则认为其过度自信程度越强，反之则越弱。

第三，管理者特征得分 OC_CS 为连续变量。在理论论证的基础上，本章借鉴潘爱玲等（2018）和魏哲海（2018）的计算方法选取公司总经理的性别、年龄、学历、职位四个指标，在剔除存在缺省值的样本后进行打分：如果公司管理者的性别为男性则性别得分 $SEXSCORE$ 取 1，女性则取 0；年龄得分 $AGESCORE$ 通过模型（6-1）计算得出，管理者的年龄（AGE）越小，其年龄得分越高；如果管理者学历为本科以上学历则学历得分 $DEGREESCORE$ 取 1，否则取 0；如果管理者拥有总经理和董事长双重职位则职位得分 $POSITIONSCORE$ 取 1，否则取 0，然后将这四种指标的算术平均值作为 OC_CS 的值。

$$AGESCORE = \frac{\max(AGE) - AGE}{\max(AGE) - \min(AGE)} \quad (6-1)$$

（2）股权集中度。

本章使用上市公司大股东的持股比例来衡量股权集中度，为了确保研究结论的稳健性，根据现有的文献分别构建 $TOP1$、$TOP3$、$TOP10$ 三个指标作为股权集中度的代理变量。其中，$TOP1$ 为上市公司最大股东的持股比例，$TOP3$ 为上市公司前三大股东的持股比例总和，$TOP3$ 为上市公司前十大股东的持股比例总和。

（3）产权性质。

产权性质 SOE 为二值虚拟变量，用以表示上市公司的产权性质，即公司实际控制人的性质。如果上市公司为国有控股（包括中央国有上市公司和地方国有上市公司），则 SOE 取值为 1；如果上市公司为非国有控股，则取 0。

6.2.2.4 控制变量

此外，在模型中还控制了分析师盈余预测 *EF*、机构持股比例 *RIO*、公司价值 *TOBINQ*、总资产回报率 *ROA*、公司规模 *SIZE*、成长性 *GROWTH*、财务杠杆率 *LEV*、审计师事务所是否为四大 *BIG4*、公司产权是否为国有控股 *SOE*，同时控制了行业与年度固定效应，详细变量定义见表 6 – 1。

表 6 – 1　　　　　　　　　　　主要变量定义

变量类型	变量名称	变量符号	变量定义
被解释变量	盈余管理	*EM*	分为应计项目盈余管理与真实活动盈余管理
	应计项目盈余管理	*ABSDA*	应计项目盈余管理，根据模型计算得出
	真实活动盈余管理	*ABSREM*	真实活动盈余管理，根据模型计算得出
解释变量	网络媒体报道	*MEDIA*	全年公司被媒体报道次数 +1 的自然对数
	管理者过度自信	*OC*	使用 *OC_EF*、*OC_RP*、*OC_CS* 进行度量
	管理者过度自信 1	*OC_EF*	以盈余预测偏差评价管理者过度自信程度
	管理者过度自信 2	*OC_RP*	以相对薪酬比例评价管理者过度自信程度
	管理者过度自信 3	*OC_CS*	以个人特征得分评价管理者过度自信程度
调节变量	股权集中度	*TOP*	公司最大股东的持股比例
	股权集中度 1	*TOP1*	公司最大股东的持股比例
	股权集中度 2	*TOP3*	公司前三大股东的持股比例总和
	股权集中度 3	*TOP10*	公司前十大股东的持股比例总和
	产权性质	*SOE*	公司产权为国有控股取 1，否则取 0
	分析师盈余预测	*EF*	分析师盈余预测偏差
	机构持股比例	*RIO*	机构持股占该公司流通股的比例
	公司价值	*TOBINQ*	托宾 Q，等于市场价值与年末总资产之比
	总资产回报率	*ROA*	净利润与平均总资产的比值

变量类型	变量名称	变量符号	变量定义
控制变量	公司规模	SIZE	年末总资产的自然对数
	公司成长性	GROWTH	年营业收入的增长率
	财务杠杆率	LEV	总负债与总资产的比率
	审计公司	BIG4	审计事务所为四大则取1，否则取0
	行业	INDUSTRY	根据证监会行业分类生成的行业虚拟变量
	年度	YEAR	年度虚拟变量

6.3 管理者过度自信对网络媒体报道影响盈余管理的调节效应检验

6.3.1 实证模型设计

为检验网络媒体报道及管理者过度自信对上市公司盈余管理的影响，本章构建基本模型（6-2）以判断管理者过度自信与网络媒体报道在影响盈余管理的过程中是否存在交互作用。由于管理者过度自信有盈余预测偏差 OC_EF、相对薪酬水平 OC_RP 与管理者个人特征得分 OC_CS 三个细分变量，故在模型中分别引入三个交互项 $MEDIA \times OC\_EF$、$MEDIA \times OC\_RP$ 与 $MEDIA \times OC\_CS$。为避免生成的交互项与解释变量间产生共线性，在生成交互项之前对 $MEDIA$ 与三个 OC 指标进行了中心化处理。根据假设 H6-1，预期模型中网络媒体报道和管理者过度自信的交互项系数均显著为负。

$$EM = \beta_0 + \beta_1 MEDIA + \beta_2 OC + \beta_3 MEDIA \times OC + \beta_4 TOBINQ$$
$$+ \beta_5 ROA + \beta_6 SIZE + \beta_7 GROWTH + \beta_8 LEV + \beta_9 BIG4$$
$$+ \beta_i INDUSTRY + \beta_j YEAR + \varepsilon \qquad (6-2)$$

6.3.2 描述性统计分析

表 6-2 报告了主要变量的描述性统计结果。表中各变量的均值、最小值、中位数与最大值差异较为显著。变量 $MEDIA$ 的均值为 5.150，可以计算得到 2014~2018 年间每家公司年均被报道 171 次；变量 $MEDIA$ 的最小值为 0.693，说明受网络媒体报道程度最低的公司平均每年仅被报道 1 次；变量 $MEDIA$ 的最大值为 10.809，说明受网络媒体报道程度最高的公司年均被报道高达 49 463 次，不同公司被网络媒体报道的程度存在明显差异。解释变量 OC_RP 的最小值与最大值分别为 11.6% 和 100%，说明我国上市公司高管相对薪酬比例差异巨大，最低约为全部高管薪酬的 11.6%，最高为 100%，平均水平约为 42%。相对薪酬比例为 100% 的管理者所在的公司的只有三名高管，因此前三名高管薪酬之和为全部高管薪酬的总和。

表 6-3 报告了网络媒体报道、管理者过度自信和盈余管理的分行业描述性统计结果，结果显示制造业公司在我国上市公司中仍占较大比例，观测频数高达 7 376，致使制造业的新闻报道总量远高于其他行业，达到约 242 万次。此外，行业代码为 K 的房地产业平均每家公司每年被报道次数最高，达到 866 次，说明

2014～2018 年间我国房地产业备受媒体青睐，符合我国资本市场特点，其平均盈余管理也仅次于租赁与商务服务业。平均盈余管理程度最低的行业为行业代码为 Q 的卫生和社会工作行业，行业平均盈余管理水平仅为 0.039，平均每年每家公司被报道次数仅为 113 次，体现了房地产行业的"高被关注度、高盈余管理"与卫生和社会工作行业的"低被关注度、低盈余管理"特征。

表 6－2　　　　　　　　　　变量描述性统计

变量	观测值	均值	标准差	最小值	中位数	最大值
ABSDA	11 653	0.067	0.109	0.000	0.042	4.869
ABSREM	11 653	0.164	0.203	0.000	0.105	5.099
MEDIA	11 653	5.150	1.177	0.693	5.220	10.809
OC_EF	11 653	0.117	0.321	0	0	1
OC_RP	11 653	0.420	0.119	0.116	0.404	1
OC_CS	7 416	0.651	0.151	0.032	0.633	0.933
EF	11 653	0.676	1.508	0.000	0.302	6.345
RIO	11 653	0.375	0.252	0.004	0.391	0.886
TOBINQ	11 653	2.698	2.749	0.687	2.022	122.191
ROA	11 653	0.038	0.098	－ 1.859	0.036	7.249
SIZE	11 653	22.355	1.300	17.641	22.181	28.520
GROWTH	11 653	0.223	1.647	－ 0.982	0.105	87.484
LEV	11 653	0.430	0.204	0.009	0.420	1.687
BIG4	11 653	0.057	0.232	0	0	1
SOE	11 653	0.370	0.483	0	0	1

表 6 - 3 分行业描述性统计

行业代码	观测频数	行业平均盈余管理水平	行业报道次数	公司年均报道次数	OC_EF	OC_RP	OC_CS
A	160	0. 096	40 322	252	0. 231	0. 425	0. 588
B	311	0. 048	236 418	760	0. 212	0. 384	0. 617
C	7 376	0. 063	2 420 452	328	0. 109	0. 425	0. 655
D	389	0. 045	99 907	257	0. 105	0. 386	0. 636
E	288	0. 064	113 947	396	0. 066	0. 327	0. 598
F	663	0. 068	224 871	339	0. 112	0. 449	0. 624
G	333	0. 093	137 217	412	0. 063	0. 379	0. 633
I	870	0. 067	352 940	406	0. 136	0. 411	0. 708
K	546	0. 104	472 988	866	0. 136	0. 441	0. 629
L	158	0. 111	63 051	399	0. 133	0. 447	—
M	102	0. 061	16 214	159	0. 147	0. 388	0. 665
N	176	0. 057	38 470	219	0. 159	0. 385	0. 633
Q	10	0. 039	1 128	113	0. 200	0. 464	—
R	190	0. 067	78 929	415	0. 117	0. 440	0. 610
S	81	0. 067	14 198	175	0. 123	0. 455	0. 697

注：表中与变量 OC_CS 的统计结果为排除存在缺省值后子样本的结果。

6.3.3 相关性分析

本章对研究模型中所有的自变量进行了 VIF 膨胀因子检验，检验结果表明各回归方程均不存在严重的多重共线性。表 6 - 4 报告了自变量的 Pearson 相关性检验结果，结果发现由理论分析得出的三种评价管理者过度自信的变量 OC_EF、OC_RP 及 OC_CS 间存在显著的相关性，说明了三种度量方法具有较高的一致性。解释变量 $MEDIA$ 与解释变量 OC_EF、OC_RP 及 OC_CS 的均具有一定程度的相关性，初步说明了回归模型中网络媒体报道程度与管理者过度自信之间可能存在交互作用。此外，网络媒体报道与公司价值、盈利能力、公司规模、偿债能力、审计质量、产权性质等控制变量显著相关，这与现有文献的研究结论一致，表明这些控制变量的选择是必要的。

表 6-4　　　　　　　　　　自变量相关性检验

变量	$MEDIA$	OC_EF	OC_RP	OC_CS	EF	RIO	$TOBINQ$
$MEDIA$	1						
OC_EF	-0.013	1					
OC_RP	-0.119***	0.024***	1				
OC_CS	0.034***	0.024**	0.034***	1			
EF	-0.015	0.090***	0.011	0.005	1		
RIO	0.213***	-0.076***	-0.053***	-0.083***	-0.002	1	
$TOBINQ$	0.094***	0.017*	0.148***	0.096***	0.005	-0.117***	1
ROA	0.050***	-0.162***	0.015	0.013	-0.127***	0.045***	0.085***
$SIZE$	0.374***	-0.051***	-0.204***	-0.079***	-0.060***	0.408***	-0.433***
$GROWTH$	0.011	0.029***	0.035***	0.014	-0.004	-0.026***	0.022***
LEV	0.197***	0.076***	-0.111***	-0.063***	-0.048***	0.182***	-0.237***
$BIG4$	0.204***	-0.049***	-0.055***	-0.025**	-0.042***	0.210***	-0.088***
SOE	0.082***	-0.027***	-0.190***	-0.115***	0.011	0.345***	-0.161***

变量	ROA	SIZE	GROWTH	LEV	BIG4	SOE
ROA	1					
SIZE	0.011	1				
GROWTH	0.033 ***	0.008	1			
LEV	− 0.218 ***	0.508 ***	0.027 ***	1		
BIG4	0.026 ***	0.370 ***	− 0.003	0.125 ***	1	
SOE	− 0.053 ***	0.328 ***	− 0.054 ***	0.225 ***	0.133 ***	1

注：*、**、*** 分别表示在 10%、5% 和 1% 的置信水平上显著。因管理者特质部分数据缺失导致变量 OC_CS 的数据量减少，表中与变量 OC_CS 的相关性检验结果为排除存在缺省值后子样本的检验结果，其他结果为全样本的统计结果。

6.3.4 模型检验结果与分析

表 6 - 5 报告了包含交互项 $MEDIA \times OC\_EF$、$MEDIA \times OC\_RP$ 及 $MEDIA \times OC\_CS$ 的回归结果。第（1）至第（3）列分别解释了变量 $MEDIA$ 与变量 OC_EF、OC_RP 及 OC_CS 对应计项目盈余管理 $ABSDA$ 的交互作用。第（4）至第（6）列分别解释了变量 $MEDIA$ 与变量 OC_EF、OC_RP 及 OC_CS 对真实活动盈余管理 $ABSREM$ 的交互作用。第（1）至第（3）列的结果表明，变量 $MEDIA$ 与 $ABSDA$ 仍显著正相关，变量 OC_EF、OC_RP 及 OC_CS 均与 $ABSDA$ 仍显著正相关，交互项 $MEDIA \times OC\_EF$、$MEDIA \times OC\_RP$ 及 $MEDIA \times OC\_CS$ 的回归系数分别在 5%、1%、5% 的置信水平上显著为负，说明网络媒体报道与管理者过度自信在影响盈余管理的过程中存在相互抑制作用。科

恩等（Cohen et al.，2003）认为这是一种经济学中较为罕见的交互作用：虽然两个预测因子对结果影响方向相同，但其交互项系数的符号却相反，称之为干扰作用或反协同作用。生物医学领域把这种相互抑制的交互关系称作"拮抗效应"，正如日常生活中许多食物单独食用会有益健康，但一起食用却会相互抑制人体对彼此的营养成分的吸收，甚至能够发生反应产生有害物质，危及误食者的生命安全。由此可见，本章中网络媒体报道与管理者过度自信对盈余管理的交互作用也存在这种相互抑制的关系。换言之，虽然网络媒体报道与管理者过度自信均能够通过各自的机制促使公司进行更多的盈余管理，但网络媒体报道抑制了管理者过度自信对盈余管理的促进作用，同时管理者过度自信也抑制了网络媒体报道对盈余管理的正向影响。这一研究结果支持了本书的研究假设 H6 - 1，即网络媒体报道与管理者过度自信能够抑制彼此对盈余管理的影响。表中第（4）至第（6）列的结果显示，交互项 $MEDIA \times OC\_EF$、$MEDIA \times OC\_RP$ 及 $MEDIA \times OC\_CS$ 的回归系数均不显著，说明管理者过度自信在网络媒体报道影响上市公司真实项目盈余管理的过程中不存在调节作用。本书认为，过度自信的管理者可能更倾向于直接使用调整应计项目的方法来调整盈余信息，过度自信的心理使管理者无须通过相对更加隐蔽的真实活动盈余管理来迎合市场需要，反而更加注重能够保障公司的长期利益不会受到真实活动盈余管理带来的损害。

表 6 - 5 管理者过度自信的调节效应检验

变量	(1) ABSDA	(2) ABSDA	(3) ABSDA	(4) ABSREM	(5) ABSREM	(6) ABSREM
MEDIA	0.003 ** (2.15)	0.011 *** (3.62)	0.011 *** (3.52)	0.017 *** (7.80)	0.011 ** (1.97)	0.030 *** (3.54)
OC_EF	0.023 *** (10.25)			- 0.002 (- 0.09)		
MEDIA × OC_EF	- 0.004 ** (- 2.13)			0.001 (0.31)		
OC_RP		0.123 *** (3.39)			- 0.005 (- 0.07)	
MEDIA × OC_RP		- 0.019 *** (- 2.79)			0.016 (1.31)	
OC_CS			0.068 *** (2.76)			0.119 * (1.79)
MEDIA × OC_CS			- 0.011 ** (- 2.43)			- 0.017 (- 1.55)
CONSTANT	0.265 (10.06)	0.216 *** (7.67)	0.097 *** (3.69)	0.034 (0.75)	0.013 (0.25)	0.060 (0.85)
CONTROLS	控制	控制	控制	控制	控制	控制
INDUSTRY&YEAR	控制	控制	控制	控制	控制	控制
N	11 653	11 653	7 416	11 653	11 653	7 416
$Adj - R^2$	0.107	0.100	0.066	0.120	0.122	0.154

注：*、**、*** 分别表示在 10%、5% 和 1% 的置信水平上显著，括号内为 t 值统计量。

6.3.5 内生性问题

根据本书第 3 章使用公司知名度（*POP*）作为工具变量，并使用工具变量法来处理可能出现的内生性问题。本书分别将 *POP* 与 *POP* × *OC_EF*、*POP* 与 *POP* × *OC_RP* 及 *POP* 与 *POP* × *OC_CS* 作为工具变量对回归模型（6－2）进行二阶段最小二乘法（IV－2SLS）回归估计，并对回归结果与原最小二乘法（OLS）的回归结果通过 Hausman 检验 IV－2SLS 与 OLS 是否存在显著差异。表 6－6 报告了三组模型 2SLS 与 OLS 回归系数差异对比结果。首先，三组 IV－2SLS 的第一阶段的回归结果中 F 值均远大于 10，拒绝了弱工具变量的假设。其次，三组回归 Hausman 检验对应的 P 值均远大于 0.05，说明使用 OLS 的回归结果更为稳健。这一结果表明了实证检验中的 OLS 回归结果不受内生性问题的影响。

表 6－6　　　　　　　　　工具变量法内生性检验结果

变量	(1)		(2)		(3)	
	IV－2SLS	OLS	IV－2SLS	OLS	IV－2SLS	OLS
MEDIA	－0.001	0.003 **	0.007	0.011 ***	0.010	0.011 ***
OC_EF	0.023 ***	0.023 ***				
MEDIA × *OC_EF*	0.002	－0.004 **				
OC_RP			0.143	0.123 ***		
MEDIA × *OC_RP*			－0.024	－0.019 ***		
OC_CS					0.030	0.068 ***
MEDIA × *OC_CS*					－0.004	－0.011 **
CONTROLS	控制	控制	控制	控制	控制	控制
INDUSTRY&YEAR	控制	控制	控制	控制	控制	控制
Adj－R^2	0.108	0.107	0.100	0.100	0.068	0.066
First Stage	417.42 ***		1 209.80 ***		280.90 ***	
Hausman	0.697（p＝0.498）		0.443（p＝0.642）		0.399（p＝0.671）	

注：*、**、*** 分别表示在 10%、5% 和 1% 的置信水平上显著。

6.3.6　稳健性检验

6.3.6.1　使用转载率作为网络媒体报道的替代变量的稳健性检验

网络媒体报道的转载率高低是评价网络媒体报道是否有效的重要指标之一，也是媒体效应能否发挥治理作用的关键因素。网络环境下，如果网络媒体报道转载率越高，也可以说明被报道公司受媒体的关注程度越高，网络媒体报道发挥的效应也就越强。因此，本节使用报道的转载率 *ROR* 作为网络媒体报道的替代变量进行稳健性检验。结果表明使用转载率 *ROR* 替代网络媒体报道 *MEDIA* 的回归结果与上文的结果保持一致。

6.3.6.2　基于不同相对薪酬计量方法的稳健性检验

姜付秀等（2009）使用前三位高管的薪酬之和与所有高管的薪酬之比来度量由相对高薪引起的管理者过度自信，根据文献注释，得知其中原因为当时的上市公司财务报告仅披露薪酬最高的前三位高管薪酬之和，无法获取薪酬最高的高管的薪酬数据，只能退而求其次。现如今，上市公司财务报告对公司高管薪酬的披露已十分详细，因此本书使用薪酬第一的高管薪酬与所有高管薪酬的比例来重新评价管理者过度自信进行稳健性检验。结果表明模型中的回归系数的符号与显著性均无改变，与上文的研究结论一致。

6.3.6.3　基于不同管理者过度自信计量方法的稳健性检验

本书使用公司财务总监的个人特征作为第四个评价管理者过度自信的指标，以避免财务总监过度自信程度与总经理过度自信程度对盈余管理的影响方向相反，导致结论不稳健。本书使用 *OC_CS* 的计算方法对公司财务总监个人特征进行评分并进行回归检验。结果表明财务总监过度自信不会对研究结论造成影响。

6.3.6.4　基于不同盈余管理计量方法的稳健性检验

前文的分析已经充分检验了网络媒体报道、管理者过度自信对盈余管理的影响及交互作用。为了结果的稳健性，本书分别使用修正的琼斯模型与加入业绩变量 *ROA* 的扩展的琼斯模型作为盈余管理的代理变量重新检验了上述有关假设。结果表明各模型中回归系数的符号与显著性均无改变，再次验证了本节实证结果的稳健性。

6.4　股权集中度对网络媒体报道影响盈余管理的调节效应检验

6.4.1　实证模型设计

为检验股权集中度是否对网络媒体报道影响上市公司盈余管

理产生作用，本章构建基本模型（6－3）以判断股权集中度是否在网络媒体报道影响上市公司盈余管理的过程中存在调节效应。由于股权集中度有公司最大股东的持股比例（$TOP1$）、公司最大股东的持股比例（$TOP3$）及公司最大股东的持股比例（$TOP10$）三个代理变量，故本章在模型中分别引入三个交互项 $MEDIA \times TOP1$、$MEDIA \times TOP3$ 与 $MEDIA \times TOP10$。为避免生成的交互项与解释变量间产生共线性，本章在生成交互项之前对 $MEDIA$ 与三个 TOP 指标进行了中心化处理。根据假设 H6－2，预期模型中网络媒体报道和股权集中度的交互项系数均显著为正。

$$EM = \beta_0 + \beta_1 MEDIA + \beta_2 TOP + \beta_3 MEDIA \times TOP + \beta_4 TOBINQ$$
$$+ \beta_5 ROA + \beta_6 SIZE + \beta_7 GROWTH + \beta_8 LEV + \beta_9 BIG4$$
$$+ \beta_{10} SOE + \beta_i INDUSTRY + \beta_j YEAR + \varepsilon \qquad (6-3)$$

6.4.2　描述性统计分析

表 6－7 报告了主要变量的描述性统计结果。表中各变量的均值、最小值、中位数与最大值差异较为显著。变量 $MEDIA$ 的均值为 5.150，可以计算得到 2014～2018 年每家公司年均被报道 171 次；变量 $MEDIA$ 的最小值为 0.693，说明受网络媒体报道程度最低的公司平均每年仅被报道 1 次；变量 $MEDIA$ 的最大值为 10.809，说明受网络媒体报道程度最高的公司年均被报道高达 49 463 次，不同公司被网络媒体报道的程度存在明显差异。变量 $TOP1$、$TOP3$、$TOP10$ 的均值分别为 0.339、0.477 和 0.574，标准差分别为 0.167、0.151 和 0.147，说明我国上市公司股权集中

度差异巨大，说明了研究股权集中度的必要性。

表6-7　　　　　　　变量描述性统计

变量	观测值	均值	标准差	最小值	中位数	最大值
ABSDA	11 653	0.067	0.109	0.000	0.042	4.869
ABSREM	11 653	0.164	0.203	0.000	0.105	5.099
MEDIA	11 653	5.150	1.177	0.693	5.220	10.809
TOP1	11 653	0.339	0.167	0.002	0.319	0.900
TOP3	11 653	0.477	0.151	0.005	0.472	0.983
TOP10	11 653	0.574	0.147	0.013	0.579	1.000
TOBINQ	11 653	2.698	2.749	0.687	2.022	122.191
EF	11 653	0.676	1.508	0.000	0.302	6.345
RIO	11 653	0.375	0.252	0.004	0.391	0.886
ROA	11 653	0.038	0.098	-1.859	0.036	7.249
SIZE	11 653	22.355	1.300	17.641	22.181	28.520
GROWTH	11 653	0.223	1.647	-0.982	0.105	87.484
LEV	11 653	0.430	0.204	0.009	0.420	1.687
BIG4	11 653	0.057	0.232	0	0	1
SOE	11 653	0.370	0.483	0	0	1

6.4.3　相关性分析

表6-8报告了自变量的Pearson相关性检验结果，结果发现由理论分析得出的三种评价股权集中度的变量 TOP1、TOP3 及 TOP10 间存在显著的相关性，说明了三种度量方法具有较高的一致性。解释变量 MEDIA 与解释变量 TOP1、TOP3 及 TOP10 均具有一定程度的相关性，初步说明了回归模型中网络媒体报道程度

与股权集中度存在交互作用。此外，网络媒体报道与公司价值、盈利能力、公司规模、偿债能力、审计质量、产权性质等控制变量显著相关，这与现有文献的研究结论一致，表明这些控制变量的选择是必要的。

表 6 - 8　　　　　　　　　　自变量相关性检验

变量	*MEDIA*	*TOP*1	*TOP*3	*TOP*10	*EF*	*RIO*	*TOBINQ*
MEDIA	1						
*TOP*1	0.089 ***	1					
*TOP*3	0.098 ***	0.813 ***	1				
*TOP*10	0.077 ***	0.629 ***	0.907 ***	1			
EF	− 0.015	− 0.047 ***	− 0.075 ***	− 0.101 ***	1		
RIO	0.213 ***	0.389 ***	0.405 ***	0.347 ***	− 0.002	1	
TOBINQ	0.094 ***	− 0.072 ***	− 0.052 ***	− 0.027 ***	0.005	− 0.117 ***	1
ROA	0.050 ***	0.072 ***	0.093 ***	0.121 ***	− 0.127 ***	0.045 ***	0.085 ***
SIZE	0.374 ***	0.231 ***	0.244 ***	0.224 ***	− 0.060 ***	0.408 ***	− 0.433 ***
GROWTH	0.011	− 0.035 ***	− 0.018 *	0.0161 *	− 0.004	− 0.026 ***	0.022 ***
LEV	0.197 ***	0.090 ***	0.036 ***	− 0.0246 ***	− 0.048 ***	0.182 ***	− 0.237 ***
*BIG*4	0.204 ***	0.154 ***	0.212 ***	0.1835	− 0.042 ***	0.210 ***	− 0.088 ***
SOE	0.082 ***	0.253 ***	0.151 ***	0.0365	0.011	0.345 ***	− 0.161 ***
变量	*ROA*	*SIZE*	*GROWTH*	*LEV*	*BIG*4	*SOE*	
ROA	1						
SIZE	0.011	1					
GROWTH	0.033 ***	0.008	1				
LEV	− 0.218 ***	0.508 ***	0.0269 ***	1			
*BIG*4	0.026 ***	0.370 ***	− 0.003	0.125 ***	1		
SOE	− 0.053 ***	0.328 ***	− 0.0542 ***	0.2550 ***	0.1332 ***	1	

注：*、**、*** 分别表示在 10%、5% 和 1% 的置信水平上显著。

6.4.4　模型检验结果与分析

表 6 - 9 报告了包含交互项 $TOP1$、$TOP3$ 及 $TOP10$ 的回归结果。第（1）至第（3）列分别解释了变量 $MEDIA$ 与变量 $TOP1$、$TOP3$ 及 $TOP10$ 对应计项目盈余管理 $ABSDA$ 的交互作用。第（4）至第（6）列分别解释了变量 $MEDIA$ 与变量 $TOP1$、$TOP3$ 及 $TOP10$ 对真实活动盈余管理 $ABSREM$ 的交互作用。第（1）至第（3）列的结果表明，变量 $MEDIA$ 与 $ABSDA$ 仍显著正相关，变量 $TOP1$、$TOP3$ 及 $TOP10$ 与 $ABSDA$ 仍显著正相关，交互项 $MEDIA \times TOP1$、$MEDIA \times TOP3$ 及 $MEDIA \times TOP10$ 的回归系数分别为 0.020、0.021、0.021，且均在 1% 的置信水平上显著为正，说明股权集中度在网络媒体报道影响盈余管理的过程中存在促进作用。由此可见，股权集中度越高的公司，管理团队的权力越集中，在面对媒体报道产生的市场压力时也更加容易受到媒体报道的影响，更容易实施更多的盈余管理行为以迎合市场预期。在股权集中度越高的公司，由于公司间权力制衡水平越低，因此网络媒体报道对盈余管理产生的效应就越强。表中第（4）至第（6）列的结果显示，交互项 $MEDIA \times TOP1$、$MEDIA \times TOP3$ 及 $MEDIA \times TOP10$ 的回归系数均不显著，说明股权集中度在网络媒体报道影响上市公司真实项目盈余管理的过程中不存在调节作用。本书认为，权力较为集中的上市公司可能更倾向于直接使用调整应计项目的方法来调整盈余信息，无须通过相对更加隐蔽、更为烦琐、可能损害公司长期利益的真实活动盈余管理方式来调整当期收益。

表 6 - 9 股权集中度的调节效应检验

变量	(1) ABSDA	(2) ABSDA	(3) ABSDA	(4) ABSREM	(5) ABSREM	(6) ABSREM
MEDIA	-0.004* (-1.78)	-0.007*** (-2.66)	-0.010*** (-2.85)	0.021*** (5.35)	0.017*** (3.28)	0.004 (0.69)
TOP1	-0.133*** (-4.60)			0.088* (1.67)		
MEDIA × TOP1	0.020*** (3.67)			-0.011 (-1.12)		
TOP3		-0.130*** (-4.71)			0.049 (0.96)	
MEDIA × TOP3		0.021*** (4.13)			0.002 (0.21)	
TOP10			-0.118*** (-4.12)			-0.031 (-0.58)
MEDIA × TOP10			0.021*** (4.01)			0.023 (0.36)
CONSTANT	0.312*** (11.43)	0.333*** (11.42)	0.344*** (11.13)	0.016 (0.27)	0.049 (0.91)	0.132** (2.33)
CONTROLS	控制	控制	控制	控制	控制	控制
INDUSTRY&YEAR	控制	控制	控制	控制	控制	控制
N	11 653	11 653	11 653	11 653	11 653	11 653
$Adj - R^2$	0.102	0.101	0.100	0.120	0.121	0.124

注: *、**、*** 分别表示在 10%、5% 和 1% 的置信水平上显著,括号内为 t 值统计量。

6.4.5 内生性问题

根据本书第 3 章使用公司知名度(POP)作为工具变量,并使用工具变量法来处理本章可能出现的内生性问题。本章分别将 POP 与 $POP \times TOP1$、POP 与 $POP \times TOP3$ 及 POP 与 $POP \times TOP10$ 作为工具变量对回归模型（6-3）进行二阶段最小二乘法（IV-2SLS）回归估计，并对回归结果与原最小二乘法（OLS）的回归结果通过 Durbin-Wu-Hausman 检验 IV-2SLS 与 OLS 是否存在显著差异。表 6-10 报告了三组模型 2SLS 与 OLS 回归系数差异对比结果。首先，三组 IV-2SLS 的第一阶段的回归结果中 F 值均远大于 10，拒绝了弱工具变量的假设。其次，三组回归 Hausman 检验对应的 P 值均远大于 0.05，说明使用 OLS 的回归结果更为稳健。这一结果表明了实证检验中的 OLS 回归结果不受内生性问题的影响。

表 6-10　　　　　　　　工具变量法内生性检验结果

变量	（1）		（2）		（3）	
	IV-2SLS	OLS	IV-2SLS	OLS	IV-2SLS	OLS
$MEDIA$	-0.005	-0.004 *	-0.011	-0.007 ***	-0.013	-0.010 ***
$TOP1$	0.011	-0.133 ***				
$MEDIA \times TOP1$	-0.088	0.020 ***				
$TOP3$			0.019	-0.130 ***		
$MEDIA \times TOP3$			-0.120	0.021 ***		
$TOP10$					0.018	-0.118 ***
$MEDIA \times TOP10$					-0.101	0.021 ***
$CONTROLS$	控制	控制	控制	控制	控制	控制
$INDUSTRY\&YEAR$	控制	控制	控制	控制	控制	控制
$Adj-R^2$	0.103	0.102	0.102	0.101	0.101	0.100
First Stage	2 657.35 ***		1 848.77 ***		1 420.13 ***	
Hausman	0.75（P=0.688）		0.52（P=0.7714）		0.70（P=0.703）	

注：*、**、*** 分别表示在 10%、5% 和 1% 的置信水平上显著。

6.4.6　稳健性检验

网络媒体报道的转载率高低是评价网络媒体报道是否有效的重要指标之一，也是媒体效应能否发挥治理作用的关键因素。网络环境下，如果网络媒体报道转载率越高，也可以说明被报道公司受媒体的关注程度越高，网络媒体报道发挥的效应也就越强。本节使用报道的转载率 *ROR* 作为网络媒体报道 *MEDIA* 的替代变量进行稳健性检验。结果表明使用转载率替代网络媒体报道的回归结果与上文的结果保持一致。

另外，前文的分析已经充分检验了网络媒体报道、股权集中度对盈余管理的影响及交互作用。为了结果的稳健性，本章分别使用修正的琼斯模型与加入业绩变量 *ROA* 的扩展的琼斯模型作为盈余管理的代理变量重新检验了上述有关假设。结果表明各模型中的回归系数的符号与显著性均无改变，再次验证了本节实证结果的稳健性。

6.5　产权性质对网络媒体报道影响盈余管理的调节效应检验

6.5.1　实证模型设计

为检验产权性质是否对网络媒体报道影响上市公司盈余管

理产生作用，本章构建基本模型（6－4）以判断产权性质是否在网络媒体报道影响上市公司盈余管理的过程中存在调节效应。本书按照产权性质是否为国有上市公司，将样本公司分为国有上市公司与非国有上市公司。如果产权性质为国有上市公司（包括中央国有公司与地方国有公司），则产权性质 SOE 的值取 1，否则取 0。基于此，本书在模型中分别引入交互项 $MEDIA \times SOE$。为避免生成的交互项与解释变量间产生共线性，本章在生成交互项之前对 $MEDIA$ 与 SOE 指标进行了中心化处理。根据假设 H6－3，预期模型中网络媒体报道和股权集中度的交互项系数均显著为正。

$$
\begin{aligned}
EM = & \beta_0 + \beta_1 MEDIA + \beta_2 SOE + \beta_3 MEDIA \times SOE + \beta_4 TOBINQ \\
& + \beta_5 ROA + \beta_6 SIZE + \beta_7 GROWTH + \beta_8 LEV + \beta_9 BIG4 \\
& + \beta_{10} TOP1 + \beta_i INDUSTRY + \beta_j YEAR + \varepsilon \quad\quad (6-4)
\end{aligned}
$$

6.5.2 描述性统计分析

表 6－11 报告了主要变量的描述性统计结果。表中各变量的均值、最小值、中位数与最大值差异较为显著。变量 $MEDIA$ 的均值为 5.150，可以计算得到 2014 ~ 2018 年每家公司年均被报道 171 次；变量 $MEDIA$ 的最小值为 0.693，说明受网络媒体报道程度最低的公司平均每年仅被报道 1 次；变量 $MEDIA$ 的最大值为 10.809，说明受网络媒体报道程度最高的公司年均被报道高达 49 463 次，不同公司被网络媒体报道的程度存在明显差异。变量 SOE 的均值为 0.370，标准差分别为 0.483，说明我国上市公司

产权性质具有较大差异，间接说明研究不同产权性质下网络媒体报道对盈余管理影响的必要性。

表 6 - 11 　　　　　　　　变量描述性统计

变量	观测值	均值	标准差	最小值	中位数	最大值
ABSDA	11 653	0.067	0.109	0.000	0.042	4.869
ABSREM	11 653	0.164	0.203	0.000	0.105	5.099
MEDIA	11 653	5.150	1.177	0.693	5.220	10.809
SOE	11 653	0.370	0.483	0	0	1
EF	11 653	0.676	1.508	0.000	0.302	6.345
RIO	11 653	0.375	0.252	0.004	0.391	0.886
TOBINQ	11 653	2.698	2.749	0.687	2.022	122.191
ROA	11 653	0.038	0.098	- 1.859	0.036	7.249
SIZE	11 653	22.355	1.300	17.641	22.181	28.520
GROWTH	11 653	0.223	1.647	- 0.982	0.105	87.484
LEV	11 653	0.430	0.204	0.009	0.420	1.687
BIG4	11 653	0.057	0.232	0	0	1

6.5.3　模型检验结果与分析

表 6 - 12 中，列（1）报告了被解释变量为应计项目盈余管理 ABSDA 时模型（6 - 4）的回归结果，交互项 MEDIA × SOE 的系数为 0.005 且在 1% 置信水平上显著为正，说明公司的产权性质在网络媒体报道对公司应计项目盈余管理的影响中存在正向调节作用，由于产权性质 SOE 为二值虚拟变量，说明网络媒体报道对国有上市公司与非国有上市公司的应计项目盈余管理的影响存

在较大差异，国有产权性质会强化网络媒体报道对应计项目盈余管理的促进作用。此外，按照 *SOE* 的取值将样本公司分为国有上市公司与非国有上市公司并进行回归分析，列（2）和列（3）分别报告了国有上市公司组和非国有上市公司组的回归结果。报告结果显示，国有上市公司组的网络媒体报道与应计项目盈余管理呈显著正相关关系，而非国有上市公司组的网络媒体报道与应计项目盈余管理不存在显著的相关性，因此可以得出结论：国有产权性质对网络媒体报道对应计项目盈余管理的影响存在差异，网络媒体报道对国有上市公司的应计项目盈余管理具有显著的促进作用，对非国有上市公司的应计项目盈余管理无明显作用，与列（1）报告的结果相佐，部分支持了研究假设 H6 - 3。

表 6 - 12　　　　　　　　　回归分析结果

变量	（1）	（2）	（3）	（4）	（5）	（6）
	ABSDA	*ABSDA*	*ABSDA*	*ABSREM*	*ABSREM*	*ABSREM*
	全样本回归	国有上市公司组	非国有上市公司组	全样本回归	国有上市公司组	非国有上市公司组
MEDIA	0.001 (0.60)	0.005 *** (3.44)	0.001 (0.55)	0.019 *** (7.59)	0.018 *** (6.08)	0.018 *** (6.08)
SOE	- 0.033 *** (- 3.60)			0.001 (0.02)		
MEDIA × SOE	0.005 *** (3.00)			- 0.003 (- 0.97)		
CONSTANT	0.284 *** (11.34)	0.152 *** (4.95)	0.338 *** (9.28)	0.028 (0.62)	0.329 *** (5.43)	- 0.171 *** (- 2.61)

续表

变量	（1）	（2）	（3）	（4）	（5）	（6）
	ABSDA	*ABSDA*	*ABSDA*	*ABSREM*	*ABSREM*	*ABSREM*
	全样本回归	国有上市公司组	非国有上市公司组	全样本回归	国有上市公司组	非国有上市公司组
CONTROLS	控制	控制	控制	控制	控制	控制
INDUSTRY&YEAR	控制	控制	控制	控制	控制	控制
N	11 653	4 313	7 340	11 653	4 313	7 340
$Adj - R^2$	0.101	0.109	0.128	0.120	0.161	0.118

注：*、**、***分别表示在10%、5%和1%的置信水平上显著。

列（4）报告了被解释变量为真实项目盈余管理 *ABSREM* 时模型（6-4）的回归结果，交互项 *MEDIA* × *SOE* 的回归系数不显著，说明上市公司的产权性质在网络媒体报道对上市公司真实活动盈余管理的影响中不存在调节作用，即网络媒体报道对国有上市公司与非国有上市公司的真实活动盈余管理的影响在统计上无明显差异。此外，列（5）与列（6）的分组回归结果显示，国有上市公司组与非国有上市公司组的网络媒体报道与真实活动盈余管理均呈显著正相关关系，因此可以得出结论：国有产权性质对网络媒体报道对真实活动盈余管理的影响不存在明显差异，与列（4）报告的结果相佐。研究结果表明，相比于非国有上市公司，国有上市公司的管理者受制于任职期间的政治声誉与经营业绩，对网络媒体报道产生的舆论效应更加敏感。因此，国有上市公司管理者在调整盈余信息之时，通常会尽量使用应计项目盈余管理而非真实活动盈余管理，以避免造成任期之内经营业绩的下降。

6.5.4　内生性问题

根据本书第 3 章使用公司知名度（*POP*）作为工具变量，使用工具变量法来处理本章可能出现的内生性问题。本章将 *POP* 与 *POP*×*SOE* 作为工具变量对回归模型（6 - 4）进行二阶段最小二乘法（IV - 2SLS）回归估计，并对回归结果与原最小二乘法（OLS）的回归结果通过 Hausman 检验 IV - 2SLS 与 OLS 是否存在显著差异。表 6 - 13 报告了两组模型 2SLS 与 OLS 回归系数差异对比结果。首先，两组 IV - 2SLS 的第一阶段的回归结果中 F 值均远大于 10，拒绝了弱工具变量的假设。其次，（1）组 Hausman 检验对应的 P 值均远大于 0.05，说明使用 OLS 的回归结果更为稳健，这一结果表明了实证检验中的 OLS 回归结果不受内生性问题的影响。最后，（2）组 Hausman 检验对应的 P 值小于 0.05，说明使用二阶最小二乘法可以有效缓解原回归模型中的内生性问题。

表 6 - 13　　　　　　　　工具变量法内生性检验结果

变量	(1)		(2)	
	ABSDA		*ABSREM*	
	IV - 2SLS	OLS	IV - 2SLS	OLS
MEDIA	- 0.006	0.001	0.116 ***	0.019 ***
SOE	- 0.068 **	- 0.033 ***	0.190 ***	0.001
MEDIA×*SOE*	0.012 **	0.005 ***	- 0.037 ***	- 0.003
CONTROLS	控 制	控 制	控 制	控 制

变量	（1）		（2）	
	ABSDA		*ABSREM*	
	IV - 2SLS	OLS	IV - 2SLS	OLS
INDUSTRY&YEAR	控 制	控 制	控 制	控 制
$Adj - R^2$	0.102	0.101	0.102	0.101
First Stage	416.12 ***		416.12 ***	
Hausman	2.06 （P = 0.356）		64.18 （P = 0.000）	

注：*、**、*** 分别表示在 10% 、5% 和 1% 的置信水平上显著。

6.5.5 稳健性检验

网络环境下，网络媒体报道转载率越高，也可以说明被报道公司受媒体的关注程度越高，媒体报道发挥的效应也就越强。本章使用报道的转载率 *ROR* 作为网络媒体报道 *MEDIA* 的替代变量进行稳健性检验。结果表明使用转载率替代网络媒体报道的回归结果与上文的结果保持一致。

此外，前文的分析已经充分检验了网络媒体报道、股权集中度对盈余管理的影响及交互作用。为了结果的稳健性，本章分别使用修正的琼斯模型与加入业绩变量 *ROA* 的扩展的琼斯模型作为盈余管理的代理变量重新检验了上述有关假设。结果表明各模型中的回归系数的符号与显著性均无改变，再次验证了本节实证结果的稳健性。

6.6　实证结论与政策启示

本章以我国 A 股全体上市公司为样本,研究了管理者过度自信、股权集中度和产权性质在网络媒体报道影响盈余管理的过程中能否发挥调节效应。研究结论如下:第一,网络媒体报道和管理者过度自信都能够提高公司的盈余管理程度,且二者存在一定的"反协同效应",即管理者过度自信可以抑制网络媒体报道对盈余管理产生的媒体效应,网络媒体报道也能够减少管理者过度自信引发的非理性盈余管理行为。第二,股权集中度越高的公司,网络媒体报道对盈余管理的促进作用越强,即股权集中度在网络媒体报道对盈余管理的影响过程中存在正向调节效应。第三,相比于非国有上市公司,网络媒体报道对国有上市公司的应计项目盈余管理存在更强的促进作用,而对于真实活动盈余管理来说,网络媒体报道对国有上市公司与非国有上市公司的影响不存在明显差异。

本章的研究结论从理论上填补了网络媒体报道对盈余管理影响的调节因素的空白,完善了网络媒体报道对盈余管理影响机制的理论研究。研究结论为今后的媒体治理研究敲响了警钟,学者们需要重视多重存在关联的治理因素的共同作用能否对公司的盈余管理行为产生影响。此外,本章研究结论还具有一定的实践意义:从媒体报道角度看,媒体应尽量避免对某个特定公司的集中性报道,以降低对公司管理者产生的市场压力,否则媒体将可能成为诱发侵害投资者利益的盈余管理行为的"罪魁祸首"。从公司内部治理角度看,上市公司应当意识到过度自信管理者的非理性行为通常伴有激进的对外报告策略,保持适当的会计稳健性则是过度自信管理者应恪守的信条。当公司备受媒体关注时,管理者的从容自信则可以有效避免网络媒体报道的舆论压力对上市公司产生负面影响,而管理者的权力过于集中则可能使其面对媒体报道产生的压力时进行更多的盈余调整。从投资者角度看,广大投资者需对媒体高度关注的公司及过度自信管理者所在的公司的会计信息质量保持高度警惕,仔细甄别其盈余管理行为,避免被误导而做出错误的投资决策。

6.7　本　章　小　结

本章以第 3 章为本原,对网络媒体报道影响盈余管理的上市公司内部动因进行了调节效应分析。首先,对管理者过度自信如何在网络媒体报道影响盈余管理的过程中发挥调节作用的机理进行了理论阐述,从盈余预测乐观程度、相对薪酬水平及管理者背景特征三个角度建立管理者过度自信指标,并实证检验了管理者过度自信对网络媒体报道影响盈余管理的调节作用。其次,对股权集中度这一调节因素进行理论分析,并实证检验了股权集中度对网络媒体报道影响盈余管理的调节作用。再次,对产权性质这一调节因素进行理论分析,并实证检验了产权性质对网络媒体报道影响盈余管理的调节作用。最后，在管理者过度自信、股权集中度、产权性质均在网络媒体报道与盈余管理的正相关关系中存在调节作用的基础上，总结了本章的研究结论及学术贡献。

第 7 章

结　　论

盈余管理作为上市公司管理者调整会计信息对外披露策略的主要手段，在维护自身利益最大化的同时，也可能对投资者利益造成损害。网络媒体报道作为一种外部治理角色，比传统媒体报道具有更强的时效性与更大的影响力，对公司管理者盈余管理行为的约束和规范具有重要的意义。资本市场中网络媒体报道受众的投资者以及实施盈余管理行为主体的管理者，均能够在网络媒体报道对盈余管理的影响机理中发挥关键性作用。鉴于此，本书在构建了网络媒体报道影响盈余管理的理论分析框架的基础上，检验了网络媒体报道是否对上市公司盈余管理产生影响，剖析了异质性网络媒体报道对盈余管理的影响，探究了网络媒体报道如何通过投资者关注从公司外部对盈余管理产生影响，揭示了网络媒体报道影响盈余管理的调节因素。

7.1　主要研究结论

（1）完善了网络媒体报道影响盈余管理的影响机理，检验了网络媒体报道对盈余管理的作用方向。本书以现有文献的研究结论为基础，建立了上市公司进行盈余管理的前提条件模型并提出研究假设。本书研究结论证实了网络媒体报道可以通过市场压力机制迫使上市公司管理者从事更多盈余管理活动。

（2）剖析了不同类型的网络媒体报道对盈余管理存在的差异性影响，刻画了异质性网络媒体报道对盈余管理的影响机理。本书研究发现，不同类型的网络媒体报道对上市公司盈余管理的影响均存在显著差异。网络媒体报道的报道针对性程度越强，负面情绪色彩越强，报道转载率越高，上市公司的盈余管理程度则越高，填补了异质性网络媒体报道对盈余管理影响的理论空白。

（3）基于投资者关注视角揭示了网络媒体报道影响盈余管理的路径机制，阐释了网络媒体报道对盈余管理影响的外部作用机制。本书研究发现，网络媒体报道需要通过由新闻报道引发的投资者被动引导型异常关注才能对公司盈余管理产生影响，阐明了网络媒体报道对盈余管理的影响机制。

（4）揭示了部分因素在网络媒体报道影响盈余管理的过程中的调节作用。本书研究发现，管理者过度自信、股权集中度和产权性质均在网络媒体报道影响盈余管理的过程中存在调节作用。研究结论填补了从管理者心理行为视角分析媒体关注经济后果的产生机理的理论空白，更好地刻画了网络媒体报道影响公司盈余管理的理论逻辑。

7.2　创新性成果

（1）构建网络媒体报道影响盈余管理的理论分析框架。通过对国内外现有文献的梳理和分析，综合运用委托代理理论、信息不对称理论及信号传递理论，构建网络媒体报道影响盈余管理的理论分析框架，打开网络媒体报道影响盈余管理的"黑箱"，从理论上诠释网络媒体报道影响盈余管理的机理。本书的研究发现了网络媒体报道可以通过对公司管理层造成外部市场压力，迫使公司管理层产生更多盈余管理行为，弥合了现有文献中媒体报道对盈余管理影响方向的学术分歧。此外，本书为媒体治理研究中饱受诟病的内生性问题开发了新的工具变量，有效缓解了网络媒体报道对盈余管理影响研究中可能存在的"双向因果"问题，增加了实证结果的可靠性与科学性。

（2）发掘异质性网络媒体报道对盈余管理的影响。本书从网络媒体报道的基于报道针对性、报道情绪色彩、报道原创性三个维度深入探究了网络媒体报道对盈余管理的影响机理，填补网络媒体报道影响盈余管理的理论空白。

（3）探索网络媒体报道影响盈余管理的路径机制。本书基于投资者异常关注视角揭示了网络媒体报道影响盈余管理的外部机制，发现了网络媒体报道需要通过由新闻报道引发的投资者被动引导型异常关注才能对公司盈余管理行为产生影响，填补了异质性投资者关注视角下媒体报道经济后果的细化研究的理论空白。

（4）探究网络媒体报道影响盈余管理的情景条件。本书探究了管理者过度自信、股权集中度和产权性质等情景因素，对网络媒体报道影响盈余管理的过程能否发挥调节作用，刻画了网络媒体报道影响盈余管理的情景条件的理论逻辑。同时，本书还揭示了网络媒体报道和管理者过度自信对盈余管理影响的反协同作用。从管理者过度自信角度完善了媒体报道对盈余管理影响机制的理论研究，发现了网络媒体报道抑制管理者过度自信对盈余管理产生作用的同时，管理者过度自信也可以抑制网络媒体报道对盈余管理的影响。

7.3　后续研究

未来可以考虑从以下角度进行后续研究。

（1）本书仅从网络媒体报道数量考察了网络媒体报道对盈余管理程度的影响。但是网络媒体报道包括搜索引擎、新闻资讯平台报道、自媒体报道或社交平台的评论。在本书基础上，可以探讨来自不同平台的网络媒体关注对盈余管理的影响。

（2）在不同类型的网络媒体上刊载相同的新闻报道可能对上市公司的盈余管理行为产生不同程度的影响。在本书的基础上，还可以从网络媒体报道的刊载来源（如报道来源是官方媒体、财经媒体还是法制媒体等）对本课题进行更细致的研究。

（3）本书实证检验了投资者异常关注在网络媒体报道对盈余管理的影响过程中存在中介效应。在本书基础上，可将投资者的关注方式（如电脑端关注还是移动端关注）或关注地点（如关注地点是否为经济发达地区）等角度作为切入点，分析不同类型的投资者关注是否仍然可以在网络媒体报道影响盈余管理的路径中存在中介作用。

（4）除了管理者过度自信之外，管理者心理特征还可以从抗压意识、诚信意识、创新意识、担当意识、危机意识等其他角度进行评价。

可见，网络媒体报道产生的市场压力效应是否能够通过影响管理者的这些心理特征对其盈余管理行为产生影响，仍有待进一步探索。

附　　表

样本公司被搜索次数　　　　　　　　　　　　　　单位：万次

股票代码	股票名称	知名度	股票代码	股票名称	知名度	股票代码	股票名称	知名度
000002	万科 A	7 260	000025	特力 A	255	000048	康达尔	484
000004	国农科技	2 870	000026	飞亚达	2 600	000049	德赛电池	805
000005	世纪星源	136	000027	深圳能源	528	000050	深天马 A	427
000006	深振业 A	185	000028	国药一致	1 000	000055	方大集团	1 010
000007	全新好	1 650	000029	深深房 A	209	000056	皇庭国际	146
000008	神州高铁	674	000030	富奥股份	256	000059	华锦股份	525
000009	中国宝安	487	000031	大悦城	6 480	000060	中金岭南	289
000011	深物业 A	239	000032	深桑达 A	114	000062	深圳华强	745
000012	南玻 A	956	000034	神州数码	1 980	000063	中兴通讯	6 480
000014	沙河股份	136	000035	中国天楹	172	000065	北方国际	1 460
000016	深康佳 A	779	000036	华联控股	1 110	000066	中国长城	2 050
000017	深中华 A	133	000037	深南电 A	133	000068	华控赛格	133
000019	深粮控股	57	000039	中集集团	695	000069	华侨城 A	1 310
000020	深华发 A	155	000040	东旭蓝天	206	000070	特发信息	474
000021	深科技	876	000042	中洲控股	198	000078	海王生物	832
000023	深天地 A	107	000045	深纺织 A	155	000088	盐田港	884

续表

股票代码	股票名称	知名度	股票代码	股票名称	知名度	股票代码	股票名称	知名度
000089	深圳机场	2 980	000423	东阿阿胶	3 610	000531	穗恒运 A	96
000090	天健集团	193	000425	徐工机械	737	000532	华金资本	401
000096	广聚能源	151	000426	兴业矿业	206	000533	顺钠股份	24
000099	中信海直	147	000429	粤高速 A	961	000534	万泽股份	372
000100	TCL 科技	7 290	000430	张家界	7 160	000536	华映科技	450
000151	中成股份	391	000488	晨鸣纸业	1 730	000537	广宇发展	124
000153	丰原药业	106	000498	山东路桥	1 240	000538	云南白药	7 410
000155	川能动力	56	000501	鄂武商 A	134	000539	粤电力 A	140
000156	华数传媒	501	000502	绿景控股	73	000540	中天金融	1 010
000157	中联重科	4 400	000503	国新健康	3 840	000541	佛山照明	1 290
000158	常山北明	771	000505	京粮控股	80	000543	皖能电力	120
000159	国际实业	1 170	000506	中润资源	682	000544	中原环保	170
000301	东方盛虹	119	000507	珠海港	1 640	000545	金浦钛业	89
000333	美的集团	4 870	000509	华塑控股	118	000546	金圆股份	260
000338	潍柴动力	1 880	000510	新金路	566	000547	航天发展	2 370
000400	许继电气	417	000513	丽珠集团	1 100	000548	湖南投资	170
000401	冀东水泥	656	000514	渝开发	242	000550	江铃汽车	1 760
000402	金融街	1 200	000517	荣安地产	167	000551	创元科技	115
000404	长虹华意	53	000518	四环生物	258	000552	靖远煤电	96
000407	胜利股份	112	000519	中兵红箭	34	000553	安道麦 A	137
000408	藏格控股	96	000520	长航凤凰	136	000554	泰山石油	131
000411	英特集团	99	000521	长虹美菱	172	000555	神州信息	317
000413	东旭光电	625	000523	广州浪奇	187	000557	西部创业	984
000417	合肥百货	777	000525	红太阳	1 120	000558	莱茵体育	1 050
000419	通程控股	152	000528	柳工	6 120	000559	万向钱潮	255
000420	吉林化纤	189	000529	广弘控股	90	000560	我爱我家	291
000421	南京公用	913	000530	大冷股份	90	000561	烽火电子	1 190

续表

股票代码	股票名称	知名度	股票代码	股票名称	知名度	股票代码	股票名称	知名度
000564	供销大集	163	000608	阳光股份	278	000656	金科股份	1 240
000565	渝三峡 A	103	000609	中迪投资	442	000657	中钨高新	99
000566	海南海药	565	000610	西安旅游	3 530	000661	长春高新	1 510
000568	泸州老窖	6 490	000612	焦作万方	183	000662	天夏智慧	608
000570	苏常柴 A	92	000615	京汉股份	251	000663	永安林业	125
000573	粤宏远 A	66	000616	海航投资	1 110	000665	湖北广电	1 370
000576	广东甘化	110	000619	海螺型材	652	000667	美好置业	931
000581	威孚高科	169	000620	新华联	2 600	000668	荣丰控股	73
000582	北部湾港	1 380	000622	恒立实业	242	000669	金鸿控股	139
000584	哈工智能	368	000623	吉林敖东	566	000671	阳光城	1 020
000586	汇源通信	197	000625	长安汽车	7 240	000672	上峰水泥	220
000587	金洲慈航	130	000626	远大控股	1 100	000673	当代东方	328
000589	贵州轮胎	831	000628	高新发展	220	000677	恒天海龙	99
000590	启迪古汉	95	000629	攀钢钒钛	739	000678	襄阳轴承	129
000592	平潭发展	135	000630	铜陵有色	549	000679	大连友谊	188
000593	大通燃气	96	000631	顺发恒业	110	000680	山推股份	919
000595	宝塔实业	553	000632	三木集团	147	000681	视觉中国	6 390
000596	古井贡酒	1 740	000633	合金投资	116	000682	东方电子	540
000597	东北制药	497	000635	英力特	193	000683	远兴能源	179
000598	兴蓉环境	231	000636	风华高科	563	000685	中山公用	153
000599	青岛双星	1 130	000637	茂化实华	91	000687	华讯方舟	302
000600	建投能源	960	000638	万方发展	109	000688	国城矿业	42
000601	韶能股份	156	000639	西王食品	163	000690	宝新能源	1 130
000603	盛达资源	989	000650	仁和药业	533	000692	惠天热电	81
000605	渤海股份	145	000651	格力电器	7 380	000695	滨海能源	97
000606	顺利办	657	000652	泰达股份	1 050	000697	炼石航空	121
000607	华媒控股	118	000655	金岭矿业	175	000698	沈阳化工	1 290

股票代码	股票名称	知名度	股票代码	股票名称	知名度	股票代码	股票名称	知名度
000700	模塑科技	1 070	000739	普洛药业	152	000800	一汽轿车	1 770
000701	厦门信达	237	000751	锌业股份	122	000801	四川九洲	1 160
000702	正虹科技	120	000753	漳州发展	125	000802	北京文化	9 170
000703	恒逸石化	331	000756	新华制药	421	000803	金宇车城	94
000705	浙江震元	123	000757	浩物股份	56	000807	云铝股份	208
000708	中信特钢	568	000758	中色股份	210	000809	铁岭新城	470
000709	河钢股份	218	000759	中百集团	1 080	000810	创维数字	1 030
000710	贝瑞基因	219	000761	本钢板材	251	000811	冰轮环境	216
000711	京蓝科技	777	000762	西藏矿业	168	000812	陕西金叶	133
000713	丰乐种业	297	000766	通化金马	191	000813	德展健康	124
000715	中兴商业	956	000767	漳泽电力	244	000818	航锦科技	276
000716	南方黑芝麻	996	000768	中航飞机	336	000819	岳阳兴长	148
000718	苏宁环球	393	000777	中核科技	1 020	000821	京山轻机	131
000719	中原传媒	1 390	000778	新兴铸管	1 280	000822	山东海化	305
000720	新能泰山	1 190	000779	甘咨询	318	000823	超声电子	1 190
000722	湖南发展	2 600	000780	平庄能源	87	000825	太钢不锈	475
000723	美锦能源	659	000782	美达股份	131	000826	启迪环境	103
000725	京东方A	2 970	000785	居然之家	3 990	000828	东莞控股	1 230
000726	鲁泰A	918	000786	北新建材	400	000829	天音控股	210
000727	华东科技	352	000788	北大医药	142	000830	鲁西化工	947
000729	燕京啤酒	2 650	000789	万年青	2 990	000833	粤桂股份	149
000731	四川美丰	155	000790	泰合健康	733	000835	长城动漫	1 280
000732	泰禾集团	917	000793	华闻集团	356	000836	富通鑫茂	43
000733	振华科技	172	000795	英洛华	195	000837	秦川机床	206
000735	罗牛山	647	000797	中国武夷	307	000838	财信发展	449
000736	中交地产	1 170	000798	中水渔业	96	000839	中信国安	1 000
000738	航发控制	2 310	000799	酒鬼酒	3 250	000848	承德露露	271

续表

股票代码	股票名称	知名度	股票代码	股票名称	知名度	股票代码	股票名称	知名度
000850	华茂股份	143	000900	现代投资	578	000951	中国重汽	1 480
000851	高鸿股份	266	000901	航天科技	2 090	000952	广济药业	207
000852	石化机械	1 130	000902	新洋丰	232	000955	欣龙控股	372
000856	冀东装备	131	000903	云内动力	639	000957	中通客车	850
000858	五粮液	6 710	000905	厦门港务	908	000959	首钢股份	6 630
000859	国风塑业	1 040	000906	浙商中拓	590	000960	锡业股份	468
000860	顺鑫农业	2 680	000908	景峰医药	198	000961	中南建设	1 230
000862	银星能源	200	000909	数源科技	105	000962	东方钽业	147
000863	三湘印象	489	000920	南方汇通	145	000963	华东医药	563
000869	张裕 A	3 910	000921	海信家电	3 920	000965	天保基建	103
000876	新希望	6 650	000922	佳电股份	163	000966	长源电力	150
000877	天山股份	269	000923	河钢资源	435	000967	盈峰环境	305
000878	云南铜业	377	000925	众合科技	186	000968	蓝焰控股	77
000880	潍柴重机	92	000926	福星股份	100	000969	安泰科技	373
000881	中广核技	1 020	000927	一汽夏利	946	000970	中科三环	237
000883	湖北能源	434	000928	中钢国际	1 040	000973	佛塑科技	192
000885	城发环境	352	000929	兰州黄河	854	000975	银泰黄金	846
000886	海南高速	2 010	000930	中粮科技	1 160	000976	华铁股份	244
000887	中鼎股份	843	000931	中关村	7 540	000977	浪潮信息	1 450
000888	峨眉山 A	6 970	000932	华菱钢铁	693	000978	桂林旅游	2 640
000889	中嘉博创	54	000933	神火股份	176	000980	众泰汽车	2 070
000890	法尔胜	279	000936	华西股份	1 230	000983	西山煤电	1 310
000892	欢瑞世纪	482	000937	冀中能源	718	000985	大庆华科	118
000893	东凌国际	295	000938	紫光股份	1 180	000988	华工科技	706
000895	双汇发展	1 140	000948	南天信息	143	000989	九芝堂	1 090
000898	鞍钢股份	1 310	000949	新乡化纤	162	000990	诚志股份	201
000899	赣能股份	218	000950	重药控股	383	000993	闽东电力	190

续表

股票代码	股票名称	知名度	股票代码	股票名称	知名度	股票代码	股票名称	知名度
000996	中国中期	1 930	002035	华帝股份	6 160	002063	远光软件	1 160
000997	新大陆	1 140	002036	联创电子	436	002064	华峰氨纶	137
000998	隆平高科	519	002037	保利联合	1 230	002065	东华软件	663
000999	华润三九	558	002038	双鹭药业	271	002066	瑞泰科技	203
001696	宗申动力	269	002039	黔源电力	106	002067	景兴纸业	184
001896	豫能控股	89	002040	南京港	1 340	002068	黑猫股份	77
001979	招商蛇口	1 180	002041	登海种业	313	002069	獐子岛	1 590
002001	新和成	585	002042	华孚时尚	170	002071	长城影视	466
002004	华邦健康	786	002043	兔宝宝	1 160	002073	软控股份	251
002006	精功科技	303	002045	国光电器	394	002074	国轩高科	780
002007	华兰生物	506	002046	轴研科技	156	002075	沙钢股份	533
002016	世荣兆业	148	002047	宝鹰股份	127	002076	雪莱特	776
002017	东信和平	266	002048	宁波华翔	442	002077	大港股份	207
002019	亿帆医药	165	002049	紫光国微	249	002078	太阳纸业	633
002020	京新药业	299	002050	三花智控	144	002079	苏州固锝	267
002022	科华生物	528	002051	中工国际	4 590	002080	中材科技	928
002023	海特高新	566	002052	同洲电子	347	002081	金螳螂	1 150
002024	苏宁易购	7 140	002053	云南能投	314	002082	万邦德	118
002025	航天电器	366	002054	德美化工	165	002083	孚日股份	208
002026	山东威达	130	002055	得润电子	219	002084	海鸥住工	532
002028	思源电气	262	002056	横店东磁	314	002085	万丰奥威	157
002029	七匹狼	4 180	002057	中钢天源	185	002087	新野纺织	193
002030	达安基因	505	002058	威尔泰	114	002088	鲁阳节能	93
002031	巨轮智能	631	002059	云南旅游	5 260	002090	金智科技	188
002032	苏泊尔	6 560	002060	粤水电	152	002092	中泰化学	284
002033	丽江旅游	6 250	002061	浙江交科	194	002093	国脉科技	161
002034	旺能环境	2 590	002062	宏润建设	278	002094	青岛金王	160

续表

股票代码	股票名称	知名度	股票代码	股票名称	知名度	股票代码	股票名称	知名度
002095	生意宝	927	002126	银轮股份	221	002159	三特索道	147
002096	南岭民爆	61	002128	露天煤业	191	002160	常铝股份	234
002097	山河智能	1 610	002129	中环股份	427	002161	远望谷	404
002098	浔兴股份	155	002130	沃尔核材	133	002162	悦心健康	481
002099	海翔药业	288	002131	利欧股份	503	002163	中航三鑫	134
002100	天康生物	249	002132	恒星科技	1 120	002165	红宝丽	126
002101	广东鸿图	545	002133	广宇集团	127	002166	莱茵生物	241
002104	恒宝股份	167	002135	东南网架	199	002167	东方锆业	56
002105	信隆健康	267	002137	麦达数字	142	002168	惠程科技	220
002106	莱宝高科	268	002138	顺络电子	342	002169	智光电气	226
002107	沃华医药	128	002139	拓邦股份	281	002170	芭田股份	279
002108	沧州明珠	690	002140	东华科技	1 300	002171	楚江新材	87
002109	兴化股份	1 050	002141	贤丰控股	198	002172	澳洋健康	291
002110	三钢闽光	262	002144	宏达高科	58	002174	游族网络	649
002111	威海广泰	149	002145	中核钛白	156	002176	江特电机	328
002112	三变科技	763	002146	荣盛发展	1 120	002177	御银股份	580
002114	罗平锌电	87	002148	北纬科技	1 200	002178	延华智能	158
002115	三维通信	242	002149	西部材料	151	002179	中航光电	362
002116	中国海诚	105	002150	通润装备	30	002180	纳思达	261
002117	东港股份	772	002151	北斗星通	355	002182	云海金属	261
002118	紫鑫药业	328	002152	广电运通	394	002184	海得控制	144
002119	康强电子	179	002153	石基信息	770	002185	华天科技	1 250
002120	韵达股份	1 090	002154	报喜鸟	992	002187	广百股份	180
002121	科陆电子	421	002155	湖南黄金	1 020	002189	中光学	318
002123	梦网集团	1 100	002156	通富微电	91	002192	融捷股份	237
002124	天邦股份	573	002157	正邦科技	1 070	002193	如意集团	1 370
002125	湘潭电化	848	002158	汉钟精机	36	002194	武汉凡谷	540

续表

股票代码	股票名称	知名度	股票代码	股票名称	知名度	股票代码	股票名称	知名度
002195	二三四五	630	002226	江南化工	1 900	002254	泰和新材	356
002196	方正电机	195	002227	奥特迅	161	002255	海陆重工	331
002197	证通电子	1 070	002228	合兴包装	793	002256	兆新股份	1 080
002198	嘉应制药	94	002229	鸿博股份	171	002258	利尔化学	186
002199	东晶电子	427	002230	科大讯飞	6 430	002261	拓维信息	1 090
002201	九鼎新材	234	002231	奥维通信	115	002262	恩华药业	265
002202	金风科技	1 100	002232	启明信息	200	002264	新华都	1 430
002203	海亮股份	476	002233	塔牌集团	211	002265	西仪股份	119
002204	大连重工	2 960	002234	民和股份	237	002266	浙富控股	118
002205	国统股份	295	002235	安妮股份	715	002267	陕天然气	1 330
002206	海利得	178	002236	大华股份	1 380	002268	卫士通	400
002208	合肥城建	696	002237	恒邦股份	219	002269	美邦服饰	372
002209	达意隆	142	002238	天威视讯	202	002270	华明装备	253
002211	宏达新材	322	002239	奥特佳	958	002271	东方雨虹	1 270
002212	南洋股份	822	002240	威华股份	321	002272	川润股份	94
002213	特尔佳	328	002241	歌尔股份	1 020	002273	水晶光电	359
002214	大立科技	477	002242	九阳股份	6 710	002274	华昌化工	214
002215	诺普信	396	002243	通产丽星	256	002275	桂林三金	239
002216	三全食品	509	002244	滨江集团	358	002276	万马股份	710
002217	合力泰	553	002245	澳洋顺昌	195	002277	友阿股份	183
002218	拓日新能	305	002246	北化股份	157	002278	神开股份	401
002219	恒康医疗	162	002247	聚力文化	1 270	002279	久其软件	464
002221	东华能源	344	002249	大洋电机	296	002280	联络互动	402
002222	福晶科技	217	002250	联化科技	1 040	002281	光迅科技	474
002223	鱼跃医疗	540	002251	步步高	7 340	002282	博深股份	169
002224	三力士	464	002252	上海莱士	844	002283	天润曲轴	116
002225	濮耐股份	84	002253	川大智胜	202	002284	亚太股份	1 410

续表

股票代码	股票名称	知名度	股票代码	股票名称	知名度	股票代码	股票名称	知名度
002285	世联行	508	002316	亚联发展	349	002347	泰尔股份	414
002286	保龄宝	125	002317	众生药业	259	002348	高乐股份	290
002287	奇正藏药	451	002318	久立特材	56	002349	精华制药	175
002288	超华科技	62	002319	乐通股份	202	002350	北京科锐	1 030
002292	奥飞娱乐	669	002320	海峡股份	1 000	002351	漫步者	1 230
002293	罗莱生活	964	002321	华英农业	170	002352	顺丰控股	1 830
002294	信立泰	568	002322	理工环科	1 310	002353	杰瑞股份	728
002295	精艺股份	263	002324	普利特	676	002354	天神娱乐	1 080
002296	辉煌科技	250	002325	洪涛股份	594	002355	兴民智通	83
002297	博云新材	563	002326	永太科技	245	002357	富临运业	326
002298	中电兴发	114	002327	富安娜	1 200	002358	森源电气	280
002299	圣农发展	303	002328	新朋股份	378	002360	同德化工	70
002300	太阳电缆	944	002329	皇氏集团	309	002361	神剑股份	316
002301	齐心集团	261	002330	得利斯	505	002362	汉王科技	396
002302	西部建设	484	002331	皖通科技	250	002363	隆基机械	326
002303	美盈森	911	002332	仙琚制药	199	002364	中恒电气	452
002304	洋河股份	1 180	002334	英威腾	953	002365	永安药业	107
002305	南国置业	192	002335	科华恒盛	362	002366	台海核电	171
002307	北新路桥	201	002337	赛象科技	123	002367	康力电梯	286
002308	威创股份	174	002338	奥普光电	97	002368	太极股份	1 210
002309	中利集团	738	002339	积成电子	323	002369	卓翼科技	444
002310	东方园林	1 810	002340	格林美	799	002370	亚太药业	189
002311	海大集团	377	002341	新纶科技	529	002371	北方华创	573
002312	三泰控股	242	002342	巨力索具	168	002372	伟星新材	125
002313	日海智能	322	002343	慈文传媒	405	002373	千方科技	301
002314	南山控股	873	002345	潮宏基	732	002374	丽鹏股份	83
002315	焦点科技	2 430	002346	柘中股份	80	002375	亚厦股份	262

续表

股票代码	股票名称	知名度	股票代码	股票名称	知名度	股票代码	股票名称	知名度
002376	新北洋	381	002405	四维图新	2 320	002435	长江健康	1 180
002377	国创高新	604	002406	远东传动	85	002436	兴森科技	628
002378	章源钨业	130	002407	多氟多	404	002437	誉衡药业	208
002379	宏创控股	76	002408	齐翔腾达	238	002438	江苏神通	294
002380	科远智慧	71	002409	雅克科技	241	002439	启明星辰	683
002381	双箭股份	122	002410	广联达	1 100	002440	闰土股份	180
002382	蓝帆医疗	445	002411	延安必康	162	002441	众业达	189
002383	合众思壮	355	002412	汉森制药	129	002442	龙星化工	166
002384	东山精密	497	002413	雷科防务	150	002443	金洲管道	130
002385	大北农	1 150	002414	高德红外	460	002444	巨星科技	330
002386	天原集团	308	002415	海康威视	6 430	002446	盛路通信	343
002387	维信诺	389	002416	爱施德	242	002447	晨鑫科技	542
002388	新亚制程	162	002417	深南股份	568	002448	中原内配	134
002389	航天彩虹	1 250	002418	康盛股份	147	002449	国星光电	346
002390	信邦制药	168	002419	天虹股份	1 070	002451	摩恩电气	162
002392	北京利尔	107	002421	达实智能	238	002452	长高集团	1 080
002393	力生制药	173	002422	科伦药业	1 230	002453	华软科技	602
002394	联发股份	745	002424	贵州百灵	394	002454	松芝股份	1 310
002395	双象股份	105	002425	凯撒文化	1 080	002455	百川股份	1 100
002396	星网锐捷	611	002426	胜利精密	300	002456	欧菲光	1 120
002397	梦洁股份	361	002428	云南锗业	46	002457	青龙管业	24
002398	垒知集团	53	002429	兆驰股份	384	002458	益生股份	2 750
002399	海普瑞	279	002430	杭氧股份	145	002459	晶澳科技	364
002401	中远海科	66	002431	棕榈股份	1 100	002460	赣锋锂业	879
002402	和而泰	321	002432	九安医疗	301	002461	珠江啤酒	459
002403	爱仕达	1 620	002433	太安堂	262	002462	嘉事堂	168
002404	嘉欣丝绸	120	002434	万里扬	599	002463	沪电股份	1 050

续表

股票代码	股票名称	知名度	股票代码	股票名称	知名度	股票代码	股票名称	知名度
002464	众应互联	1 440	002493	荣盛石化	200	002523	天桥起重	83
002465	海格通信	306	002494	华斯股份	84	002524	光正集团	368
002466	天齐锂业	665	002495	佳隆股份	56	002526	山东矿机	156
002467	二六三	657	002496	辉丰股份	451	002527	新时达	438
002468	申通快递	6 700	002497	雅化集团	391	002528	英飞拓	235
002469	三维工程	1 920	002498	汉缆股份	135	002529	海源复材	59
002470	金正大	647	002502	鼎龙文化	307	002530	金财互联	485
002471	中超控股	723	002503	搜于特	534	002531	天顺风能	137
002472	双环传动	122	002504	弘高创意	106	002532	新界泵业	188
002473	圣莱达	97	002505	大康农业	322	002533	金杯电工	129
002474	榕基软件	142	002506	协鑫集成	466	002534	杭锅股份	89
002475	立讯精密	1 430	002507	涪陵榨菜	986	002535	林州重机	155
002476	宝莫股份	95	002508	老板电器	1 800	002536	飞龙股份	959
002478	常宝股份	154	002509	天广中茂	35	002537	海联金汇	1 090
002479	富春环保	974	002510	天汽模	284	002538	司尔特	169
002480	新筑股份	321	002511	中顺洁柔	299	002539	云图控股	223
002481	双塔食品	285	002512	达华智能	286	002540	亚太科技	1 120
002482	广田集团	366	002513	蓝丰生化	285	002541	鸿路钢构	70
002483	润邦股份	282	002514	宝馨科技	114	002542	中化岩土	116
002484	江海股份	112	002515	金字火腿	563	002543	万和电气	524
002485	希努尔	321	002516	旷达科技	363	002544	杰赛科技	310
002486	嘉麟杰	295	002517	恺英网络科技	1 080	002545	东方铁塔	108
002487	大金重工	83	002518	科士达	1 240	002546	新联电子	1 060
002488	金固股份	225	002519	银河电子	402	002547	春兴精工	1 250
002489	浙江永强	152	002520	日发精机	17	002548	金新农	225
002490	山东墨龙	144	002521	齐峰新材	34	002549	凯美特气	93
002492	恒基达鑫	109	002522	浙江众成	528	002550	千红制药	189

股票代码	股票名称	知名度	股票代码	股票名称	知名度	股票代码	股票名称	知名度
002551	尚荣医疗	235	002579	中京电子	227	002610	爱康科技	1 160
002552	宝鼎科技	943	002580	圣阳股份	193	002611	东方精工	303
002553	南方轴承	75	002581	未名医药	250	002612	朗姿股份	164
002554	惠博普	136	002582	好想你食品	807	002613	北玻股份	263
002555	三七互娱	835	002583	海能达	971	002614	奥佳华	1 130
002556	辉隆股份	192	002584	西陇科学	384	002615	哈尔斯	848
002557	洽洽	1 620	002585	双星新材	120	002616	长青集团	996
002558	巨人网络	1 370	002587	奥拓电子	217	002617	露笑科技	222
002559	亚威股份	220	002588	史丹利	2 600	002618	丹邦科技	104
002560	通达股份	978	002589	瑞康医药	288	002619	艾格拉斯	254
002561	徐家汇	6 590	002590	万安科技	248	002620	瑞和股份	815
002562	兄弟科技	1 370	002592	八菱科技	137	002622	融钰集团	54
002563	森马服饰	357	002593	日上集团	1 040	002623	亚玛顿	218
002564	天沃科技	198	002594	比亚迪	7 180	002624	完美世界	6 660
002565	顺灏股份	127	002595	豪迈科技	1 180	002625	光启技术	1 080
002566	益盛药业	94	002596	海南瑞泽	381	002626	金达威	180
002567	唐人神	502	002597	金禾实业	154	002627	宜昌交运	133
002568	百润股份	296	002598	山东章鼓	74	002628	成都路桥	976
002570	贝因美	4 800	002599	盛通股份	478	002630	华西能源	150
002571	德力股份	674	002600	领益智造	1 160	002631	德尔未来	1 000
002572	索菲亚	1 340	002601	龙蟒佰利	149	002632	道明光学	343
002573	清新环境	1 980	002602	世纪华通	345	002633	申科股份	155
002574	明牌珠宝	367	002603	以岭药业	638	002634	棒杰股份	61
002575	群兴玩具	177	002605	姚记科技	399	002635	安洁科技	133
002576	通达动力	99	002606	大连电瓷	197	002636	金安国纪	103
002577	雷柏科技	222	002608	江苏国信	1 150	002637	赞宇科技	140
002578	闽发铝业	93	002609	捷顺科技	261	002638	勤上股份	268

续表

股票代码	股票名称	知名度	股票代码	股票名称	知名度	股票代码	股票名称	知名度
002639	雪人股份	204	002669	康达新材	156	002702	海欣食品	119
002640	跨境通	371	002671	龙泉股份	63	002703	浙江世宝	236
002641	永高股份	200	002672	东江环保	439	002705	新宝股份	491
002643	万润股份	441	002674	兴业科技	1 150	002706	良信电器	155
002644	佛慈制药	194	002675	东诚药业	213	002708	光洋股份	192
002645	华宏科技	711	002676	顺威股份	103	002709	天赐材料	1 130
002646	青青稞酒	1 200	002677	浙江美大	157	002713	东易日盛	2 620
002648	卫星石化	291	002678	珠江钢琴	1 050	002714	牧原股份	1 060
002649	博彦科技	648	002679	福建金森	81	002715	登云股份	81
002650	加加食品	673	002681	奋达科技	331	002717	岭南股份	1 150
002651	利君股份	292	002682	龙洲股份	240	002721	金一文化	6 970
002652	扬子新材	278	002683	宏大爆破	126	002722	金轮股份	271
002653	海思科	287	002685	华东重机	48	002723	金莱特	193
002654	万润利达	287	002686	亿利达	576	002724	海洋王	908
002655	共达电声	244	002687	乔治白	203	002726	龙大肉食	571
002657	中科金财	247	002688	金河生物	88	002727	一心堂	713
002658	雪迪龙	214	002689	远大智能	1 030	002728	特一药业	2 920
002659	凯文教育	1 110	002690	美亚光电	207	002729	好利来	3 060
002660	茂硕电源	571	002693	双成药业	94	002730	电光科技	2 640
002661	克明面业	248	002694	顾地科技	103	002731	萃华珠宝	166
002662	京威股份	242	002695	煌上煌	845	002732	燕塘乳业	108
002663	普邦股份	179	002696	百洋股份	207	002733	雄韬股份	285
002664	长鹰信质	56	002697	红旗连锁	664	002735	王子新材	392
002665	首航高科	197	002698	博实股份	233	002737	葵花药业	1 210
002666	德联集团	259	002699	美盛文化	395	002738	中矿资源	446
002667	鞍重股份	102	002700	新疆浩源	95	002739	万达	7 790
002668	奥马电器	406	002701	奥瑞金	391	002740	爱迪尔	953

续表

股票代码	股票名称	知名度	股票代码	股票名称	知名度	股票代码	股票名称	知名度
002741	光华科技	315	002780	三夫户外	453	002819	东方中科	976
002745	木林森	1 950	002781	奇信股份	141	002820	桂发祥	309
002746	仙坛股份	146	002782	可立克	337	002821	凯莱英	512
002747	埃斯顿	377	002783	凯龙股份	320	002822	中装建设	1 880
002748	世龙实业	100	002785	万里石	97	002823	凯中精密	73
002750	龙津药业	153	002786	银宝山新	434	002824	和胜股份	763
002751	易尚展示	160	002787	华源控股	268	002825	纳尔股份	227
002752	昇兴股份	1 050	002788	鹭燕医药	82	002826	易明医药	100
002753	永东股份	125	002789	建艺集团	117	002827	高争民爆	96
002755	奥赛康	150	002792	通宇通讯	178	002831	裕同科技	277
002756	永兴材料	1 140	002793	东音股份	137	002832	比音勒芬	34
002757	南兴股份	203	002795	永和智控	94	002833	弘亚数控	70
002758	华通医药	144	002796	世嘉科技	191	002841	视源股份	805
002759	天际股份	1 040	002798	帝欧家居	215	002842	翔鹭钨业	80
002760	凤形股份	810	002799	环球印务	69	002843	泰嘉股份	165
002761	多喜爱	3 550	002800	天顺股份	693	002848	高斯贝尔	380
002762	金发拉比	67	002801	微光股份	345	300001	特锐德	502
002763	汇洁股份	85	002802	洪汇新材	36	300002	神州泰岳	336
002765	蓝黛传动	100	002803	吉宏股份	120	300003	乐普医疗	807
002767	先锋电子	1 080	002805	丰元股份	317	300004	南风股份	132
002768	国恩股份	213	002806	华锋股份	250	300005	探路者户外	1 200
002770	科迪乳业	195	002808	恒久科技	1 130	300006	莱美药业	188
002771	真视通	41	002809	红墙股份	191	300007	汉威科技	1 090
002773	康弘药业	255	002810	山东赫达	68	300008	天海防务	126
002777	久远银海	140	002811	亚泰国际	1 030	300009	安科生物	595
002778	高科石化	61	002812	恩捷股份	248	300010	立思辰	1 690
002779	中坚科技	67	002813	路畅科技	593	300011	鼎汉技术	196

续表

股票代码	股票名称	知名度	股票代码	股票名称	知名度	股票代码	股票名称	知名度
300012	华测检测	924	300041	回天新材	106	300073	当升科技	1 100
300013	新宁物流	479	300042	朗科科技	1 000	300074	华平股份	72
300014	亿纬锂能	734	300043	星辉娱乐	1 170	300075	数字政通	208
300016	北陆药业	169	300044	赛为智能	340	300076	GQY 视讯	137
300017	网宿科技	954	300045	华力创通	218	300077	国民技术	401
300018	中元股份	707	300046	台基股份	210	300078	思创医惠	37
300019	硅宝科技	176	300047	天源迪科	330	300079	数码科技	211
300020	银江股份	492	300048	合康新能	11	300080	易成新能	134
300021	大禹节水	283	300049	福瑞股份	121	300081	恒信东方	876
300022	吉峰科技	297	300050	世纪鼎利	34	300082	奥克股份	449
300024	机器人	1 450	300051	三五互联	553	300083	劲胜智能	401
300025	华星创业	353	300052	中青宝	386	300084	海默科技	78
300026	红日药业	360	300053	欧比特	388	300085	银之杰	40
300027	华谊兄弟	1 180	300054	鼎龙股份	309	300086	康芝药业	188
300028	金亚科技	512	300055	万邦达	179	300087	荃银高科	226
300029	天龙光电	175	300056	三维丝	179	300088	长信科技	1 070
300030	阳普医疗	256	300057	万顺新材	35	300092	科新机电	825
300031	宝通科技	258	300061	旗天科技	1 120	300093	金刚玻璃	184
300032	金龙机电	324	300062	中能电气	389	300094	国联水产	173
300033	同花顺	6 630	300064	豫金刚石	469	300095	华伍股份	98
300034	钢研高纳	459	300065	海兰信	90	300096	易联众	263
300035	湖南中科电气	34	300066	三川智慧	366	300097	智云股份	176
300036	超图软件	360	300067	安诺其	148	300098	高新兴	487
300037	新宙邦	301	300068	南都电源	284	300099	精准信息	1 560
300038	数知科技	2 090	300069	金利华电	77	300100	双林股份	492
300039	上海凯宝	333	300070	碧水源	198	300101	振芯科技	148
300040	九洲电气	709	300072	三聚环保	555	300102	乾照光电	297

续表

股票代码	股票名称	知名度	股票代码	股票名称	知名度	股票代码	股票名称	知名度
300103	达刚控股	48	300130	新国都	265	300157	恒泰艾普	133
300104	乐视网	1 450	300131	英唐智控	338	300158	振东制药	657
300105	龙源技术	85	300132	青松股份	105	300159	新研股份	212
300106	西部牧业	129	300133	华策影视	785	300160	秀强股份	693
300107	建新股份	133	300134	大富科技	524	300161	华中数控	528
300108	吉药控股	303	300135	宝利国际	1 020	300162	雷曼光电	197
300109	新开源	229	300136	信维通信	501	300163	先锋新材	659
300110	华仁药业	238	300137	先河环保	390	300164	通源石油	209
300111	向日葵	568	300138	晨光生物	151	300165	天瑞仪器	703
300112	万讯自控	133	300139	晓程科技	149	300166	东方国信	430
300113	顺网科技	472	300140	中环装备	880	300167	迪威迅	58
300114	中航电测	157	300141	和顺电气	105	300168	万达信息	622
300115	长盈精密	692	300142	沃森生物	386	300169	天晟新材	74
300116	坚瑞沃能	232	300143	盈康生命	47	300170	汉得信息	901
300117	嘉寓股份	144	300144	宋城演艺	427	300171	东富龙	238
300118	东方日升	389	300145	中金环境	1 090	300172	中电环保	128
300119	瑞普生物	179	300146	汤臣倍健	4 660	300173	智慧松德	147
300120	经纬辉开	25	300147	香雪制药	308	300174	元力股份	256
300121	阳谷华泰	93	300148	天舟文化	445	300175	朗源股份	127
300122	智飞生物	406	300149	量子生物	1 030	300176	派生科技	401
300123	亚光科技	1 050	300150	世纪瑞尔	97	300177	中海达	544
300124	汇川技术	515	300151	昌红科技	182	300179	四方达	235
300125	易世达	144	300152	科融环境	168	300180	华峰超纤	132
300126	锐奇股份	235	300153	科泰电源	95	300181	佐力药业	181
300127	银河磁体	134	300154	瑞凌股份	286	300182	捷成股份	207
300128	锦富技术	187	300155	安居宝	508	300183	东软载波	263
300129	泰胜风能	95	300156	神雾环保	325	300184	力源信息	172

续表

股票代码	股票名称	知名度	股票代码	股票名称	知名度	股票代码	股票名称	知名度
300185	通裕重工	113	300214	日科化学	93	300241	瑞丰光电	185
300187	永清环保	240	300215	苏州电器科学院	401	300242	佳云科技	43
300188	美亚柏科	873	300216	千山药机	44	300243	瑞丰高材	99
300189	神农科技	1 090	300217	东方电热	240	300245	天玑科技	114
300190	维尔利	217	300218	安利股份	7 230	300246	宝莱特	274
300192	科斯伍德	116	300219	鸿利智汇	123	300247	融捷健康	125
300193	佳士科技	561	300220	金运激光	235	300248	新开普	210
300194	福安药业	189	300221	银禧科技	166	300249	依米康	254
300195	长荣股份	508	300222	科大智能	322	300250	初灵信息	193
300196	长海股份	535	300223	北京君正	357	300251	光线传媒	1 650
300197	铁汉生态	404	300224	正海磁材	105	300252	金信诺	412
300198	纳川股份	134	300225	金力泰	175	300253	卫宁健康	644
300199	翰宇药业	190	300226	上海钢联	584	300254	仟源医药	73
300200	高盟新材	33	300227	光韵达	115	300255	常山药业	136
300201	海伦哲	245	300228	富瑞特装	34	300256	星星科技	389
300202	聚龙股份	623	300229	拓尔思	329	300257	开山股份	848
300203	聚光科技	943	300230	永利股份	1 090	300258	精锻科技	265
300204	舒泰神	149	300231	银信科技	495	300259	新天科技	1 090
300205	天喻信息	188	300232	洲明科技	863	300260	新莱应材	62
300206	理邦仪器	267	300233	金城医药	119	300261	雅本化学	122
300207	欣旺达	767	300234	开尔新材	38	300262	巴安水务	160
300208	青岛中程	1 220	300235	方直科技	454	300263	隆华科技	434
300209	天泽信息	308	300236	上海新阳	1 050	300264	佳创视讯	141
300210	森远股份	138	300237	美晨生态	142	300265	通光线缆	1 040
300211	亿通科技	1 080	300238	冠昊生物	213	300266	兴源环境	158
300212	易华录	339	300239	东宝生物	131	300267	尔康制药	323
300213	佳讯飞鸿	258	300240	飞力达	161	300268	佳沃股份	366

续表

股票代码	股票名称	知名度	股票代码	股票名称	知名度	股票代码	股票名称	知名度
300270	中威电子	139	300298	三诺生物	235	300336	新文化	1 210
300271	华宇软件	968	300299	富春股份	845	300337	银邦股份	184
300272	开能健康	5 850	300300	汉鼎宇佑	286	300339	润和软件	482
300273	和佳股份	240	300301	长方集团	1 000	300340	科恒股份	216
300274	阳光电源	653	300302	同有科技	4 460	300341	麦克奥迪	210
300275	梅安森	118	300303	聚飞光电	244	300342	天银机电	195
300276	三丰智能	109	300304	云意电气	114	300343	联创股份	1 170
300277	海联讯	125	300305	裕兴股份	260	300344	太空智造	61
300278	华昌达	183	300306	远方信息	1 450	300345	红宇新材	61
300279	和晶科技	140	300307	慈星股份	166	300346	南大光电	241
300280	紫天科技	107	300308	中际旭创	195	300348	长亮科技	652
300281	金明精机	16	300310	宜通世纪	218	300349	金卡智能	1 040
300282	三盛教育	482	300311	任子行	281	300350	华鹏飞	138
300283	温州宏丰	179	300312	邦讯技术	350	300351	永贵电器	105
300284	苏交科	168	300314	戴维医疗	85	300352	北信源	567
300285	国瓷材料	315	300315	掌趣科技	485	300353	东土科技	433
300286	安科瑞	1 480	300325	德威新材	105	300354	东华测试	75
300287	飞利信	224	300326	凯利泰	139	300355	蒙草生态	467
300288	朗玛信息	162	300327	中颖电子	383	300356	光一科技	4 380
300289	利德曼	213	300328	宜安科技	389	300357	我武生物	611
300290	荣科科技	367	300329	海伦钢琴	1 130	300359	全通教育	440
300292	吴通控股	139	300330	华虹计通	62	300360	炬华科技	130
300293	蓝英装备	94	300331	苏大维格	124	300363	博腾股份	455
300294	博雅生物	193	300332	天壕环境	92	300364	中文在线	74
300295	三六五网	5 440	300333	兆日科技	141	300368	汇金股份	1 360
300296	利亚德	692	300334	津膜科技	110	300380	安硕信息	345
300297	蓝盾股份	200	300335	迪森股份	275	300383	光环新网	347

续表

股票代码	股票名称	知名度	股票代码	股票名称	知名度	股票代码	股票名称	知名度
300384	三联虹普	273	300455	康拓红外	127	300497	富祥股份	339
300385	雪浪环境	90	300456	耐威科技	214	300498	温氏股份	1 180
300386	飞天诚信	295	300459	金科文化	1 030	300499	高澜股份	105
300387	富邦股份	678	300460	惠伦晶体	73	300501	海顺新材	31
300390	天华超净	184	300461	田中精机	16	300502	新易盛	385
300397	天和防务	67	300462	华铭智能	193	300503	昊志机电	92
300398	飞凯材料	165	300463	迈克生物	210	300505	川金诺	128
300399	京天利	157	300464	星徽精密	101	300506	名家汇	396
300404	博济医药	96	300465	高伟达	453	300507	苏奥传感	63
300406	九强生物	139	300466	赛摩电气	192	300508	维宏股份	157
300408	三环集团	1 040	300467	迅游科技	4460	300509	新美星	71
300413	芒果超媒	340	300468	四方精创	1030	300510	金冠股份	757
300414	中光防雷	21	300469	信息发展	327	300511	雪榕生物	73
300424	航新科技	2 510	300474	景嘉微	198	300512	中亚股份	1 130
300425	中建环能	36	300475	聚隆科技	638	300513	恒实科技	198
300431	暴风集团	1 210	300476	胜宏科技	192	300515	三德科技	61
300432	富临精工	100	300477	合纵科技	146	300516	久之洋	107
300433	蓝思科技	1 700	300478	杭州高新	1 190	300517	海波重科	69
300435	中泰股份	1 320	300480	光力科技	225	300519	新光药业	58
300436	广生堂	207	300481	濮阳惠成	113	300520	科大国创	136
300438	鹏辉能源	169	300483	沃施股份	66	300521	爱司凯	58
300439	美康生物	151	300484	蓝海华腾	134	300522	世名科技	165
300441	鲍斯股份	92	300485	赛升药业	169	300523	辰安科技	242
300444	双杰电气	120	300488	恒锋工具	222	300525	博思软件	189
300449	汉邦高科	460	300493	润欣科技	124	300526	中潜股份	130
300450	先导智能	1 030	300494	盛天网络	458	300527	中国应急	1 890
300451	创业慧康	144	300496	中科创达	528	300528	幸福蓝海	401

股票代码	股票名称	知名度	股票代码	股票名称	知名度	股票代码	股票名称	知名度
300529	健帆生物	192	300568	星源材质	366	600037	歌华有线	111
300530	达志科技	111	300569	天能重工	150	600038	中直股份	1 000
300531	优博讯	473	300570	太辰光	336	600039	四川路桥	330
300532	今天国际	233	300599	雄塑科技	181	600048	保利地产	4 390
300534	陇神戎发	70	300600	瑞特股份	1 040	600050	中国联通	3 950
300535	达威股份	166	600004	白云机场	6 310	600051	宁波联合	166
300537	广信材料	714	600006	东风汽车	6 460	600052	浙江广厦	2 090
300538	同益股份	317	600007	中国国贸	1 750	600054	黄山旅游	1 850
300539	横河模具	51	600008	首创股份	358	600055	万东医疗	328
300540	深冷股份	347	600009	上海机场	4 730	600056	中国医药	4 290
300541	先进数通	627	600010	包钢股份	929	600058	五矿发展	201
300542	新晨科技	305	600011	华能国际	919	600059	古越龙山	956
300545	联得装备	188	600012	皖通高速	237	600060	海信视像	180
300546	雄帝科技	98	600017	日照港	1 280	600062	华润双鹤	253
300547	川环科技	154	600018	上港集团	2 230	600063	皖维高新	134
300548	博创科技	1 050	600019	宝钢股份	1 550	600064	南京高科	198
300549	优德精密	70	600020	中原高速	481	600066	宇通客车	3 940
300550	和仁科技	196	600021	上海电力	1 870	600067	冠城大通	445
300551	古鳌科技	108	600022	山东钢铁	465	600068	葛洲坝	4 330
300552	万集科技	346	600023	浙能电力	132	600069	银鸽投资	284
300553	集智股份	125	600026	中远海能	285	600070	浙江富润	140
300556	丝路视觉	87	600027	华电国际	444	600071	凤凰光学	198
300558	贝达药业	1 580	600028	中国石化	7 070	600072	中船科技	1 140
300559	佳发教育	157	600029	南方航空	6 660	600073	上海梅林	285
300562	乐心医疗	1 060	600031	三一重工	5 520	600075	新疆天业	331
300563	神宇股份	218	600033	福建高速	1 750	600076	康欣新材	31
300565	科信技术	1 090	600035	楚天高速	107	600077	宋都股份	161

续表

股票代码	股票名称	知名度	股票代码	股票名称	知名度	股票代码	股票名称	知名度
600078	澄星股份	135	600114	东睦股份	201	600152	维科技术	989
600079	人福医药	564	600115	东方航空	6 650	600153	建发股份	853
600080	金花股份	88	600116	三峡水利	633	600156	华升股份	397
600081	东风科技	1 130	600117	西宁特钢	524	600157	永泰能源	548
600082	海泰发展	280	600118	中国卫星	2 870	600158	中体产业	293
600083	博信股份	624	600121	郑州煤电	115	600159	北京大龙地产	33
600085	同仁堂	6 790	600122	宏图高科	183	600160	浙江巨化股份	129
600086	东方金钰	413	600123	兰花科创	173	600161	天坛生物	304
600088	中视传媒	257	600125	铁龙物流	631	600162	香江控股	61
600089	特变电工	1 140	600126	杭钢股份	147	600163	中闽能源	137
600090	同济堂	863	600127	金健米业	219	600165	新日恒力	102
600094	大名城	953	600128	弘业股份	636	600166	福田汽车	410
600095	哈高科	297	600129	太极集团	589	600167	联美控股	181
600096	云天化	893	600130	波导股份	123	600168	武汉控股	2 470
600097	开创国际	149	600131	岷江水电	189	600169	太原重工	251
600098	广州发展	3 900	600132	重庆啤酒	212	600170	上海建工	1 240
600099	林海股份	77	600133	东湖高新	2 310	600171	上海贝岭	528
600100	同方股份	591	600135	乐凯胶片	191	600172	黄河旋风	355
600101	明星电力	151	600136	当代明诚	412	600173	卧龙地产	121
600103	青山纸业	195	600137	浪莎股份	355	600175	美都能源	250
600104	上汽集团	1 490	600139	西部资源	329	600176	中国巨石	1 050
600105	永鼎股份	175	600141	兴发集团	1 120	600177	雅戈尔	2 760
600106	重庆路桥	1 000	600143	金发科技	499	600180	瑞茂通	150
600107	美尔雅	449	600146	商赢环球	345	600182	S佳通	1 950
600108	亚盛集团	149	600148	长春一东	141	600183	生益科技	263
600110	诺德股份	732	600150	中国船舶	6 490	600184	光电股份	1 260
600111	北方稀土	316	600151	航天机电	268	600185	格力地产	244

续表

股票代码	股票名称	知名度	股票代码	股票名称	知名度	股票代码	股票名称	知名度
600187	国中水务	276	600221	海航控股	1 660	600257	大湖股份	93
600188	兖州煤业	470	600222	太龙药业	161	600259	广晟有色	225
600189	吉林森工	365	600223	鲁商发展	767	600260	凯乐科技	360
600190	锦州港	858	600225	天津松江	946	600261	阳光照明	478
600192	长城电工	179	600226	瀚叶股份	107	600262	北方股份	248
600195	中牧股份	335	600227	圣济堂	127	600266	城建发展	3 090
600196	复星医药	472	600229	城市传媒	137	600267	海正药业	861
600197	伊力特	1 260	600230	沧州大化	200	600268	国电南自	430
600198	大唐电信	1 140	600231	凌钢股份	169	600269	赣粤高速	280
600199	金种子酒	502	600232	金鹰股份	128	600271	航天信息	1 750
600200	江苏吴中	370	600233	圆通速递	7 210	600272	开开实业	98
600201	生物股份	3 210	600235	民丰特纸	134	600273	嘉化能源	383
600202	哈空调	95	600236	桂冠电力	284	600276	恒瑞医药	3 480
600203	福日电子	216	600237	铜峰电子	224	600277	亿利洁能	130
600206	有研新材	127	600239	云南城投	983	600278	东方创业	208
600207	安彩高科	155	600240	退市华业	166	600279	重庆港九	153
600208	新湖中宝	1 310	600241	时代万恒	87	600280	中央商场	555
600210	紫江企业	200	600242	中昌数据	261	600281	太化股份	144
600211	西藏药业	1 190	600243	青海华鼎	90	600282	南钢股份	201
600212	江泉实业	127	600246	万通地产	280	600283	钱江水利	115
600213	亚星客车	585	600248	延长化建	363	600284	浦东建设	1 180
600215	长春经开	680	600249	两面针	771	600285	羚锐制药	203
600216	浙江医药	177	600250	南纺股份	115	600287	江苏舜天	689
600217	中再资环	5 610	600251	冠农股份	246	600288	大恒科技	786
600218	全柴动力	325	600252	中恒集团	271	600292	远达环保	992
600219	南山铝业	337	600255	梦舟股份	128	600293	三峡新材	100
600220	江苏阳光	293	600256	广汇能源	283	600295	鄂尔多斯	1 400

股票代码	股票名称	知名度	股票代码	股票名称	知名度	股票代码	股票名称	知名度
600297	广汇汽车	1 010	600332	白云山	8 350	600367	红星发展	143
600298	安琪酵母	840	600333	长春燃气	137	600368	五洲交通	116
600299	安迪苏	148	600335	国机汽车	309	600370	三房巷	300
600300	维维股份	176	600336	澳柯玛	3 670	600371	万向德农	160
600302	标准股份	1 460	600337	美克家居	1 110	600372	中航电子	1 290
600303	曙光股份	226	600338	西藏珠峰	157	600373	中文传媒	1 170
600305	恒顺醋业	153	600339	中油工程	1 400	600375	华菱星马	435
600307	酒钢宏兴	145	600340	华夏幸福	3 790	600376	首开股份	1 080
600308	华泰股份	1 690	600343	航天动力	400	600377	宁沪高速	299
600309	万华化学	1 840	600345	长江通信	167	600378	昊华科技	452
600310	桂东电力	131	600346	恒力石化	558	600379	宝光股份	318
600311	荣华实业	163	600348	阳泉煤业	315	600380	健康元	578
600312	平高电气	459	600350	山东高速	1 800	600381	青海春天	93
600313	农发种业	122	600351	亚宝药业	299	600382	广东明珠	108
600315	上海家化	857	600352	浙江龙盛	791	600383	金地集团	2 330
600316	洪都航空	316	600353	旭光股份	269	600386	北巴传媒	274
600317	营口港	453	600354	敦煌种业	275	600387	海越能源	119
600320	振华重工	468	600355	精伦电子	124	600388	龙净环保	360
600322	天房发展	120	600356	恒丰纸业	123	600389	江山股份	1 270
600323	瀚蓝环境	221	600358	国旅联合	161	600392	盛和资源	1 070
600325	华发股份	312	600359	新农开发	161	600393	粤泰股份	161
600326	西藏天路	162	600360	华微电子	1 040	600395	盘江股份	137
600327	大东方	744	600361	华联综超	132	600397	安源煤业	102
600328	兰太实业	121	600362	江西铜业	658	600398	海澜之家	2 330
600329	中新药业	363	600363	联创光电	248	600400	红豆股份	1 170
600330	天通股份	170	600365	通葡股份	87	600403	大有能源	1 260
600331	宏达股份	196	600366	宁波韵升	196	600405	动力源科技	1 040

股票代码	股票名称	知名度	股票代码	股票名称	知名度	股票代码	股票名称	知名度
600406	国电南瑞	485	600461	洪城水业股份	139	600500	中化国际	388
600409	三友化工	763	600463	空港股份	934	600501	航天晨光	244
600410	华胜天成	381	600466	蓝光发展	1 120	600502	安徽建工	928
600416	湘电股份	436	600467	好当家	372	600503	上海华丽	1 060
600418	江淮汽车	3 440	600468	百利电气	1 080	600505	西昌电力	110
600419	天润乳业	135	600469	风神股份	103	600506	库尔勒香梨	446
600420	现代制药	407	600470	六国化工	245	600507	方大特钢	424
600422	昆药集团	293	600475	华光股份	843	600508	上海能源	304
600425	青松建化	160	600476	湘邮科技	104	600509	天富能源	290
600426	华鲁恒升	370	600477	杭萧钢构	448	600510	黑牡丹	529
600428	中远海运特运	714	600478	科力远	307	600511	国药股份	1 500
600429	三元股份	1 240	600479	千金药业	293	600512	腾达建设	194
600433	冠豪高新	652	600480	凌云股份	1 100	600513	联环药业	299
600435	北方导航	2 130	600481	双良	626	600515	海航基础	154
600436	片仔癀	1 170	600482	中国动力	1 990	600516	方大炭素	449
600438	通威股份	543	600483	福能股份	273	600517	置信电气	1 040
600439	瑞贝卡	1 020	600486	扬农化工	376	600519	贵州茅台	6 640
600444	国机通用机械	47	600487	亨通光电	1 470	600520	文一科技	46
600446	金证股份	1 200	600488	天药股份	591	600521	华海药业	428
600448	华纺股份	301	600489	中金黄金	1 290	600522	中天科技	814
600449	宁夏建材	236	600490	鹏欣资源	724	600523	贵航股份	182
600452	涪陵电力	102	600493	凤竹纺织	157	600525	长园集团	421
600455	博通股份	65	600495	晋西车轴	158	600527	江南高纤	300
600456	宝钛股份	177	600496	长江精工	822	600528	中铁工业	1 280
600458	时代新材	2 030	600497	驰宏锌锗	268	600529	山东药玻	198
600459	贵研铂业	199	600498	烽火通信	242	600530	交大昂立	291
600460	士兰微	577	600499	科达洁能	984	600531	豫光金铅	209

股票代码	股票名称	知名度	股票代码	股票名称	知名度	股票代码	股票名称	知名度
600532	宏达矿业	130	600568	中珠医疗	1 980	600598	北大荒	4 280
600533	栖霞建设	1 050	600569	安阳钢铁	1 620	600600	青岛啤酒	5 590
600535	天士力	1 340	600570	恒生电子	1 760	600601	方正科技	532
600536	中国软件	216	600571	信雅达	999	600602	云赛智联	17
600537	亿晶光电	170	600572	康恩贝	443	600604	市北高新	1 710
600538	国发股份	1 210	600573	惠泉啤酒	153	600605	汇通能源	1 180
600540	新疆赛里木	466	600575	淮河能源	869	600606	绿地控股	4 000
600543	莫高股份	146	600576	祥源文化	790	600609	金杯汽车	1 850
600545	卓郎智能	125	600577	精达股份	122	600611	大众交通	412
600546	山煤国际	456	600578	京能电力	105	600612	老凤祥	2 310
600547	山东黄金	798	600579	克劳斯	82	600613	神奇制药	85
600548	深高速	2 420	600580	卧龙电驱	142	600615	丰华股份	609
600549	厦门钨业	378	600581	八一钢铁	365	600616	金枫酒业	97
600550	保变电气	804	600582	天地科技	421	600617	国新能源	1 070
600551	时代出版	2 060	600583	海油工程	239	600618	上海氯碱化工	125
600552	凯盛科技	2 110	600584	长电科技	1 740	600619	海立股份	111
600555	海航创新	958	600585	海螺水泥	1 700	600620	天宸股份	98
600557	康缘药业	327	600586	金晶科技	208	600622	光大嘉宝	70
600558	大西洋	185	600587	新华医疗	468	600623	华谊集团	6 540
600559	老白干酒	887	600588	用友网络	1 280	600624	复旦复华	272
600560	金自天正	95	600589	广东榕泰	121	600626	申达股份	81
600561	江西长运	32	600590	泰豪科技	236	600628	新世界	204
600562	国睿科技	330	600592	龙溪股份	70	600629	华建集团	373
600563	法拉电子	212	600593	大连圣亚	352	600630	龙头股份	728
600565	迪马股份	878	600594	益佰制药	269	600633	浙数文化	752
600566	济川药业	862	600596	新安股份	178	600635	大众公用	34
600567	山鹰纸业	333	600597	光明乳业	788	600636	三爱富	272

续表

股票代码	股票名称	知名度	股票代码	股票名称	知名度	股票代码	股票名称	知名度
600637	东方明珠	6 700	600675	中华企业	400	600713	南京医药	75
600638	新黄浦	244	600676	交运股份	88	600714	金瑞矿业	371
600639	浦东金桥	2 370	600678	四川金顶	233	600715	文投控股	3 210
600640	号百控股	216	600679	上海凤凰	234	600716	凤凰股份	45
600641	万业企业	151	600681	百川能源	897	600717	天津港	224
600642	申能股份	196	600682	南京新百	463	600718	东软集团	1 060
600644	乐山电力	260	600683	京投发展	60	600719	大连热电	1 120
600645	中源协和	926	600684	珠江实业	169	600720	祁连山水泥	82
600647	同达创业	88	600685	中船防务	513	600722	金牛化工	907
600648	外高桥	322	600686	金龙汽车	497	600723	首商股份	688
600649	城投控股	203	600688	上海石化	1 030	600724	宁波富达	928
600650	锦江投资	105	600689	上海三毛	294	600727	鲁北化工	623
600651	飞乐音响	321	600690	海尔智家	788	600728	佳都科技	287
600653	申华控股	154	600692	亚通股份	894	600729	重庆百货	401
600655	豫园股份	409	600693	东百集团	186	600730	中国高科	200
600657	信达地产	1 200	600694	大商股份	1 130	600731	湖南海利	134
600658	电子城	475	600697	欧亚集团	514	600733	北汽蓝谷	630
600660	福耀玻璃	1 300	600699	均胜电子	412	600734	实达集团	4 980
600662	强生控股	7 020	600702	舍得酒业	1 100	600735	新华锦	310
600663	陆家嘴	1 150	600703	三安光电	993	600737	中粮糖业	1 150
600664	哈药股份	1 780	600704	物产中大	408	600738	兰州民百	279
600665	天地源	844	600706	曲江文旅	356	600739	辽宁成大	325
600667	太极实业	245	600707	彩虹股份	208	600740	山西焦化	287
600668	尖峰集团	129	600708	光明地产	1 520	600741	华域汽车	745
600671	天目药业	199	600710	苏美达	582	600742	一汽富维	214
600673	东阳光	1 430	600711	盛屯矿业	269	600743	华远地产	831
600674	川投能源	2 200	600712	南宁百货大楼	294	600744	华银电力	165

续表

股票代码	股票名称	知名度	股票代码	股票名称	知名度	股票代码	股票名称	知名度
600745	闻泰科技	951	600782	新钢股份	1 140	600820	隧道股份	303
600746	江苏索普	138	600783	鲁信创投	1 060	600821	津劝业	90
600748	上实发展	1 070	600784	鲁银投资	122	600822	上海物贸	709
600749	西藏旅游	195	600785	新华百货	113	600823	世茂股份	1 120
600750	江中药业	1 050	600787	中储股份	1 290	600824	益民集团	1 070
600751	海航科技	1 260	600789	鲁抗医药	236	600825	新华传媒	318
600753	东方银星	446	600792	云煤能源	323	600826	兰生股份	548
600755	厦门国贸	479	600793	宜宾纸业	83	600827	百联股份	252
600756	浪潮软件	505	600794	保税科技	130	600828	茂业商业	49
600757	长江传媒	1 970	600795	国电电力	659	600829	人民同泰	518
600758	红阳能源	129	600796	钱江生化	103	600831	上海广电通讯	233
600759	洲际油气	142	600797	浙大网新	1 270	600833	上海第一医药	1 110
600761	安徽合力	1 330	600798	宁波海运	1 000	600834	申通地铁	894
600764	中国海防	1 030	600800	天津磁卡	100	600835	上海机电股份	1 500
600765	中航重机	153	600801	华新水泥	775	600836	界龙实业	133
600766	园城黄金	813	600802	福建水泥	1 010	600838	上海九百	804
600768	宁波富邦	769	600803	新奥股份	946	600839	四川长虹	1 180
600770	综艺股份	362	600804	鹏博士电信	613	600841	上柴股份	1 060
600771	广誉远	764	600805	悦达投资	60	600843	上工申贝	100
600773	西藏城投	317	600808	马钢股份	752	600844	丹化科技	98
600774	汉商集团	107	600809	山西汾酒	1 510	600845	宝信软件	377
600775	南京熊猫电子	65	600810	神马股份	1 090	600846	同济科技	499
600776	东方通信	1 180	600811	东方集团	660	600847	万里股份	994
600777	新潮能源	859	600812	华北制药	945	600848	上海临港	1 610
600778	友好集团	1 510	600814	杭州解百	175	600850	华东电脑	205
600779	水井坊	4 450	600818	中路股份	280	600851	海欣股份	87
600780	通宝能源	68	600819	耀皮玻璃	220	600853	龙建股份	546

股票代码	股票名称	知名度	股票代码	股票名称	知名度	股票代码	股票名称	知名度
600854	春兰股份	461	600887	伊利股份	7 480	600977	中国电影	3 650
600855	航天长峰	273	600888	新疆众和	283	600978	宜华生活	342
600857	宁波中百	75	600889	南京化纤	121	600979	广安爱众	346
600858	银座股份	1 040	600890	中房股份	646	600980	北矿科技	176
600859	王府井	1 230	600892	大晟文化	189	600981	汇鸿集团	440
600861	北京城乡	2 120	600893	航发动力	421	600982	宁波热电	76
600862	中航高科	93	600894	广日股份	177	600983	惠而浦	3 740
600863	内蒙华电	369	600895	张江高科	1 230	600984	建设机械	1 780
600865	百大集团	1 120	600897	厦门空港	1 330	600985	淮北矿业	434
600866	星湖科技	1 040	600898	国美通讯	908	600986	科达股份	1 130
600867	通化东宝	367	600900	长江电力	750	600987	航民股份	99
600868	梅雁吉祥	639	600936	广西广电	911	600988	赤峰黄金	216
600869	远东智慧能源	77	600939	重庆建工	1 160	600990	四创电子	235
600871	石化油服	354	600959	江苏有线	1 430	600992	贵绳股份	48
600872	中炬高新	271	600960	渤海汽车	969	600993	马应龙	3 130
600873	梅花生物	943	600961	株冶集团	161	600995	文山电力	98
600874	创业环保	303	600962	国投中鲁	124	600996	贵广网络	361
600875	东方电气	954	600963	岳阳林纸	221	600997	开滦股份	334
600876	洛阳玻璃	447	600965	福成股份	316	600998	九州通	1 930
600879	航天电子	2 160	600966	博汇纸业	444	601000	唐山港	386
600880	博瑞传播	153	600967	内蒙一机	1 720	601001	大同煤业	1 040
600881	亚泰集团	269	600969	郴电国际	107	601002	晋亿实业	204
600882	妙可蓝多	100	600970	中材国际	767	601003	柳钢股份	154
600883	博闻科技	66	600971	恒源煤电	143	601005	重庆钢铁	479
600884	杉杉股份	347	600973	宝胜股份	383	601006	大秦铁路	1 320
600885	宏发股份	796	600975	新五丰	258	601008	连云港	8 060
600886	国投电力	331	600976	健民集团	669	601010	文峰股份	98

续表

股票代码	股票名称	知名度	股票代码	股票名称	知名度	股票代码	股票名称	知名度
601011	宝泰隆	236	601163	三角轮胎	502	601519	大智慧股份	1 420
601012	隆基股份	992	601168	西部矿业	394	601566	九牧王	2 760
601015	陕西黑猫	77	601177	杭齿前进	72	601567	三星医疗	1 310
601016	节能风电	1 400	601179	中国西电	329	601579	会稽山	1 470
601018	宁波港	1 230	601186	中国铁建	6 540	601588	北辰实业	312
601020	华钰矿业	83	601188	龙江交通	60	601595	上海电影集团	1 260
601021	春秋航空	1 110	601199	江南水务	86	601599	鹿港文化	1 080
601028	玉龙股份	995	601208	东材科技	109	601600	中国铝业	1 610
601038	一拖股份	950	601212	白银有色	331	601607	上海医药	1 730
601058	赛轮轮胎	390	601216	君正集团	647	601608	中信重工	394
601069	西部黄金	191	601218	吉鑫科技	324	601611	中国核建	5 820
601088	中国神华	1 230	601222	林洋能源	219	601616	广电电气	68
601098	中南传媒	1 630	601225	陕西煤业	1 000	601618	中国中冶	6 030
601100	恒立液压	248	601226	华电重工	130	601633	长城汽车	3 210
601101	昊华能源	161	601231	环旭电子	291	601636	旗滨集团	3 210
601106	中国一重	9 060	601233	桐昆股份	242	601666	平煤股份	602
601107	四川成渝	144	601238	广汽集团	1 360	601668	中国建筑	7 520
601111	中国国航	1 580	601311	骆驼股份	1 150	601669	中国电建	6 860
601116	三江购物	393	601333	广深铁路	1 330	601677	明泰铝业	289
601117	中国化学工程	929	601339	百隆东方	107	601678	滨化股份	205
601118	海南橡胶	1 630	601368	绿城水务	63	601689	拓普集团	988
601126	四方股份	1 380	601369	陕鼓动力	139	601699	潞安环能	188
601127	小康股份	2 020	601388	怡球资源	70	601700	风范股份	203
601137	博威合金	133	601390	中国中铁	3 090	601717	郑煤机	329
601139	深圳燃气	1 580	601500	通用股份	2 100	601718	际华集团	879
601155	新城控股	2 150	601515	东风股份	3 080	601727	上海电气	2 340
601158	重庆水务	1 030	601518	吉林高速	1 750	601766	中国中车	1 330

股票代码	股票名称	知名度	股票代码	股票名称	知名度	股票代码	股票名称	知名度
601777	力帆股份	1 100	601985	中国核电	1 560	603090	宏盛股份	698
601789	宁波建工	248	601989	中国重工	1 380	603099	长白山	7 220
601799	星宇股份	732	601992	金隅集团	1 020	603100	川仪股份	158
601800	中国交建	8 690	601996	丰林集团	295	603101	汇嘉时代	385
601801	皖新传媒	160	601999	出版传媒	2 720	603111	康尼机电	155
601808	中海油服	1 150	603000	人民网	7 970	603116	红蜻蜓	2 950
601811	新华文轩	1 210	603001	奥康国际	1 050	603123	翠微股份	370
601857	中石油	5 860	603002	宏昌电子	104	603126	中材节能	242
601866	中远海发	88	603003	龙宇燃油	574	603128	华贸物流	421
601872	招商轮船	244	603006	联明股份	367	603160	汇顶科技	1 110
601877	正泰电器	915	603008	喜临门家具	384	603166	福达股份	66
601880	大连港	1 280	603012	创力集团	715	603167	渤海轮渡	126
601882	海天精工	89	603016	新宏泰	89	603169	兰石重装	123
601886	江河集团	1 210	603019	中科曙光	1 760	603177	德创环保	199
601890	亚星锚链	102	603022	新通联	74	603198	迎驾贡酒	332
601898	中煤能源	534	603023	威帝股份	310	603223	恒通股份	1 090
601899	紫金矿业	1 190	603025	大豪科技	996	603227	雪峰科技	152
601900	南方传媒	318	603027	千禾味业	51	603288	海天味业	125
601908	京运通	233	603028	赛福天	95	603308	应流股份	117
601928	凤凰传媒	1 840	603031	安德利	840	603311	金海环境	56
601929	吉视传媒	921	603033	三维股份	1 460	603313	梦百合	616
601933	永辉超市	5 890	603035	常熟汽饰	170	603315	福鞍股份	56
601958	金钼股份	190	603036	如通股份	927	603318	派思股份	249
601965	中国汽研	384	603060	国检集团	439	603322	超讯通信	124
601966	玲珑轮胎	638	603069	海汽集团	131	603328	依顿电子	113
601968	宝钢包装	67	603077	和邦生物	184	603333	尚纬股份	44
601969	海南矿业	101	603085	天成自控	69	603336	宏辉果蔬	80

续表

股票代码	股票名称	知名度	股票代码	股票名称	知名度	股票代码	股票名称	知名度
603338	浙江鼎力	218	603633	徕木股份	42	603858	步长制药	765
603339	四方科技	1 130	603663	三祥新材	48	603861	白云电器	770
603355	莱克电气	541	603669	灵康药业	69	603877	太平鸟服饰	1 290
603366	日出东方	2 670	603698	航天工程	2 440	603878	武进不锈	804
603369	今世缘	1 210	603699	纽威股份	207	603883	老百姓药房	1 410
603398	邦宝益智	49	603708	家家悦	832	603885	吉祥航空	1 810
603399	吉翔股份	141	603718	海利生物	99	603886	元祖股份	3 200
603444	吉比特	543	603727	博迈科	90	603888	新华网	2 010
603515	欧普照明	5 020	603737	三棵树	2 660	603900	莱绅通灵	130
603528	多伦科技	85	603766	隆鑫通用	172	603901	永创智能	91
603556	海兴电力	158	603777	来伊份	1 510	603936	博敏电子	121
603558	健盛集团	102	603778	乾景园林	322	603939	益丰药房	692
603567	珍宝岛	875	603789	星光农机	91	603968	醋化股份	280
603568	伟明环保	183	603799	华友钴业	1 640	603969	银龙股份	398
603588	高能环境	1 420	603800	道森股份	222	603979	金诚信	265
603589	口子窖	706	603806	福斯特	2 890	603986	兆易创新	773
603600	永艺股份	116	603818	曲美家居	987	603988	中电电机	106
603603	博天环境	362	603822	嘉澳环保	164	603993	洛阳钼业	495
603608	天创时尚	153	603823	百合花	2 270	603997	继峰股份	149
603616	韩建河山	107	603838	四通股份	910	603998	方盛制药	224
603618	杭电股份	82	603839	安正时尚	450	603999	读者传媒	930
603628	清源股份	1 030	603843	正平股份	336			

数据来源：百度搜索引擎，统计截至 2022 年。

参 考 文 献

[1] 蔡春，谢柳芳，马可哪呐. 高管审计背景、盈余管理与异常审计收费 [J]. 会计研究，2015（3）：72 - 78.

[2] 蔡春，朱荣，和辉，等. 盈余管理方式选择、行为隐性化与濒死企业状况改善：来自 A 股特别处理公司的经验证据 [J]. 会计研究，2012（9）：31 - 39.

[3] 曹志鹏，朱敏迪. 控股股东股权质押、股权结构与真实盈余管理 [J]. 南方金融，2018（10）：49 - 58.

[4] 陈红，黄晓玮，郭丹. 政府与社会资本合作（PPP）：寻租博弈及监管对策 [J]. 财政研究，2014（10）：20 - 24.

[5] 陈晖丽，刘峰. 融资融券的治理效应研究：基于公司盈余管理的视角 [J]. 会计研究，2014（9）：45 - 52，96.

[6] 陈克兢，李延喜. 媒体监督与法治环境约束盈余管理的替代效应研究 [J]. 管理科学，2016，29（4）：17 - 28.

[7] 陈克兢. 媒体监督、法治水平与上市公司盈余管理 [J]. 管理评论，2017（7）：3 - 18.

[8] 陈淑芳，塔娜，李琦，等. 管理层权力、媒体监督与会计信息质量的关系研究 [J]. 西安财经大学学报，2020，33

（6）：21 - 29.

　［9］陈宋生，赖娇 . ERP 系统、股权结构与盈余质量关系 ［J］. 会计研究，2013（5）：59 - 66，96.

　［10］陈宋生，张希仁，李睿 . 谁在主导资本市场的“价值互动”：来自网络互动平台的经验证据 ［J］. 当代财经，2024（7）：1 - 15.

　［11］陈志武 . 媒体、法律与市场 ［M］. 北京：中国政法大学出版社，2004.

　［12］程小可，钟凯，杨鸣京 . 民营上市公司 CEO 持股缓解了代理冲突吗：基于真实活动盈余管理视角的分析 ［J］. 审计与经济研究，2015，30（4）：13 - 21.

　［13］醋卫华，李培功 . 媒体监督公司治理的实证研究 ［J］. 南开管理评论，2012，15（1）：33 - 42.

　［14］丁亚楠，王建新 . 网络互动的治理效能：企业盈余管理的视角 ［J］. 经济管理，2023，45（12）：159 - 177.

　［15］杜媛，狄盈馨 . 双重股权结构、机构投资者权力与会计信息质量：基于“主动”和“被动”的两权分离 ［J］. 商业研究，2020（10）：89 - 98.

　［16］范小云，王业东，王道平，等 . 不同来源金融文本信息含量的异质性分析：基于混合式文本情绪测度方法 ［J］. 管理世界，2022，38（10）：78 - 101.

　［17］方红星，戴捷敏 . 公司动机、审计师声誉和自愿性内部控制鉴证报告：基于 A 股公司 2008 ~ 2009 年年报的经验研究 ［J］. 会计研究，2012（2）：87 - 95.

［18］宫晓莉，徐小惠，熊熊．媒体情绪与企业风险承担：基于机器学习和文本分析的证据［J］．系统工程理论与实践，2024，44（6）：1869－1895．

［19］龚启辉，吴联生，王亚平．两类盈余管理之间的部分替代［J］．经济研究，2015，50（6）：175－188．

［20］关筱谨，张骏，刘彦迪．媒体关注度、投资者情绪与股票市场波动［J］．统计与决策，2022，38（24）：143－148．

［21］何威风，刘启亮，刘永丽．管理者过度自信与企业盈余管理行为研究［J］．投资研究，2011，30（11）：73－92．

［22］贺建刚，魏明海，刘峰．利益输送、媒体监督与公司治理：五粮液案例研究［J］．管理世界，2008（10）：141－150．

［23］花冯涛，王进波，尚俊松．股权结构、产品市场竞争与公司特质风险：基于深沪A股的经验证据［J］．山西财经大学学报，2017，39（10）：100－112．

［24］花冯涛，徐飞．环境不确定性如何影响公司特质风险：基于现金流波动和会计信息质量的中介效应检验［J］．南开管理评论，2018，21（4）：122－133．

［25］黄国良，董飞．我国企业研发投入的影响因素研究：基于管理者能力与董事会结构的实证研究［J］．科技进步与对策，2010，27（17）：103－106．

［26］黄宏斌，刘树海，赵富强．媒体情绪能够影响投资者情绪吗：基于新兴市场门槛效应的研究［J］．山西财经大学学报，2017，39（12）：29－44．

［27］黄俊，陈信元．媒体报道与IPO抑价——来自创业板

的经验证据 [J]. 管理科学学报, 2013, 16 (2): 83 – 94.

[28] 黄雷, 张瑛, 叶勇. 媒体报道、法律环境与社会责任信息披露 [J]. 贵州财经大学学报, 2016 (5): 71 – 79.

[29] 黄寿昌, 李芸达, 陈圣飞. 内部控制报告自愿披露的市场效应: 基于股票交易量及股票收益波动率的实证研究 [J]. 审计研究, 2010 (4): 44 – 51.

[30] 江雅婧, 郭炯. 中小投资者保护何以抑制审计意见购买: 基于投服中心行权视角 [J]. 山西财经大学学报, 2024, 46 (3): 111 – 126.

[31] 姜付秀, 张敏, 陆正飞, 等. 管理者过度自信、企业扩张与财务困境 [J]. 经济研究, 2009, 44 (1): 131 – 143.

[32] 姜付秀, 朱冰, 王运通. 国有企业的经理激励契约更不看重绩效吗? [J]. 管理世界, 2014 (9): 143 – 159.

[33] 康进军, 王敏, 范英杰. 媒体报道、会计稳健性与股价崩盘风险 [J]. 南京审计大学学报, 2021, 18 (3): 32 – 41.

[34] 李班, 陈险峰. 富豪上榜影响分析师盈余预测行为吗?: 基于媒体偏见的视角 [J]. 投资研究, 2023, 42 (11): 77 – 90.

[35] 李芳, 于寅健, 王松. 中小股东网络表达会影响上市公司盈余管理行为吗?: 基于二类代理成本的中介效应分析 [J]. 现代财经 (天津财经大学学报), 2023, 43 (2): 75 – 93.

[36] 李芳, 于寅健, 王松. 中小股东网络表达会影响审计师风险应对行为吗?: 基于公司盈余管理的中介效应检验 [J]. 财经论丛, 2023 (4): 69 – 79.

［37］李明，郑艳秋．盈余管理、媒体负面报道与公司上市后业绩变脸：基于我国创业板上市公司的经验证据［J］．管理评论，2018，30（12）：212 – 225.

［38］李培功，沈艺峰．媒体的公司治理作用：中国的经验证据［J］．经济研究，2010，45（4）：14 – 27.

［39］李倩，吴昊，郭梦婷，等．媒体情绪与公司风险承担关系研究：基于媒体情绪的"掩饰"效应［J］．中央财经大学学报，2022（2）：65 – 77.

［40］李寿喜．产权、代理成本和代理效率［J］．经济研究，2007（1）：102 – 113.

［41］李涛，罗晓梅．企业数字化转型对分类转移盈余管理的影响研究［J］．南京财经大学学报，2023（6）：56 – 66.

［42］李延喜，包世泽，高锐，等．薪酬激励、董事会监管与上市公司盈余管理［J］．南开管理评论，2007（6）：55 – 61.

［43］李增福，曾庆意，魏下海．债务契约、控制人性质与盈余管理［J］．经济评论，2011（6）：88 – 96.

［44］李增福，郑友环，连玉君．股权再融资、盈余管理与上市公司业绩滑坡：基于应计项目操控与真实活动操控方式下的研究［J］．中国管理科学，2011，19（2）：49 – 56.

［45］梁红玉，姚益龙，宁吉安．媒体监督、公司治理与代理成本［J］．财经研究，2012，38（7）：90 – 100.

［46］梁上坤．媒体关注、信息环境与公司费用黏性［J］．中国工业经济，2017（2）：154 – 173.

［47］林斌，饶静．上市公司为什么自愿披露内部控制鉴证

报告：基于信号传递理论的实证研究［J］．会计研究，2009（2）：45 – 52.

［48］林芳，许慧．基于真实交易盈余管理的股权制衡治理效应［J］．山西财经大学学报，2012，34（1）：83 – 93.

［49］刘柏，卢家锐，琚涛．管理者过度自信异质性与企业研发投资及其绩效［J］．管理学报，2020，17（1）：66 – 75.

［50］刘红霞，李辰颖．经理层声誉与薪酬关系研究：来自上市公司的经验证据［J］．经济与管理研究，2011，（5）：12 – 20.

［51］刘绍娓，万大艳．高管薪酬与公司绩效：国有与非国有上市公司的实证比较研究［J］．中国软科学，2013（2）：90 – 101.

［52］刘银国，孙慧倩，王烨．股票期权激励、行权业绩条件与真实盈余管理［J］．管理工程学报，2018，32（2）：128 – 136.

［53］刘美玉，王帅，南晖．高管薪酬差距、管理层权力与公司业绩波动：基于中小板上市公司的实证研究［J］．预测，2015，34（1）：48 – 53.

［54］卢碧．管理者异质性视角下的媒体关注与盈余管理研究［J］．中南财经政法大学研究生学报，2013（1）：81 – 92.

［55］卢佳友，张燕超．媒体关注、内部控制与真实活动盈余管理［J］．财会通讯，2017（24）：94 – 99.

［56］卢锐，张亚楠，蔡贵龙．社交媒体、公司传闻与股价冲击：来自东方财富股吧论坛的经验证据［J］．会计研究，2023（4）：59 – 73.

［57］卢太平，张东旭．融资需求、融资约束与盈余管理［J］．会计研究，2014（1）：35 – 41.

［58］卢文彬，官峰，张佩佩，等．媒体曝光度、信息披露环境与权益资本成本［J］．会计研究，2014（12）：66 - 71.

［59］陆建桥．后安然时代的会计与审计：评美国《2002 年萨班斯—奥克斯利法案》及其对会计、审计发展的影响［J］．会计研究，2002，（10）：33 - 42.

［60］陆建桥．中国亏损上市公司盈余管理实证研究［J］．会计研究，1999（9）：25 - 35.

［61］逯东，宋昕倍．媒体报道、上市公司年报可读性与融资约束［J］．管理科学学报，2021，24（12）：45 - 61.

［62］吕敏康，冯丽丽．媒体报道、职业能力异质性与审计质量［J］．审计研究，2017（3）：74 - 81.

［63］罗栋梁，陈倩，史先让．媒体报道、股东网络关系与企业绩效［J］．投资研究，2022，41（2）：85 - 106.

［64］罗宏，曾永良，宛玲羽．薪酬攀比、盈余管理与高管薪酬操纵［J］．南开管理评论，2016，19（2）：19 - 31.

［65］罗进辉，杜兴强．媒体报道、制度环境与股价崩盘风险［J］．会计研究，2014（9）：53 - 59.

［66］罗琦，吴乃迁，苏愉越，等．投资者盈余乐观情绪与管理者迎合：基于社交媒体情感分析的证据［J］．中国工业经济，2021（11）：135 - 154.

［67］马春爱，易彩．管理者过度自信对财务弹性的影响研究［J］．会计研究，2017（7）：75 - 81.

［68］马壮，李延喜，王云，等．媒体监督、异常审计费用与企业盈余管理［J］．管理评论，2018，30（4）：219 - 234.

[69] 莫冬燕. 媒体报道: 市场监督还是市场压力: 基于企业盈余管理行为的研究 [J]. 宏观经济研究, 2015 (11): 106 - 118.

[70] 宁玉玲, 杨光. 基于网络媒体的通胀信号冲击会影响居民福利吗: 来自微博文本数据的证据 [J]. 广东财经大学学报, 2024, 39 (4): 13 - 32.

[71] 潘爱玲, 刘文楷, 王雪. 管理者过度自信、债务容量与并购溢价 [J]. 南开管理评论, 2018, 21 (3): 35 - 45.

[72] 潘爱玲, 刘昕, 邱金龙, 等. 媒体压力下的绿色并购能否促使重污染企业实现实质性转型 [J]. 中国工业经济, 2019 (2): 174 - 192.

[73] 潘攀, 张立光, 刘智超, 等. 一致行动人的治理效能研究: 基于真实盈余管理视角 [J]. 中国软科学, 2024 (7): 191 - 199.

[74] 屈伸, 陈朝龙, 陈宁, 等. 董事高管责任保险与真实盈余管理: 基于凸显效应 [J]. 管理工程学报, 2024, 38 (4): 88 - 103.

[75] 权小锋, 吴世农. 投资者关注、盈余公告效应与管理层公告择机 [J]. 金融研究, 2010 (11): 90 - 107.

[76] 权小锋, 吴世农. 投资者注意力、应计误定价与盈余操纵 [J]. 会计研究, 2012 (6): 46 - 53.

[77] 权小锋, 吴世农, 文芳. 管理层权力、私有收益与薪酬操纵 [J]. 经济研究, 2010, 45 (11): 73 - 87.

[78] 邵志浩, 才国伟. 媒体报道与企业外部融资 [J]. 中

南财经政法大学学报，2022（4）：15－26.

［79］SCHILLER J H. 非理性繁荣（中译本）［M］. 北京：中国人民大学出版社，2001：57.

［80］沈艳，王靖一. 媒体报道与未成熟金融市场信息透明度：中国网络借贷市场视角［J］. 管理世界，2021，37（2）：35－50.

［81］沈艺峰，杨晶，李培功. 网络舆论的公司治理影响机制研究：基于定向增发的经验证据［J］. 南开管理评论，2013（3）：80－88.

［82］石道元，王雨洁，王鹏. 散户积极主义、机构投资者持股与公司盈余管理［J］. 云南财经大学学报，2023，39（10）：67－81.

［83］史青春，徐露莹. 负面舆情对上市公司股价波动影响的实证研究［J］. 中央财经大学学报，2014（10）：54－62.

［84］宋双杰，曹晖，杨坤. 投资者关注与IPO异象：来自网络搜索量的经验证据［J］. 经济研究，2011，46（S1）：145－155.

［85］孙鲲鹏，王丹，肖星. 互联网信息环境整治与社交媒体的公司治理作用［J］. 管理世界，2020，36（7）：106－132.

［86］孙文特，郭威. 交易所问询监管对盈余管理的影响研究：基于媒体关注的中介效应［J］. 现代商业，2024（14）：180－183.

［87］汤晓冬，陈少华. 投资者关注、盈余操纵与权益资本成本［J］. 财贸研究，2021，32（11）：83－96.

[88] 陶岚，刘波罗. 基于新制度理论的企业环保投入驱动因素分析：来自中国上市公司的经验证据 [J]. 中国地质大学学报（社会科学版），2013，13（6）：46-53.

[89] 田高良，封华，于忠泊. 资本市场中媒体的公司治理角色研究 [J]. 会计研究，2016（6）：21-29.

[90] 童丽静，伍彬，郭金同. 投资者情绪与审计师谨慎性：基于审计风险感知的视角 [J]. 会计研究，2023（8）：179-192.

[91] 汪昌云，李运鸿，王行健，等. 监管强度预期与上市公司盈余管理：基于证监会随机抽查威慑作用的研究 [J]. 审计研究，2023（3）：123-135.

[92] 王彩，李晓慧. 同行自愿披露对企业盈余管理的影响：来自自愿性业绩预告的证据 [J]. 经济管理，2022，44（6）：172-189.

[93] 王超，何建敏，姚鸿. 基于社会网络的情绪扩散与股价波动风险研究 [J]. 管理评论，2022，34（12）：16-25.

[94] 王恩山，戴小勇. 媒体监督、法律制度与代理成本 [J]. 财经问题研究，2013（7）：12-18.

[95] 王帆. 企业社会责任的媒体负面报道影响了会计信息质量吗？[J]. 财贸研究，2016，27（3）：148-156.

[96] 王福胜，程富，吉姗姗. 阈值处的盈余分布断层：盈余管理解释的实证检验 [J]. 会计研究，2013（5）：19-26.

[97] 王福胜，吉姗姗，程富. 盈余管理对上市公司未来经营业绩的影响研究：基于应计盈余管理与真实盈余管理比较视角

[J]．南开管理评论，2014（17）：95 – 106.

［98］王继民，李雷明子，孟凡，等．基于用户日志的移动搜索行为分析［J］．图书情报工作，2013，57（19）：102 – 106.

［99］王磊，李守伟，陈庭强．媒体情绪、信息中心性与银行流动性风险［J］．管理评论，2022，34（5）：37 – 55.

［100］王亚平，刘慧龙，吴联生．信息透明度、机构投资者与股价同步性［J］．金融研究，2009（12）：162 – 174.

［101］王宇，李海洋．管理学研究中的内生性问题及修正方法［J］．管理学季刊，2017，2（3）：20 – 47.

［102］魏明海．盈余管理基本理论及其研究述评［J］．会计研究，2000（9）：34 – 42.

［103］魏哲海．管理者过度自信、资本结构与公司绩效［J］．工业技术经济，2018，37（6）：3 – 12.

［104］温忠麟，叶宝娟．有调节的中介模型检验方法：竞争还是替补？［J］．心理学报，2014，46（5）：714 – 726.

［105］温忠麟，张雷，侯杰泰，等．中介效应检验程序及其应用［J］．心理学报，2004（5）：614 – 620.

［106］吴超鹏，叶小杰，吴世农．媒体监督、政治关联与高管变更：中国的经验证据［J］．经济管理，2012，34（2）：57 – 65.

［107］吴昊旻，张静辉，张华玉．并购重组市场化改革与会计信息质量［J］．南开管理评论，2023（6）：1 – 23.

［108］吴联生，王亚平．盈余管理程度的估计模型与经验证据：一个综述［J］．经济研究，2007（8）：143 – 152.

[109] 吴芃，卢珊，杨楠．财务舞弊视角下媒体关注的公司治理角色研究 [J]．中央财经大学学报，2019 (3)：51-69.

[110] 吴淑琨，柏杰，席酉民．董事长与总经理两职的分离与合一：中国上市公司实证分析 [J]．经济研究，1998 (8)：21-28.

[111] 伍燕然，江婕，谢楠，等．公司治理、信息披露、投资者情绪与分析师盈利预测偏差 [J]．世界经济，2016，39 (2)：100-119.

[112] 夏立军，杨海斌．注册会计师对上市公司盈余管理的反应 [J]．审计研究，2002 (4)：28-34.

[113] 熊艳，李常青，魏志华．媒体"轰动效应"：传导机制、经济后果与声誉惩戒：基于"霸王事件"的案例研究 [J]．管理世界，2011 (10)：125-140.

[114] 徐高彦，张婷婷．公司自媒体可以提供更多的指导性信息吗?：基于企业微信公众号技术创新披露的文本分析 [J]．经济管理，2024，46 (6)：164-189.

[115] 徐辉，周孝华，周兵．研发支出费用化与定向增发新股定价 [J]．管理学报，2021，18 (2)：297-305.

[116] 徐淋，刘春林，杨昕悦．高层管理团队薪酬差异对公司绩效的影响：基于环境不确定性的调节作用 [J]．经济管理，2015，37 (4)：61-70.

[117] 徐宁，张阳，徐向艺．CEO声誉对真实盈余管理的"双刃"效应研究："逐利争名"还是"取义舍利" [J]．上海财经大学学报，2020，22 (4)：107-122.

[118] 徐业坤，郑秀峰．品牌的价值：品牌资本与企业盈余管理 [J]．当代财经，2024 (9)：98 – 110.

[119] 杨德明，令媛媛．媒体为什么会报道上市公司丑闻? [J]．证券市场导报，2011 (10)：17 – 23.

[120] 杨玉凤，王火欣，曹琼．内部控制信息披露质量与代理成本相关性研究：基于沪市 2007 年上市公司的经验数据 [J]．审计研究，2010 (1)：82 – 88.

[121] 杨玉龙，孙淑伟，孔祥．媒体报道能否弥合资本市场上的信息鸿沟?：基于社会关系网络视角的实证考察 [J]．管理世界，2017 (7)：99 – 119.

[122] 杨志强，王华．公司内部薪酬差距、股权集中度与盈余管理行为：基于高管团队内和高管与员工之间薪酬的比较分析 [J]．会计研究，2014 (6)：57 – 65.

[123] 叶陈刚，初春虹，段佳明．媒体关注、审计师变更与审计质量 [J]．西安财经大学学报，2020，33 (6)：39 – 48.

[124] 叶康涛，张然，徐浩萍．声誉、制度环境与债务融资：基于中国民营上市公司的证据 [J]．金融研究，2010 (8)：171 – 183.

[125] 尹树森．股东声誉、权力制衡与媒体监督：来自中国上市公司的证据 [J]．中南财经政法大学研究生学报，2013 (3)：96 – 104.

[126] 应千伟，呙昊婧，邓可斌．媒体关注的市场压力效应及其传导机制 [J]．管理科学学报，2017，20 (4)：32 – 49.

[127] 游家兴，周瑜婷，肖珉．凯恩斯选美竞赛与分析师预

测偏差行为：基于高阶预期的研究视角 [J]. 金融研究，2017（7）：192 - 206.

[128] 于忠泊，田高良，齐保垒，等. 媒体关注的公司治理机制：基于盈余管理视角的考察 [J]. 管理世界，2011（9）：127 - 140.

[129] 于忠泊，田高良，张咏梅. 媒体关注、制度环境与盈余信息市场反应：对市场压力假设的再检验 [J]. 会计研究，2012（9）：40 - 51.

[130] 袁知柱，郝文瀚，王泽燊. 管理层激励对企业应计与真实盈余管理行为影响的实证研究 [J]. 管理评论，2014，26（10）：181 - 196.

[131] 苑莹，樊晓倩. 投资者异常关注与成交量和波动率的交叉相关性及传导方向：基于复杂性理论视角 [J]. 系统管理学报，2019，28（2）：293 - 304.

[132] 曾伟强，李延喜，张婷婷，等. 行业竞争是外部治理机制还是外部诱导因素：基于中国上市公司盈余管理的经验证据 [J]. 南开管理评论，2014，19（4）：75 - 86.

[133] 翟胜宝，程妍婷，许浩然，等. 媒体关注与企业 ESG 信息披露质量 [J]. 会计研究，2022（8）：59 - 71.

[134] 张明，陈伟宏，蓝海林，等. 管理者过度自信与公司避税行为研究 [J]. 管理学报，2020，17（9）：38 - 47.

[135] 张荣武，刘文秀. 管理者过度自信与盈余管理的实证研究 [J]. 财经理论与实践，2008（1）：72 - 77.

[136] 张婷婷，李延喜，曾伟强. 媒体报道下上市公司盈余

管理行为的差异研究：一种治理盈余管理的新途径［J］．管理评论，2018，30（2）：25 – 41．

［137］张新民，赵文卓．媒体报道与运气薪酬：基于传统媒体与社交媒体的比较研究［J］．北京工商大学学报（社会科学版），2023，38（3）：53 – 65．

［138］张谊浩，李元，苏中锋，等．网络搜索能预测股票市场吗？［J］．金融研究，2014（2）：193 – 206．

［139］张玉明，张馨月，李双．投资者网络舆论关注对MD&A 语调操纵的影响研究［J］．管理学报，2024，21（3）：454 – 463．

［140］张兆国，刘晓霞，邢道勇．公司治理结构与盈余管理：来自中国上市公司的经验证据［J］．中国软科学，2009（1）：122 – 133．

［141］张志伟，张大永，姬强，等．媒体报道与商业银行盈余管理［J］．管理评论，2022，34（10）：67 – 78，133．

［142］张宗新，吴钊颖．媒体情绪传染与分析师乐观偏差：基于机器学习文本分析方法的经验证据［J］．管理世界，2021，37（1）：170 – 185．

［143］章永奎．从契约成本看会计准则和会计政策选择［J］．四川会计，1999（12）：13 – 15．

［144］赵康乐，梁日新，栾甫贵．连锁股东的协同效应：基于应计盈余管理和真实盈余管理的视角［J］．首都经济贸易大学学报，2024，26（1）：97 – 112．

［145］郑建明，贾昊阳．网络舆论关注与企业盈余管理［J］．

山西财经大学学报，2022，44（5）：108-122.

[146] 郑志刚，李东旭，许荣，等. 国企高管的政治晋升与形象工程：基于 N 省 A 公司的案例研究 [J]. 管理世界，2012（10）：146-156.

[147] 郑志刚. 法律外制度的公司治理角色：一个文献综述 [J]. 管理世界，2007（9）：136-147.

[148] 郑志刚，许荣，徐向江，等. 公司章程条款的设立、法律对投资者权力保护和公司治理——基于我国 A 股上市公司的证据 [J]. 管理世界，2011（7）：141-153.

[149] 中国互联网络信息中心. 第 49 次中国互联网络发展状况统计报告 [R]. 北京：2022.

[150] 周卉. 媒体报道的溢出效应与经济后果：基于紫鑫药业财务丑闻的实证研究 [J]. 财会通讯，2017（9）：121-124.

[151] 周开国，应千伟，钟畅. 媒体监督能够起到外部治理的作用吗：来自中国上市公司违规的证据 [J]. 金融研究，2016（6）：193-206.

[152] 朱湘忆. 真实盈余管理、产权性质与创新绩效 [J]. 中央财经大学学报，2020（5）：53-64.

[153] 祝继高，朱佳信，李天时，等. 政府会计监督与银行信贷行为研究：基于财政部会计信息质量随机检查的证据 [J]. 管理世界，2023，39（1）：157-176，189，177-179.

[154] AHERN K R, SOSYURA D. Rumor has it：Sensationalism in financial media [J]. Review of Financial Studies，2015，28（7）：2050-2093.

［155］ AHERN K R, SOSYURA D. Who writes the news? Corporate press releases during merger negotiations ［J］. Journal of Finance, 2014, 69 (1): 241 – 291.

［156］ AHMED A S, DUELLMAN S. Managerial overconfidence and accounting conservatism ［J］. Journal of Accounting Research, 2013, 51 (1): 1 – 30.

［157］ ALMAHARMEH MI, LIU J, ISKANDRANI M. Analyst coverage and real earnings management: does IFRS adoption matter? UK evidence ［J］. Heliyon, 2024, 10 (11): 1 – 10.

［158］ ARYA A, MITTENDORF B, RAMANAN RNV. Synergy between accounting disclosures and forward-looking information in stock prices ［J］. Accounting Review, 2017, 92 (2): 1 – 17.

［159］ BARON R M, KENNY D A. The moderator-mediator variable distinction in social psychological research: conceptual, strategic, and statistical considerations ［J］. Journal of Personality and Social Psychology, 1986, 51 (6): 1173 – 1182.

［160］ BASCHIERI G, CAROSI A, MENGOLI S. Does the earnings quality matter? Evidence from a quasi-experimental setting ［J］. Finance Research Letters, 2016 (19): 146 – 157.

［161］ BERTOMEU J, MAHIEUX L, SAPRA H. Interplay between accounting and prudential regulation ［J］. Accounting Review, 2023, 98 (1): 29 – 53.

［162］ BESLEY T, PRAT A. Handcuffs for the grabbing hand? Media capture and government accountability ［J］. American Economic

Review, 2006, 96（3）：720 – 736.

［163］ BONAPARTE I, MBURU H K, SUN H L. Board diversity: are firms rewarded？ ［J］. Journal of Corporate Accounting and Finance, 2023, 34（1）：101 – 118.

［164］ BOUDOUKH J, FELDMAN R, KOGAN S, et al. Information, trading and volatility: evidence from firm-specific ［J］. Review of Financial Studies, 2019（32）：992 – 1033.

［165］ BRENKERT G G, RICHARD T, DEGEORGE. Competing with integrity in international business ［J］. Journal of Business Ethics, 1999, 22（4）：341 – 343.

［166］ BROWN NC, HUFFMAN A A, COHEN S. Accounting reporting complexity and non – GAAP earnings disclosure ［J］. Accounting Review, 2023, 98（6）：37 – 71.

［167］ BURGSTAHLER D, DICHEV I. Earnings management to avoid earnings decreases and losses ［J］. Journal of Accounting and Economics, 1997, 24（1）：99 – 126.

［168］ BUSHMAN B J, BONACCI A M. You've got mail: Using e-mail to examine the effect of prejudiced attitudes on discrimination against Arabs ［J］. Journal of Experimental Social Psychology, 2004, 40（6）：753 – 759.

［169］ CAHAN R H, CAHAN S F, LEE T, et al. Media content, accounting quality, and liquidity volatility ［J］. european accounting review, 2017, 26（1）：1 – 25.

［170］ CAO S J, WANG J Q. Longitudinal accounting comparability and bond credit spreads: evidence from China [J]. Accounting and Finance, 2023, 63 (2): 1953 – 1981.

[171] CEDERGREN M, TING L, XING X, et al. Pressures from media coverage: evidence on managing earnings toward earnings guidance [J]. Journal of Accounting Auditing and Finance, 2023 (5): 1 – 10.

[172] CHAN W S. Stock price reaction to news and no-news: drift and reversal after headlines [J]. Journal of Financial Economics, 2003 (70): 223 – 260.

[173] CHEN C J, HE W, LUC J, et al. Bank loan covenants, accrual quality and firms' information environment [J]. Accounting and Finance, 2021, 62 (1): 547 – 575.

[174] CHEN, H AND WENNING, A. Higher – Order Beliefs, Market – Based Incentives, and Information Quality [J]. European Accounting Review, 2024, 33 (2): 569 – 587.

[175] CHEN H, DE P, HU Y J. Wisdom of crowds: the value of stock opinions transmitted through social media [J]. Review of Financial Studies, 2014, 27 (5): 1367 – 1403.

[176] CHEN J, HONG H, STEIN J C. Forecasting crashes: trading volume, past returns and conditional skewness in stock prices [J]. Journal of Financial Economics, 2001 (61): 345 – 381.

[177] CHEN J Z, LOBO G J, ZHANG J H. Accounting quality, liquidity risk, and post-earnings-announcement drift [J]. Contemporary Accounting Research, 2017, 34 (3): 1649 – 1680.

［178］CHEN Q, SCHIPPER K, ZHANG N. Measuring accounting asset informativeness ［J］. Accounting Review, 2021, 97 (4): 209 – 236.

［179］CHEN W, KHAN M, KOGAN L, et al. Cross-firm return predictability and accounting quality ［J］. Journal of Business Finance & Accounting, 2021, 48 (1 – 2): 70 – 101.

［180］CHRISTENSEN H B, NIKOLAEV V V, WITTENBERG R. Accounting information in financial contracting: the incomplete contract theory perspective ［J］. Journal of Accounting Research, 2016, 54 (2): 397 – 435.

［181］CHRISTENSEN T E, HUFFMAN A, SCOTT R. Accruals earnings mana-gement proxies: Prudent business decisions or earnings manipulation? ［J］. Journal Of Business Finance & Accounting, 2022, 49 (3 – 4): 536 – 587.

［182］CHUNG T S, LOW A. CEO regulatory focus and myopic marketing management ［J］. International Journal of Research In Marketing, 2022, 39 (1): 247 – 267.

［183］CLARA V. Stock price reaction to public and private information ［J］. Journal of Financial Economics, 2006, 82 (1): 103 – 133.

［184］COHEN D A, ZAROWIN P. Accrual-based and real earnings management activities around seasoned equity offerings ［J］. Journal of Accounting and Economics, 2010, 50 (1): 0 – 19.

［185］COHEN J, COHEN P, WEST S G. Applied multiple regression/correlation analysis for the behavioral sciences（3rd Edition）[M]. Mahwah, NJ: Lawrence Erlbaum Associates, 2003: 285 – 286.

[186] Comiran F, Fedyk T, Ha J. Accounting quality and media attention around seasoned equity offerings [J] International Journal of Accounting and Information Management, 2018, 26（3）: 443 – 462.

[187] CORNETT M M, MARCUS A J, TEHRANIAN H. Corporate governance and pay-for-performance: The impact of earnings management [J]. Journal of Financial Economics, 2008, 87（2）: 357 – 373.

[188] CORWIN S A, COUGHENOUR J F. Limited attention and the allocation of effort in securities trading [J]. The Journal of Finance, 2008, 63（6）: 3031 – 3067.

[189] DANIEL K, HIRSHLEIFER D, SUBRAHMANYAM A. Investor psycho-logy and security market under and overreactions [J]. The Journal of Finance, 1998, 53（6）: 375 – 398.

[190] DA Z, ENGELBERG J, GAO P. In search of attention [J]. Journal of Finance, 2011（5）: 1461 – 1499.

[191] DECHOW P, DICHEV I. The quality of accruals and earnings: the role of accrual estimation errors [J]. The Accounting Review, 2002（77）: 35 – 59.

[192] DECHOW P, SLOAN R, SWEENEY A. Detecting earnings management [J]. The Accounting Review, 1995, 70

（2）：193 – 225.

［193］DEVORA P, JERÓNIMO P, DOMINGO J S. The role of the media in creating earnings informativeness: evidence from Spain ［J］. Business Research Quarterly, 2018, 21（3）：168 – 179.

［194］DING R, HOU W. Retail investor attention and stock liquidity ［J］. Social Science Electronic Publishing, 2015, 37（6）：12 – 26.

［195］DRAKE M S, ROULSTONE D T, THORNOCK J R. Investor information demand: Evidence from Google searches around earnings announcements ［J］. Journal of Accounting Research, 2012, 50（4）：1001 – 1040.

［196］Du K, JIANG X D. Connections between the market pricing of accruals quality and accounting-based anomalies ［J］. Contemporary Accounting Research, 2020, 37（4）：2087 – 2119.

［197］DYCK A, VOLCHKOVA N, ZINGALES L. The corporate governance role of the media: evidence from Russia ［J］. The Journal of Finance, 2008, 63（3）：1093 – 1135.

［198］DYCK A, ZINGALES A M. Who blows the whistle on corporate fraud? ［J］. Journal of Finance, 2010, 65（6）：2213 – 2253.

［199］DYCK A, ZINGALES L. Private benefits of control: An international comparison ［J］. The Journal of Finance, 2004, 59（2）：537 – 600.

［200］EDGERLY S, VRAGA E K. The blue check of credibility: does account verification matter when evaluating news on twitter? [J]. Cyberpsychology Behavior and Social Networking, 2019, 22 (4): 283 – 287.

[201] ELAOUD A, JARBOUI A. Auditor specialization, accounting information quality and investment efficiency [J]. Research in International Business and Finance, 2017, 42 (12): 616 – 629.

[202] ENGELBERG J, SASSEVILLE C, WILLIAMS J. Market madness? The case of mad money [J]. Management Science, 2012 (2): 351 – 364.

[203] ERTAN A. Real earnings management through syndicated lending [J]. Review of Accounting Studies, 2022, 27 (4): 1157 – 1198.

[204] EWERT R, WAGENHOFER A. Why more forward-looking accounting standards can reduce financial reporting quality [J]. European Accounting Review, 2016, 25 (3): 345 – 354.

[205] FANG B, LIU XM, MA C, et al. Blockchain technology adoption and accounting information quality [J]. Accounting and Finance, 2023, 63 (4): 4125 – 4156.

[206] FEHLE F, TSYPLAKOV S, ZDOROVTSOV V. Can companies influence investor behavior through advertising? Super bowl commercials and stock returns [J]. European Financial Management, 2010, 11 (5): 625 – 647.

[207] FISCHHOFF B, SLOVIC P, LICHTENSTEIN S. Knowing with certainty: the appropriateness of extreme confidence [J].

Journal of Experimental Psychology, 1977 (3): 552 – 564.

[208] FRANCOEUR C, LI Y T, ZHANG J. Earnings forecasts of female CEOs: quality and consequences [J]. Review of Accounting Studies, 2023, 28 (3): 1721 – 1764.

[209] GALLO L A, KOTHARI S P. Discussion of "Accounting quality and the transmission of monetary policy" [J]. Journal of Accounting & Economics, 2019, 68 (2 – 3).

[210] GOODMAN L A. On the exact variance of products [J]. Journal of the American Statistical Association, 1960, 55 (292): 708 – 713.

[211] GRAHAM J R, HARVEY C R, RAJGOPAL S. The economic implications of corporate financial reporting [J]. Journal of Accounting and Economics, 2005, 40 (1): 3 – 73.

[212] GROSS C, WAGENHOFER A, WINDISCH D. Internal performance measures and earnings management: evidence from segment earnings [J]. Accounting Review, 2024, 99 (1): 259 – 283.

[213] GUAN Y, LOBO G J, TSANG A. Societal trust and management earnings forecasts [J]. Accounting Review, 2020, 95 (5): 149 – 184.

[214] GU B, KONANA P, RAGHUNATHAN R. The allure of homophily in social media: evidence from investor responses on virtual communities [J]. Information Systems Research, 2014, 25 (3): 604 – 617.

[215] HAMBRICK D C, MASON P A. Upper echelons: the or-

ganization as a reflection of its top managers [J]. Academy of Management Review, 1984, 9 (2): 193 – 206.

[216] HAW I M, HU B, HWANG L S, et al. Ultimate ownership, income management, and legal and extra-legal institutions [J]. Journal of Accounting Research, 2004, 42 (2): 423 – 462.

[217] HAYN C. The information content of losses [J]. Journal of Accounting and Economics, 1995, 20 (2): 125 – 153.

[218] HAYWARD L A M, HAMBRICK D C. Explaining the premiums paid for large acquisitions: evidence of CEO hubris [J]. Administrative Science Quarterly, 1997, 42 (1): 103 – 127.

[219] HEALY P M. The effect of bonus schemes on accounting decisions [J]. Journal of Accounting & Economics, 1985, 7 (85): 85 – 107.

[220] HEALY P M, WAHLEN J M. a review of the earnings management literature and its implications for standard setting [J]. Accounting Horizons, 1999, 13 (4): 365 – 383.

[221] HERMIDA A, FLETCHER F, KORELL D, et al. Share, like, recommend: decoding the social media news consumer [J]. Journalism Studies, 2012 (13): 815 – 824.

[222] HIRSHLEIFER D, SIEW H T. Limited attention, information disclosure, and financial reporting [J]. Journal of Accounting and Economics, 2003, 36 (3): 356 – 386.

[223] HOPE O K, THOMAS W B, VYAS D. Stakeholder demand for accounting quality and economic usefulness of accounting in

US private firms [J]. Journal of Accounting and Public Policy, 2017, 36 (1): 1 –13.

[224] HRIBAR P, YANG H. CEO overconfidence and management forecasting [J]. Contemporary Accounting Research, 2015, 33 (1): 204 –227.

[225] HSIEH T S, BEDARD J C, JOHNSTONE K M. CEO overconfidence and earnings management during shifting regulatory regimes [J]. Journal of Business Finance and Accounting, 2014, 41 (9 –10): 1243 –1268.

[226] HUANG S, ROYCHOWDHURY S, SLETTEN E. Does litigation deter or encourage real earnings management? [J]. Accounting Review, 2020, 95 (3): 251 –278.

[227] HUANG Z W, JEANJEAN T, LUI D. Analyst independence and earnings management [J]. Journal of Business Finance & Accounting, 2023, 50 (3 –4): 598 –621.

[228] HUBERMAN G, REGEV T. Contagious speculation and a cure for cancer: a nonevent that made stock prices soar [J]. Journal of Finance, 2001 (56): 387 –396.

[229] IMHOF M J, SEAVEY S E, SMITH D B. Comparability and cost of equity capital [J]. Accounting Horizons, 2017, 31 (2): 125 –138.

[230] INFUEHR J. Relative performance evaluation and earnings management [J]. Contemporary Accounting Research, 2022, 39 (1): 607 –627.

［231］JACOBY G, LI S, WANG Y. Mean-variance theory with imprecise accounting information ［J］. Finance Research Letters, 2018（26）: 156 – 161.

［232］JANUARSI, Y, YEH, TM. Accounting comparability and earnings manage-ment strategies: evidence from southeast asian countries ［J］. Emerging Markets Finance and Trade, 2022, 58（14）: 3913 – 3927.

［233］JEFFREY K, ANNE S, MARTJJN S, et al. Effective headlines of newspaper articles in a digital environment ［J］. Digital Journalism, 2017（5）: 1300 – 1314.

［234］JEONG K H, CHOI S U. Does real activities management influence earnings quality and stock returns in emerging markets? Evidence from Korea ［J］. Emerging Markets Finance and Trade, 2019, 55（12）: 2834 – 2850.

［235］JIANG P Y, ZHENG X S, HUANG P. The impact of accounting information quality on technological innovation-a case study of Chinese information technology enterprises ［J］. Transformations in Business & Economics, 2021, 20（3C）: 605 – 623.

［236］JIA Y. The accounting information disclosure quality of listed companies in marine fishery ［J］. Journal of Coastal Research, 2020（2）: 168 – 170.

［237］Jin Z, Lin B X, Lin C M. Client relationships, analyst coverage, and earnings management ［J］. Accounting Horizons, 2022, 36（1）: 151 – 169.

［238］JOE J R, LOUIS H, ROBINSON D. Managers' and investors' responses to media exposure of board ineffectiveness ［J］. Journal of Financial and Quantitative Analysis, 2009, 44 (3): 579 – 605.

［239］JOHNSTONE D J. Accounting information, disclosure, and expected utility: do investors really abhor uncertainty? ［J］. Journal of Business Finance & Accounting, 2021, 48 (1 – 2): 3 – 35.

［240］JONES J. Earnings management during import relief investigations ［J］. Journal of Accounting Research, 1991, 29 (2): 193 – 228.

［241］JOSEPH E, ENGELBERG, ADAM V, et al. How are shorts informed? Short sellers, news, and information processing ［J］. Journal of Financial Economics, 2012, 105 (2): 260 – 278.

［242］JOSEPH K, WINTOKI M B, ZHANG Z. Forecasting abnormal stock returns and trading volume using investor sentiment: Evidence from online search ［J］. International Journal of Forecasting, 2011, 27 (4): 1116 – 1127.

［243］KOGAN S, MOSKOWITZ T J, NIESSNER M. Fake news: evidence from financial markets ［J/OL］. Social Science Electronic Publishing, 2018 (8).

［244］KONG L. The impact of media and legal on earnings management: substitution or complement? ［J］. Research Journal of Finance and Accounting, 2019, 10 (4): 105 – 118.

［245］KOTHARI S P, LEONEETAL A J, WASLEY C E. Performance matched discretionary accrual measures ［J］. Journal of Accounting and Economics, 2005, 39 (1): 163 – 197.

［246］ KUHNEN C M, TYMULA A. Feedback, self-esteem and
performance in organizations ［J］. Social Science Electronic Publishing, 2012, 58 (1): 94 – 113.

［247］ LI J, NAN L, ZHAO R. Corporate governance roles of
information quality and corporate takeovers ［J］. Review of Accounting
Studies, 2018, 23 (3): 1207 – 1240.

［248］ LI L, FAFF R. Predicting corporate bankruptcy: what
matters? ［J］. International Review of Economics & Finance, 2019
(62): 1 – 19.

［249］ LIN Y, HU S, CHEN M. Managerial optimism and corporate investment: some empirical evidence from Taiwan, Pacific –
Basin ［J］. Finance Journal, 2005, 13 (5): 523 – 546.

［250］ LI N Z, LOU Y, WITTENBERG R, et al. Accounting
quality and debt concentration ［J］. Accounting Review, 2021, 96
(1): 377 – 400.

［251］ LIU B, MCCONNELL J J. The role of the media in corporate governance: do the media influence managers' capital allocation decisions? ［J］. Journal of Financial Economics, 2013, 110
(1): 1 – 17.

［252］ LIU X, YE Q. The different impacts of news-driven and
self-initiated search volume on stockprices ［J］. Information & Management, 2016, 53 (8): 997 – 1005.

［253］LIU Z B, BAI Y. The impact of ownership structure and environmental supervision on the environmental accounting information disclosure quality of high-polluting enterprises in China ［J］. Environmental Science and Pollution Research, 2022, 29 (15): 21348 – 21364.

［254］MASLAR D A, SERFLING M, SHAIKH S. Economic downturns and the informativeness of management earnings forecasts ［J］. Journal of Accounting Research, 2021, 59 (4): 1481 – 1520.

［255］MCNICHOLS M. The quality of accruals and earnings: the role of accrual estimation errors: discussion ［J］. The Accounting Review, 2002 (77): 61 – 69.

［256］MENG Y F, YANG M, LI W P. Skilled analysts and earnings management in Chinese listed companies ［J］. International Review of Economics & Finance, 2024, 6 (93): 227 – 243.

［257］MILLER D T, ROSS M. Self-serving biases in the attribution of causality: fact or fiction? ［J］. Psychological Bulletin, 1975, 82 (2): 213 – 225.

［258］MILLER G S. The press as a watchdog for accounting fraud ［J］. Journal of Accounting Research, 2006, 44 (5): 1001 – 1033.

［259］MULLAINATHAN S, SHLEIFER A. The market for news ［J］. American Economic Review, 2005 (95): 1031 – 1053.

［260］MUTLU S. Accounting quality and the choice of borrowing base restrictions in debt contracts ［J］. Accounting and Business Research, 2020, 50（2）: 135 – 178.

［261］ NATOLI R, WEI Z, JACKLING B. Teaching IFRS: evidence from course experience and approaches to learning in China ［J］. Accounting Research Journal, 2020, 33（1）: 234 – 251.

［262］ NING S Y, LIN Z Y. Effect of accounting information manipulation on innovation: evidence from China ［J］. Emerging Markets Review, 2023（4）: 56.

［263］ NOFSINGER J. The impact of public information on investors ［J］. Journal of Banking and Finance, 2001（25）: 1339 – 1366.

［264］ ODEAN, TERRANCE. Do investors trade too much? ［J］. American Economic Review, 1999, 89（5）: 1279 – 1298.

［265］ OLIVER AG, CAMPBELL R, BUNDY J. Media coverage of earnings announcements: how newsworthiness shapes media volume and tone ［J］. Journal of Management, 2023, 49（4）: 1213 – 1245.

［266］ OSMA B G, SAORÍN E G, MERCADO F. Quarterly earnings guidance and real earnings management ［J］. Journal of Business Finance & Accounting, 2023, 50（5 – 6）: 1029 – 1059.

［267］ PENG W Q, WEI K C J. Women executives and corporate investment: evidence from the S&P 1500 ［J］. SSRN Electronic Journal, 2007.

［268］ POLK C, SAPIENZA P. The stock market and corporate investment: a test of catering theory ［J］. The Review of Financial

Studies, 2009, 22 (1): 187 – 217.

[269] PRAWITT F D, SMITH L J, WOOD A D. Internal Audit Quality and Earnings Management [J]. The Accounting Review, 2009 (4): 1255 – 1280.

[270] PRENDERGAST C, STOLE L. Impetuous youngsters and jaded old-timers: acquiring a reputation for learning [J]. The Journal of Political Economy, 1996, 104 (60): 1105 – 1134.

[271] PREUSSNER N A, ASCHAUER E. The accuracy and informativeness of management earnings forecasts: a review and unifying framework [J]. Accounting Perspectives, 2022, 21 (2): 273 – 330.

[272] QI B, YANG R, TIAN G. Can media deter management from manipulating earnings? Evidence from China [J]. Review of Quantitative Finance and Accounting, 2014, 42 (3): 571 – 597.

[273] REES L, TWEDT B J. Political bias in the media's coverage of firms' earnings announcements [J]. Accounting Review, 2022, 97 (1): 389 – 411.

[274] RINALLO D, BASUROY S. Does advertising spending influence media coverage of the advertiser? [J]. Journal of Marketing, 2009 (73): 33 – 46.

[275] ROBINSON J R, XUE Y, YU Y. Determinants of disclosure noncompliance and the effect of the sec review: evidence from the 2006 mandated compensation disclosure regulations [J]. Accounting Review, 2011, 86 (4): 1415 – 1444.

[276] ROSS S A. The determination of financial structure: the incentive-signalling approach [J]. The Bell Journal of Economics, 1977, 8 (1): 23 – 40.

[277] ROYCHOWDHURY S. Earnings management through real activities mani-pulation [J]. Journal of Accounting and Economics, 2006, 42 (3): 335 – 370.

[278] SCHAFHAUTLE S G, VEENMAN D. Crowdsourced forecasts and the market reaction to earnings announcement news [J]. Accounting Review, 2024, 99 (2): 421 – 456.

[279] SCHIPPER K. Commentary on earnings management [J]. Accounting Horizons, 1989 (12): 91 – 102.

[280] SCOTT W R. Financial accounting theory [M]. NJ: Prentice Hall, 1997: 295 – 296.

[281] SHIPILOV A V, GREVE H R, ROWLEY T J. Is all publicity good publicity? The impact of direct and indirect media pressure on the adoption of governance practices [J]. Strategic Management Journal, 2019, 40 (9): 1368 – 1393.

[282] SÁNCHEZ – BALLESTA J P, YAGÜE J. Financial reporting incentives, earnings management, and tax avoidance in SMEs [J]. Journal of Business Finance & Accounting, 2021, 48 (7 – 8): 1404 – 1433.

[283] STONE D N. The "new statistics" and nullifying the null: twelve actions for improving quantitative accounting research quality and integrity [J]. Accounting Horizons, 2018, 32 (1):

105 – 120.

［284］TETLOCK P C. Giving content to investor sentiment：the role of media in the stock market ［J］. Journal of Finance，2007（62）：1139 – 1168.

［285］THOMAS D，JANK S. Can internet search queries help to predict stock market volatility? ［J］. European Financial Management，2016，22（2）：171 – 192.

［286］VLASTAKIS N，MARKELLOS R N. Information demand and stock market volatility ［J］. Journal of Banking & Finance，2012，36（6）：1808 – 1821.

［287］WANG B，LU C，YU H，et al. Majority shareholders' stock sales，dual agency conflicts，and management earnings forecasts ［J］. Emerging Markets Finance and Trade，2022，58（7）：1883 – 1897.

［288］WRUCK K H，WU Y L. The relation between CEO equity incentives and the quality of accounting disclosures：new evidence ［J］. Journal of Corporate Finance，2021，67（4）：101895.

［289］XIE L M，XIE Z M，PANG B，et al. Intraregional effect of IPOs on firm-level real earnings management：evidence from the governance role of financial analysts ［J］. Asia – Pacific Journal of Accounting & Economics，2024，31（1）：130 – 151.

［290］YUAN ZZ，HOU LJ，SUN Y，et al. The impact of accounting information quality on corporate labor investment efficiency：evidence from China ［J］. Journal of Systems Science and Systems Engineering, 2022, 31 (5): 594 – 618.

[291] YU F. Analyst coverage and earnings management [J]. Journal of Financial Economics, 2008, 88 (2): 245 – 271.

[292] Yu L. Analysis of environmental accounting information of polluting enterprises under the background of green and low carbon [J]. Journal of Environmental Protection and Ecology, 2022, 23 (3): 1329 – 1336.

[293] ZAHER A M. The effect of managerial overconfidence on accruals-based and real-activities earnings management: evidence from Egypt [J]. Academy of Accounting and Financial Studies Journal, 2019, 23 (4): 1 – 14.

[294] ZHANG H, ZHANG J. Political corruption and accounting choices [J]. Journal of Business Finance & Accounting, 2024, 50 (3 – 4): 443 – 481.

[295] ZHANG L G, CHEN W Y, PENG L. The impact of tax enforcement on corporate investment efficiency: evidence from the tax administration information system [J]. Accounting and Finance, 2023, 63 (2): 1635 – 1669.

[296] ZHAO T J, LI C, ZHANG B S. The effect of the industrial networks within business groups on the quality of accounting information: evidence from China [J]. Applied Economics Letters , 2024, 31 (5): 432 – 449.

[297] ZHONG X, REN L Y, REN G. Does performance persistence below aspirations affect firms' accounting information disclosure

strategies? An empirical study based on reliability and comparability [J]. Business Ethics the Environment & Responsibility, 2023, 32 (3): 1060 – 1077.

[298] ZHU Y, WU Z, ZHANG H, et al. Media sentiment, institutional investors and probability of stock price crash: evidence from Chinese stock markets [J]. Accounting & Finance, 2017 (57): 1635 – 1670.

后　记

本书通过系统的文献综述、理论推导以及实证研究，探讨了网络媒体报道对我国上市公司盈余管理行为的深刻影响。随着信息技术的飞速发展，网络媒体在现代商业环境中扮演着越来越重要的角色，成为了企业管理决策以及投资者和公众了解企业状况的重要渠道。新媒体的迅速发展和广泛普及，使得其在财务信息传播中的作用越来越重要。然而，随着新媒体形态的不断演变，我们必须对其影响进行更为深刻的思考和分析。在未来的研究中，有必要进一步探讨新媒体的多样化表现形式及其对企业盈余管理的深远影响。

首先，未来研究需要更加重视新兴社交平台对企业盈余管理的影响。随着社交媒体用户数量的激增，社交媒体逐渐成为企业信息传播的重要渠道。通过社交媒体，企业可以直接与投资者和公众进行互动，增强了信息传递的双向性。然而，这也为企业操纵市场预期提供了新的工具。未来的研究可以关注企业如何通过社交媒体影响投资者情绪，从而间接影响盈余管理行为。

其次，未来的研究应当探索新媒体环境中如何更好地平衡信息透明度与隐私保护的关系。随着信息传播的加速，企业的信息披露面临着前所未有的挑战，既需要保障信息的透明度，又需要维护商业机密与隐私。新媒体的快速发展增加了信息外泄的风险，可能对企业的盈余管理行为产生更为复杂的影响。

此外，新媒体的迅速发展为盈余管理的研究提供了广阔的研究空间和丰富的研究议题。未来研究应继续跟踪技术变革与媒体环境的演进，进一步揭示其对盈余管理行为的深远影响，为理论创新与实践应用提供有力支持。

近年来，国内资本市场强调信息的及时性。在我国发展新质生产力的宏观背景下，诸如抖音、快手等新媒体逐渐取代传统媒体，承担着对上市公司的外部治理责任。信息爆炸时代，新媒体披露的信息"有真有假"。一方面，新媒体关注向市场传递的"真实信号"能够对上市公司产生强大的市场压力，迫使上市公司管理者通过调整当期会计信息以满足市场期望。另一方面，部分信息发布者通过向市场释放"虚假信号"，利用新媒体传播的及时性及高效性优势达到操控股价等目的。那么，具有更高自由度的新媒体关注能够缓解信息对市场的冲击，还是反而增加了市场中的信息不对称？新媒体关注能够对会计信息质量发挥有效监督作用，还是会对管理者造成市场压力，反而刺激上市公司产生更多的盈余操纵行为，从而降低了会计信息质量？新媒体异质性关注对会计信息质量的影响是否存在差异？新媒体关注通过何种传导机制对上市公司会计信息质量产生影响？新媒体关注对会计信息质量的影响会受到哪些因素的约束？这一系列问题令本书作者陷入深思，为本书的后续研究提供新的机遇。

尽管本书在探讨网络媒体对盈余管理的影响方面取得了一定

的进展，但随着信息技术和媒体环境的快速演进，未来的研究依然面临诸多挑战与机遇。展望未来，以下几个方面是值得深入研究和思考的。

首先，媒体的形态和功能将持续演变，未来研究需要深入分析诸多新兴技术对盈余管理的潜在影响。例如，人工智能与大数据分析技术，可能使得财务信息的获取和分析更加高效和精准，投资者和分析师能够从多角度解读企业的财务状况。这对盈余管理提出了新的挑战：公司管理者在财务报表的编制过程中，可能需要面对来自智能化信息分析系统及公众的实时监督。此外，区块链技术在企业财务披露中的应用也值得关注。由于区块链的去中心化和不可篡改的特性，它有可能彻底改变企业财务信息的记录方式，从而使盈余管理的空间进一步受到压缩。

其次，未来研究还需要探讨监管环境的变化对媒体与盈余管理关系的影响。随着全球化的推进和资本市场的进一步开放，各国的财务监管机构正在逐步加强对财务报表的审查力度，同时引入更多关于信息披露的法律法规。特别是在一些发展中国家，媒体的作用不仅局限于财务信息的传播，还承担了部分市场监管的职能。未来的研究可以从跨国比较的视角，分析不同市场环境下，媒体与盈余管理之间的复杂互动关系。

此外，新型社交媒体在企业财务信息传播中的作用不容忽视。相比于传统网络媒体，社交媒体的特点是传播速度更快、互动性更强，并且可以通过用户的反馈和评论直接影响企业的声誉和市场表现。未来研究可以进一步探讨社交媒体平台（如微信、抖音等）在企业盈余管理中的独特作用，特别是社交媒体如何通过信息扩散和公众参与影响企业的财务决策。

总之，随着技术的不断发展与媒体生态的演变，作者需要灵活应对这些变化，深入探索网络媒体对盈余管理的多维度影响，并结合不同的行业、地区和市场环境提出新的研究假设与实证分析框架，逐步揭示了媒体如何通过信息传播、舆论压力等机制影响企业的财务行为和管理决策。未来的研究需要进一步应对新技术带来的挑战，探索不同媒体平台在不同市场环境下对盈余管理的独特作用。在理论与实践的结合上，我们期待通过更多的实证研究与理论创新，为公司管理者和政策制定者提供具有指导意义的洞见。

最后，感谢黑龙江大学孙永军教授、靳利军副教授、李瑞前副教授、袁蓓副教授、哈尔滨工业大学王福胜教授、王铁男教授、姜明辉教授、胡珑瑛教授、吴冲教授、麦强教授、韩东平教授、刘先伟教授、韩美妮副教授、孙芳芳副教授、段云副教授、刘仕煜老师、东北大学程富副教授、苏州大学苏子豪副教授、哈尔滨商业大学赵娜教授、东北农业大学郭偲偲老师为本书提出的宝贵意见与技术指导。感谢经济科学出版社为本书出版所作的工作。感谢本人的科研团队成员为本研究做出的贡献。

作者

2024 年 6 月